陕西省社会科学基金项目
"牛蹄赣语方言岛方言古语词研究"(2018M03)成果

杨运庚◎著

牛蹄赣语古语词研究

陕西师范大学出版总社

图书代号　SK22N1762

图书在版编目（CIP）数据

牛蹄赣语古语词研究 / 杨运庚著. —西安：陕西师范大学出版总社有限公司，2022.8
ISBN 978-7-5695-3098-8

Ⅰ.①牛…　Ⅱ.①杨…　Ⅲ.①赣语—方言研究—安康　Ⅳ.①H175

中国版本图书馆CIP数据核字（2022）第140185号

牛蹄赣语古语词研究

NIUTI GANYU GUYUCI YANJIU

杨运庚　著

责任编辑	雷亚妮	
责任校对	梁　菲	
出版发行	陕西师范大学出版总社	
	（西安市长安南路199号　邮编 710062）	
网　　址	http://www.snupg.com	
印　　刷	西安市建明工贸有限责任公司	
开　　本	720 mm×1020 mm　1/16	
印　　张	18.25	
插　　页	2	
字　　数	252千	
版　　次	2022年8月第1版	
印　　次	2022年8月第1次印刷	
书　　号	ISBN 978-7-5695-3098-8	
定　　价	98.00元	

读者购书、书店添货或发现印装质量问题，请与本公司营销部联系、调换。
电话：（029）85307864　85303629　传真：（029）85303879

目 录

第一章 概述
一、引言 / 003

二、古语词的概念 / 004

三、古语词的判定标准 / 008

四、古语词的沿袭原因 / 009

五、古语词的研究范围 / 010

六、古语词研究领域的疑难问题 / 012

第二章 牛蹄赣语古语词分类汇释
一、名词 / 017

二、动词 / 087

三、形容词 / 188

四、副词 / 224

五、代词 / 232

六、介词 / 234

七、数量词 / 235

第三章 牛蹄赣语古语词的地域层次

一、牛蹄赣语古语词地域层次表现 / 239

二、牛蹄赣语古语词的地域层次特征 / 249

第四章 牛蹄赣语古语词的历史层次

一、先秦两汉时期的古语词成分 / 255

二、三国两晋南北朝时期的古语词成分 / 263

三、隋唐五代时期的古语词成分 / 265

四、宋元明清时期的古语词成分 / 267

五、牛蹄赣语古语词的历史层次特征 / 276

参考文献 / 280

索 引 / 282

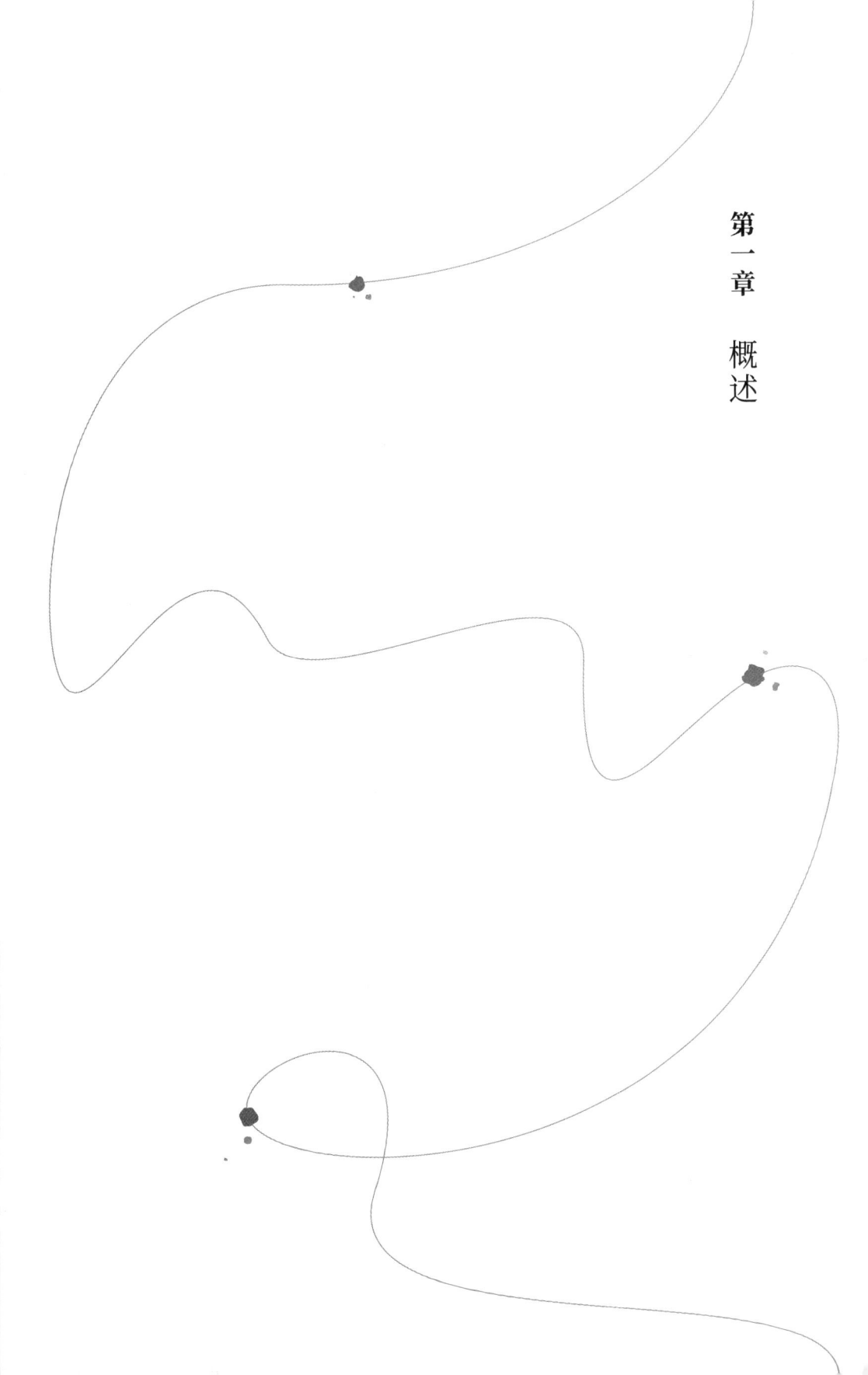

第一章 概述

一、引言

牛蹄赣语的形成、发展历史就是一个不间断的语言接触与融合的历史。

从整个赣语的形成发展看,赣语的中心地域江西省被誉为"吴头楚尾、粤户闽庭",是中国历代人口迁徙活动发生最频繁的中心地带之一,因而,人口迁徙贯穿于赣语形成与发展的整个历史过程。这种特殊的地理位置和不间断的人口迁徙决定了赣语语言文化的开放性、包容性和多元性。"秦汉到唐末五代,来自中原地区的大量移民与江西土著居民不断融合,形成了一代代新的土著,随着人口的融合,中原方言与江西土著语言也发生融合,至晚在唐末五代形成了汉语七大方言之一的赣方言;而宋以后至明清的江淮移民和闽粤客家移民所操的江淮方言和客家方言深刻地改变了赣方言的面貌,使今日赣方言与其他南方方言相比呈现出与北方方言关系更为密切,而内部特征又极为复杂的状况。"① 可以说,赣语的形成过程,就是一个不断融合南北方言的过程。

从来源与形成发展看,牛蹄赣语的原迁出地是今安徽省太湖县北中镇。据《杨氏宗谱》记载:"太三公为龙门卫指挥,传至忠祖、英祖,家于太湖,由来旧矣。……余念我杨氏土著熙湖(属今安徽省太湖县),代更数十。"② 可见,牛蹄赣语是由清代安徽太湖移民形成的赣语方言岛,据《杨氏宗谱》记载:"乾隆二十年乙亥月迁湖广竹山县,三十二年卜迁陕西兴安府安康县五堰铺景星里三甲松树沟(今牛蹄镇松树沟)。"③ 牛蹄赣语所在的牛蹄镇是陕西省汉滨区、汉阴县、紫阳县三县区交界的一个偏远乡镇,过去交通极为不便,

---

① 周静芳:《赣方言的形成与发展初论》,载《南昌大学学报》(人文社会科学版)1998年第3期,第97页。
② 杨广森:《肇修宗谱源流序》,见《杨氏四修宗谱》,2019年,第2589页。
③ 杨大崇:《杨氏宗谱》(四修),2019年,第26页。

为赣语特征的保留提供了可能。移入牛蹄镇的赣语就是在这种环境下形成的赣语方言岛。牛蹄赣语方言岛方言处在西南官话与江淮官话的包围之中，同时，方言岛内有湘语、湖北黄州话等多种弱势方言。牛蹄赣语在保留原赣语主要特点的基础上，与普通话、西南官话、江淮官话、湘语等语言有广泛深入的接触影响。加之原赣语迁入牛蹄以后，所处环境闭塞，语言发展变化缓慢，更利于古语词的存续，因此牛蹄赣语中保存了从上古直至清代的历朝历代极为丰富的古语词汇及古方言词汇。这就决定了牛蹄赣语古语词研究不仅对牛蹄赣语本身具有重要意义，而且对原赣语的研究以及训诂学、语源学、词汇学、语言文化学以及语言接触融合等学科研究都具有不可低估的价值。

二、古语词的概念

有明确目标的汉语方言古语词研究肇始于20世纪80年代，至今已走过了四十余年的研究历程，但是在古语词研究领域，对古语词概念的界定、古语词的判定标准、古语词的沿袭原因、古语词的研究范围、古语词研究中的疑难问题以及方言古语词与现代汉语通用语古语词研究的异同等问题还缺乏深入的讨论，一些认识还停留在个人感性认识层面，操作上凭借研究者的个人语感和经验，缺乏科学标准，表现出一定的主观随意性，这在一定程度上影响了汉语方言古语词的研究价值。因此，在进行系统性的古语词研究时，有必要对以上问题进行梳理。

人类的所有语言都有一个产生、发展、演进的过程，后期语言总是在先期语言的基础上发展、演进，都要吸收先期语言的合理要素。任何语言都不可能完全割断与其先期语言的联系，因此，各种语言在后期阶段总是或多或少地保留着先期语言的要素。语言的词汇更是如此，各种语言的词汇都或多或少地沿袭了它先期的词汇，这些保留、沿袭下来的先期词汇就是该方言的古语词。在汉语研究领域，现代汉语通用语古语词和汉语方言古语词的沿袭范围、使用情况等方面存在判断标准上的差异,二者的概念界定明显不同。

(一)现代汉语通用语古语词

汉语从有文字记录的甲骨文开始,各个时代的词汇都在吸收、继承上一个时代词汇的基础上不断发展、丰富,其间虽有新词产生或旧词消亡,但是部分生命力极强的基本词汇,如人、马、牛、羊、日、月、天、地、大、小等,从甲骨文开始一直沿用到现代汉语,始终处在活跃的状态,并且必将一直活跃下去。这些词汇从产生的时间看,可以说十分古老,但是我们不能把它们划入古语词的范围。那么,哪些词汇才是汉语研究领域的古语词呢?前贤时修有过长时间的关注,相继做出了一些界定。张静认为:"它(古语词)也标志着古今人民生活中必不可少的事物和现象,只是这些事物和现象又被人们改用了新的名称,造成了新词和旧词并存的局面,这样的旧词对新词来说,就是古语词。"[①]从这个概念可以看出,张静对古语词的范围界定还不全面,同时把古语词在现代汉语中的沿用认为是"新词和旧词并存"。这可能代表了早期对古语词的看法。《辞海》载:古语词是"由于词汇的发展和变化,在现代语言中已消亡或为别的词所代替的古代的词,如'足'(脚)、'目'(眼睛)等"[②]。黄伯荣、廖序东认为:"古语词包括一般所说的文言词和历史词,它们来源于古代文言著作。……文言词所表示的事物和现象还存在于本民族现实生活中,但由于为别的词所代替,一般口语中已不大使用。……还有一种表示历史上的事物或现象的古语词,一般叫做历史词"[③]。兰宾汉、邢向东认为:"古语词包括文言词和历史词。文言词是指从古代书面语中吸收过来的词。它所代表的事物和现象在现实生活中还存在,但是被与它对应的现代汉语词语所代替,日常口语中已不大使用。……历史词是表示历史上的事物或现象的

---

① 张静主编:《现代汉语》,上海教育出版社1984年版,第202页。
② 《辞海》(缩印本),上海辞书出版社2002年版,第143页。
③ 黄伯荣、廖序东主编:《现代汉语》,高等教育出版社2002年版,第310页。

词语。"①张斌认为:"古语词可以分两种:历史词和文言词。历史词所表示的事物或现象在本民族的现实生活中已经消失,只是在涉及到历史事件、现象、人物或涉及到外民族的特定情况,再或者为了达到一定的修辞效果才会使用。……所谓文言词就是指那些在古代汉语中使用的词语,它们所代表或指称的事物、现象、关系等在现实生活中仍然存在,但是绝大多数已经被通俗易懂的现代汉语词语所替换。"②以上各家对现代汉语通用语古语词的界定大同小异。综合以上界定,笔者认为:现代汉语通用语的古语词是指来源于古代语言的历史词和文言词,且在现代汉语通用语中已不用或少用,历史词只有在表达古代社会存在的事物、现象、关系时才使用,文言词是为了达到特殊的语言表达效果时才使用。

(二)汉语方言古语词

汉语方言古语词指仅仅通行于某方言区域或某些方言区域而在现代汉语通用语或其他方言区域不用或少用的古代传承下来的词语。李荣认为:语言是历史的产物,总是保留着很多古代的成分。……有些不普遍使用的古语,只限于某些方言,这才是某方言保留的古语。③李荣虽然没有明确地界定汉语方言古语词,但是他的描述抓住了汉语方言古语词的本质特征,认为汉语方言古语词只限于在某些方言中使用。温美姬在研究梅县方言古语词时认为,古语词是"见于古代文献的在梅县方言中使用而在现代汉语口语中不用的词语"④。从来源角度而言,方言古语词不仅包括来源于古代文献的词,还应该包括古代文献没有收录的、在现代汉语方言中仍然使用的古方俗词语,其中的很多古方俗词语可能到现在还是有音无字、从来没有进入纸质文献。温美姬还认为,方言古语词"在现代汉语口语中不用",笔者认为,它不仅在现代汉语口语

---

① 兰宾汉、邢向东主编:《现代汉语》,中华书局2007年版,第276页。
② 张斌主编:《新编现代汉语》,复旦大学出版社2008年版,第240页。
③ 李荣:《语文论衡》,商务印书馆1985年版,第13页。
④ 温美姬:《梅县方言古语词研究》,华南理工大学出版社2009年版,第10页。

中不用，在现代汉语书面语也就是现代汉语通用语中也不用。肖九根认为："古语词是那些来源于古汉语词汇系统中，至今民族共同语（即普通话）少用或不用而在地域方言中仍在使用的词语。"[①]结合以上汉语方言古语词界定的各种观点，并对照现代汉语通用语古语词的概念，笔者认为：方言古语词包括文言词、历史词和古代方俗词语，它们只在某方言区域或某些方言区域仍然沿用，而在现代汉语通用语或其他方言区域已基本不用或少用。从汉语方言古语词的界定可以看出，它与现代汉语通用语古语词之间存在两个方面的差异。

一是从来源上看，方言古语词的来源不仅包括文言词和历史词，还包括目前仍在沿用的古方俗词语。古方俗词语只在方言中使用、沿用，可能在古代的正式文献中没有出现过，找不到实际文献用例，只在古字书、辞书、韵书中作为俗字俗语收录，或出现在古方言著作中，现在也只在某方言区域或某些方言区域沿用，甚至包括从来没有进入任何纸质文献的、到目前还是有音无字的词语。二是从使用角度而言，现代汉语通用语古语词中的历史词与方言古语词中的历史词的沿袭使用特点是一致的，它们随着旧事物的消亡而消失，现代只在涉及古代社会相关的事物、现象、关系时才偶尔使用。但是，现代汉语通用语古语词中的文言词所表示的事物在现代社会仍然存在，只是表示它们的词语已被现代汉语中相应的新词替代，只有在为了达到特殊的修辞效果或语体风格时才偶尔使用。如古文言词中的"甚、颇、舛误、目、足"等，在现代汉语通用语中已分别被"极、很、差错、眼睛、脚"等新词替代。而方言古语词中表示自古至今一直存在的事物、现象、关系的文言词或古方俗词语，现代汉语方言中没有产生新的方言替代词，一直沿用至今，没有改变，属于古语词的沿用。如牛蹄赣语中的"㰪（楔子或用楔子楔紧）""穧（不饱满）""夻（大步跨越、跨过）"等，在现代牛蹄赣语中广泛沿用，在日常语言生活中还没有新的替代词产生或者还没有被新词替代。

---

① 肖九根：《赣方言古语词探源与论析》，中国社会科学出版社2017年版，第2页。

三、古语词的判定标准

从现代汉语通用语古语词与汉语方言古语词的概念可知,二者在判定标准上既有相同之处,也有一定的差异。二者的相同之处表现在古语词中的历史词上,无论是现代汉语通用语还是汉语方言古语词中的历史词,都是表示古代社会中的事物、现象、关系,随着社会的发展已消亡,一般语言环境中已不再使用,只有涉及历史上的事物、现象、关系时才偶尔使用。所以,只要是表示历史上存在过、现代社会已消失或消亡的事物、现象、关系的词语,就既是现代汉语通用语中的古语词,也属于汉语方言中的古语词。但是,在现代汉语通用语古语词与汉语方言古语词的判定标准上,二者是同中有异,不同则表现在文言词和古方俗词上。

首先,有无新产生的替代词是方言古语词与现代汉语通用语古语词的一个重要判定标准。

现代汉语通用语中的文言古语词表示的是古今社会都存在的事物、现象、关系,它们在现代汉语通用语中已有新产生的相应的替代词,在一般的语言环境中使用新产生的替代词而不使用古文言词,因此,有无新产生的相应的替代词是现代汉语通用语文言古语词的一个重要判定标准。现代汉语通用语古语词的"古"是与现代汉语通用语自身相比而言的"古",反映的是古今的变化,是一种纵向上的"古"。而方言古语词中表示古今社会中都存在的事物、现象、关系的文言词语或古方俗词语,在现代汉语通用语或其他方言中已有新产生的替代词,而在某方言区域或某些方言区域内部还没有新产生的替代词或者还没有被新产生的词替代,古代流传下来的古语词仍然在沿用,是古语词的沿用。所以,方言古语词中的"古"体现的是与自身方言以外的现代汉语通用语或其他方言词语的使用、发展演化情况相比而言的"古",主要是一种横向上的"古",纵向而言只是产生的时间"古"。

其次，现代汉语古语词是在现代用与不用的问题，方言古语词是使用范围的问题。

现代汉语通用语中的古语词（包括文言词和历史词）是指在现代一般语言环境中不用或少用的词，因此，它关涉的是在本语言系统内部的使用频率问题。只要在现代汉语通用语一般语言环境中不用、少用的古代词汇就属于古语词的范畴，它是在同一个语言系统内古代用而现代不用、少用的问题。而方言古语词只在某方言区域或某些方言区域沿用，在现代汉语通用语或其他方言区域不用或少用，也就是方言古语词是在此处用而彼处不用的问题，即在本语言系统内部用而在本语言系统外不用、少用的问题。

四、古语词的沿袭原因

（一）汉语方言与现代汉语通用语在历史词传承沿袭原因上表现出一致性

无论是方言还是现代汉语通用语，都有继承与发展两个方面，都不可能割断与其先期语言的联系，都以不同的方式保留着先期语言词汇成分。现实语言活动和社会活动不可避免地要追溯历史上的事物、现象、关系，也就不可能完全抛弃这部分古历史词汇，必然使表示这部分事物、现象、关系的历史词汇在现实语言活动中再现，这就是汉语方言与现代汉语通用语历史词沿袭的缘由，也是汉语方言与现代汉语通用语历史词沿袭缘由表现一致的地方。

（二）汉语方言的古文言词汇、古方俗词汇与现代汉语通用语的文言词汇在传承沿袭原因上表现出差异性

首先，现代汉语通用语文言古语词的沿袭是语言词汇发展基础上的词汇使用问题，属于一种词汇使用上的"反古"。随着语言词汇的发展，文言古语词在现代汉语中已产生了相应的、新的通用替代词，在一般的语言环境中，需

要使用现代新产生的通用替代词,而不使用文言古语词,这是语言词汇的发展问题,是语言词汇发展产生了词汇的今古更替。可是,在现代汉语一些特殊语言环境中,人们为了追求语言结构的整齐匀称、语体风格的古雅、行文简洁等特殊表达效果,经常不用新的通用替代词,而使用文言古语词,这就是现代汉语通用语中文言古语词传承沿袭的原因。可见,现代汉语通用语文言古语词传承沿袭的实质是语言词汇的使用问题,是一种词汇"反古"使用现象。

其次,汉语方言文言古语词、方俗古语词的传承沿袭是方言词汇本身的发展相对"滞后"的问题。汉语方言中传承沿袭下来的文言古语词、方俗古语词,其"古"是与现代汉语通用语或其他方言相比而言的"古"。它们在本方言系统内部一直使用,没有产生今古更替变化,没有产生新的通用替代词,"古"只是产生的时间古老、存续的时间久长。因此,某方言或某些方言中的文言古语词、方俗古语词的传承沿袭,是针对这部分词汇在本方言区域以外已经有了变化、产生了新的通用替代词,而在本方言区域内它还保留着古语、使用着古语,是某方言或某些方言自身词汇发展问题,是一种相对"滞后"的发展现象。这种发展相对"滞后"的原因是多方面的。一是方言语言环境相对封闭,与其他方言接触、融合的机会较少,语言发展相对滞后。二是方言语群内部语言认同因素的影响。语言往往是一个群体集体认同的标志,丢弃自身的语言往往被认为是对语群集体的某种"背离",这就引起某方言区域的人对自身方言的一种有意识的守护甚至坚守,这影响着语言的发展变化。三是有些词汇是表达某方言区域特殊事物或现象的词,这些词汇相互接触、影响、借鉴而产生变化的可能性较小,因此发展速度也往往显得"滞后"。

五、古语词的研究范围

就时间角度而言,1919年以前的历代文献中出现过的词语都可能是古语词的研究对象。对于现代汉语通用语而言,只要是在1919年以前的历代文献中出现过的、在现代汉语通用语中不用或少用的词语，都属于现代汉语通用语古语词的研究对象。对于方言古语词而言，只要在1919年以前的历代文献、方言俗语中出现过的、在现代某方言区域日常语言中经常使用且在现代汉语通用语或其他方言中不用或少用的词语，都属于某方言古语词的研究对象。

  古语词的来源包括三个方面：一是历代典籍文献中实际出现过、有实际用例的古词语；二是历代字书、辞书、韵书中收录的古词语，既包括文献中有实际用例的古词语，也包括文献中找不到实际用例的古词语；三是来自古代某方言区域的方俗词语，不仅包括沿袭本方言的古语词，也包括与其他方言接触、融合过程中借用的古词语。

  从词形角度而言，现代汉语通用语古语词的研究范围一般只包括直接而完整地从古代继承下来的单音节词、双音节词、三音节词甚至多音节词，不包括古代可以独立成词的语言成分、现代汉语通用语中不能独立而只能作为构词语素的语言单位，也就是说，现代汉语通用语古语词的音节构成形式与古代是完全相同的，是完整的承袭。现代汉语通用语古语词研究领域不把文言构词语素作为古语词研究，原因是文言构词语素参与现代词语构词，构成的新词在现代汉语通用语中具有全民常用性，不存在不用与少用的问题，其中的文言构词语素不存在不理解的问题，因而不具备古语词研究的价值意义。方言古语词不仅包括从古代沿袭下来的古今音节构成形式完全相同的词语，即完整承袭的古语词，还应该包括把古代独立词作为现代方言核心构词语素的古语词，尤其是在古代独立词基础上加上现代词缀而构成的现代方言词汇。只要这些构词语素在现代汉语通用语或其他方言区域属于不用或少用的词或语素，都应该纳入方言古语词的研究范围。如牛蹄赣语中的"醭子""甏空""罄空""穤皮皮""穤蚀蚀""袷衣""鐴耳""涎水""稻黍""尿脬""箬壳"等，这些词语中的"醭""甏""罄""穤""袷""鐴""涎""稻""脬""箬"等在古代都是独立成词的语言单位，在现代牛蹄赣语中一般虽然不能独立使用，但是作为构词核心语素的词素意义完全保留了古代的词义，并且基本承担了现代方言词语中整个词的意义，其中的"子""空""皮皮""蚀蚀""衣""耳""水""黍""尿""壳"等只起了凑齐音节的作用。就方言古语词研究而言，这些核心构词语素具有与完整独立的古语词完全相同的研究价值和研究意义，应该纳入汉语方言古语词的研究视野。

六、古语词研究领域的疑难问题

（一）"不用"与"少用"的判定问题

古语词研究领域的"不用"与"少用"，针对现代汉语通用语而言，是指古代文言词语在现代汉语通用语中"不用"与"少用"；针对方言古语词而言，是指某方言区域或某些方言区域沿用的古语词在现代汉语通用语或其他方言中"不用"与"少用"。无论是以上哪一种情况，都存在"不用"与"少用"判断标准难以确定的问题。

首先，是有关"不用"的问题。

语言研究中，证明有某种语言现象相对容易，要证明没有某种语言现象就显得很困难，在有些情况下甚至是不可能做到的。赵元任曾经告诫王力："天下事，说有易，说无难。"古语词研究中的"不用"就属于证明"无"的问题。我们想证明某个古语词在现代汉语通用语或其他某方言中绝对不使用是很困难的，甚至是不可能的。其一，从语言的继承性角度而言，很难判断古代的某个词语在现代汉语通用语或其他某方言中绝对不使用，这本身就不符合语言的继承与发展规律，同时，语言承袭、使用的任意性、丰富性与特殊性本来就是不可估量的。其二，从语言证据的搜集角度而言，我们不可能搜集到任何一种"活"的语言的全部语料，现代汉语通用语不可能，任何一种方言也不可能。即使有足够大的语料库，也只能说无穷接近事实，不可能绝对做到证明"无"某种语言现象。目前古语词研究过程中判定的"不用"完全是就现有的有限的语料库或个人有限的语感而做出的判断，具有明显的不严密性和个人主观随意性,如果用古语词界定中的"不用"进行严格考量,是缺乏科学性的。

其次,是有关"少用"的问题。

"少用"是相对古语词出现的频率而言的,但是在目前的古语词研究界,"少用"并没有明确的参照标准和衡量标准。古语词的使用受语体风格、语言环境、话语内容、词语使用者的文化素养等多种因素的影响,各种因素都可能导致某些词用或不用、多用或少用的问题。就现代汉语通用语而言,书面语中的古语词比口语中的古语词常见,传统文化素养高的人语言中的古语词比传统文化素养低的人语言中的古语词多;就方言而言,老派语言者比新派语言者使用的古语词多。以上这些复杂因素作用下的古语词使用频率问题是很难精确衡量或判断的。目前古语词研究领域判定其"少用"还是完全凭借研究者个人的语感和主观判断,其中的主观性、随意性以及研究个体的差异性更是不言自明的。因此,古语词研究中的"少用"缺乏明确的参照标准和操作标准,这影响了古语词研究结论的真实性。

(二)方言古语词的调查搜集存在较大的难度

方言古语词往往表现为某方言或某些方言的底层词、老旧词或方言特色词,属于最纯正的方言词,并且在方言老派语言中出现的可能性高一些,在方言新派语言中出现的可能性小一些,甚至有些方言古语词正在受到现代汉语通用语或其他方言的影响而发生变化,有些古语词已有新的替代词。如牛蹄赣语中"箬壳""敹""醭子""晾"等古语词正在分别被"笋壳子""缝补""沫子""晾"等方言新词替代。同时,方言古语词的沿袭没有任何规律性,所以在调查时很难像方言语音、语法、普通词汇那样,设计出一套方言古语词调查表,引导方言古语词调查。以上因素都增加了方言古语词的调查、搜集难度。要相对全面地调查、搜集某方言古语词,非母语研究者几乎难以做到,即使母语研究者也非得下一番苦功夫不可。只有利用母语研究者得天独厚的语言条件,采用多种调查形式和调查手段,通过长期积累,尤其是多调查、广收集各类方言人群在当地各种不同语言环境下的自由交流语料,才有机会搜集到更多的古方言底层词、老旧词和古方言特色词。从目前学界发表的论文、出版的学术著作所搜集的方言古语词实际数量来看，是明显不足或不全面的，这也是方言古语词调查、搜集的难度使然。

（三）有音无字的古语词无法验证

每个方言中都存在很多有音无字的词汇，或者没有找到准确的古代对应文字，这部分方言词汇往往属于古语词，但是研究者无法从古文献中进行举证，因此很难对其进行研究。

以上疑难问题是每一位古语词研究者必然要面对的问题，也是直接影响古语词研究结果真实性和语言学价值的重要问题，因而，应该在古语词研究实践与理论不断深入的基础上，提出更科学的判断标准和调查研究方法，使古语词研究更富科学性和全面性。

第二章 牛蹄赣语古语词分类汇释

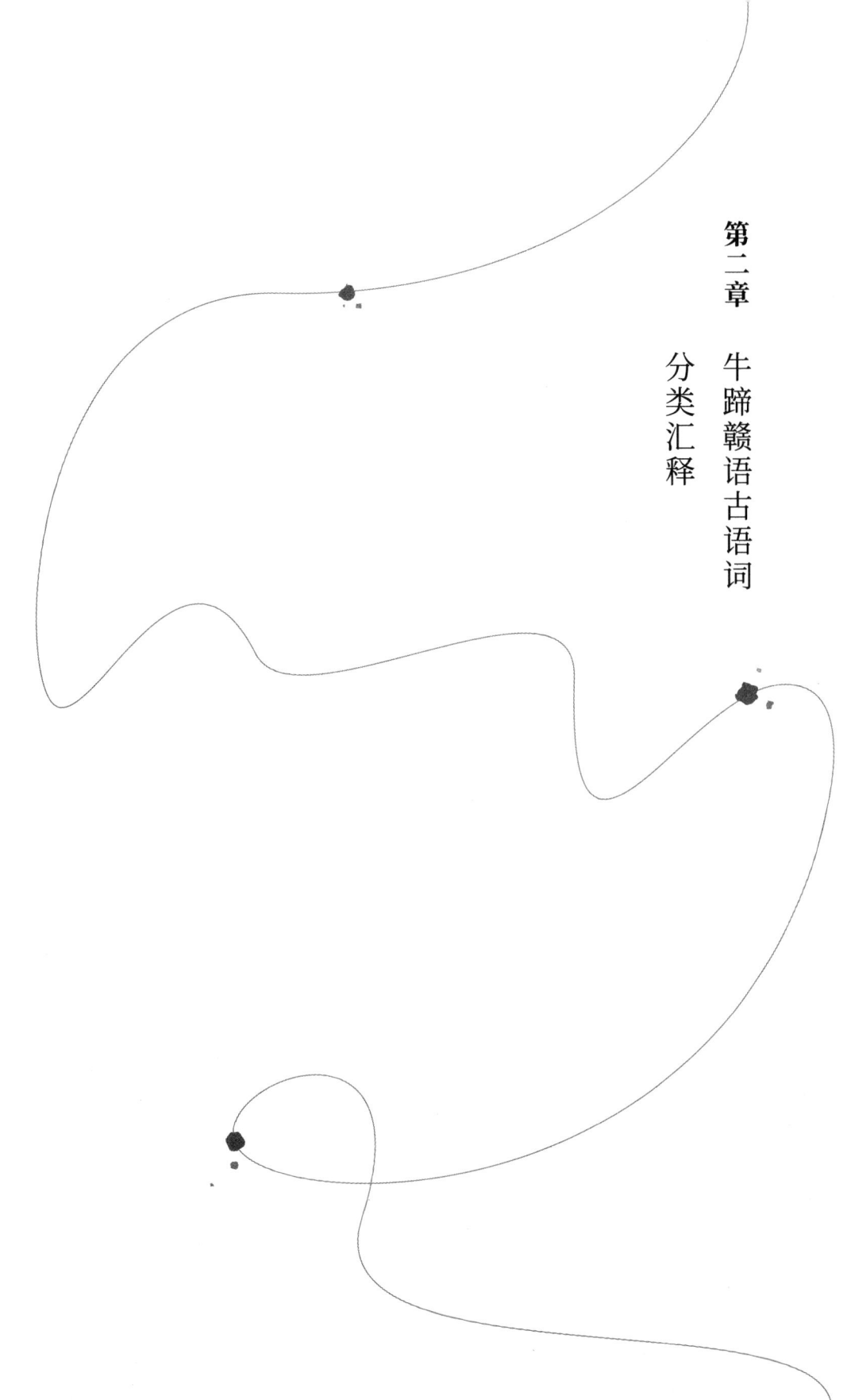

本书对牛蹄赣语古语词进行分类汇释，把笔者目前能够搜集到的牛蹄赣语中出现的名词、动词、形容词、数量词、代词、副词、介词七类古语词进行分别汇释。在分类汇释中，针对兼类古语词，按照词类发展演变规律，以词义产生的时间顺序归类，即按照最早产生的词义义项所属的词类进行分析，其他义项依次列入其后分别予以解释。在汇释过程中，首先解释词义；然后以地道的牛蹄赣语语例说明该古语词的使用情况（列举方言例证），各方言语例之间用标点，不使用序号；接着引用古书文献例证①证明该古语词在古代的使用情况；最后方言例证证明该古语词在其他方言中的承袭使用概况。

一、名词

氄毛［Øioŋ55mau35］柔软细毛，多指鸟兽贴近皮肉表层的柔软细毛，偶尔可以指人的汗毛，在牛蹄赣语中被习惯说成"氄毛子"。如：今年杀的猪冇（没有）烫好，还有好多氄毛子冇烫掉；这一段时间雀雀正在换毛，长出着好多氄毛子；那个伢儿脸上长一层氄毛子。

"氄毛"在《尚书》中就已出现，历代文献也都有用例。《尚书·尧典》："日短，星昴，以正仲冬。厥民隩，鸟兽氄毛。"孔安国传："鸟兽皆生耎毳细毛以自温焉。"孔颖达疏："'氄毛'，谓附肉细毛，故以'耎毳'解之。"西汉司马迁《史记·五帝本纪》："厥民隩，鸟兽氄毛。"裴骃集解："徐广曰：'氄音茸。'骃案：孔安国曰：'民入室处，鸟兽皆生耎毳细

---

① 本书中的文献语料主要来自北京大学中国语言学研究中心古代汉语语料库（http://ccl.pku.edu.cn:8080/ccl_corpus/index.jsp?dir=xiandai.），并与其他文献进行核实参证。

毛以自温也。'"南朝梁刘孝威《乌生八九子》:"氄毛不自暖,张翼强相呼。"北宋王安石《和圣俞农具诗十五其八·牛衣》:"百兽冬自暖,独牛非氄毛。"南宋岳飞《宝刀歌·赠吴将军南行》:"使君拜命仗此往,红炉炽炭燎氄毛。"近代以来,"氄毛"还可以泛指柔软细毛,也可作"绒毛"。清曹雪芹《红楼梦》第五十二回:"一时只听自鸣钟已敲了四下,刚刚补完,又用小牙刷慢慢的剔出氄毛来。"

在古文献中,"氄毛"也可单字作"氄",词义同"氄毛"。《说文》字作"毪"。如:《说文·八上·毛部》:"毪,毛盛也。《虞书》曰:'鸟兽毪毛。'"徐灏注:"今《书》作氄。"《集韵·钟韵》:"氄:柔毳细毛。"《龙龛手鉴·毛部》:"氄:音酕,鸟细毛也。"《梁书·刘显传》:"璲柳蕤春,禽寒敛氄。"唐韩愈《会合联句》:"块然堕岳石,飘尔冒巢氄。"北宋苏轼《酒子赋》:"割玉脾于蜂室兮,氄雏鹅之琶琶。"清纪昀《阅微草堂笔记·滦阳续录三》:"视犬羊软毳厚氄,有如仙兽。"

"氄毛"在今冀鲁官话、吴语、赣语、中原官话、西南官话等方言中有沿用。如:翁寿元《无锡方言本字续考》:"氄,鸟兽细毛也。"清唐训方《里语徵实》:"毛细曰氄。"李恭《陇右方言发微》:"陇南各县谓软毳细毛曰氄毛。"清张慎仪《蜀方言》:"鸟兽细毛曰氄毛。"从古籍及各方言"氄毛"的词义看,一般泛指柔软的细毛,但是牛蹄赣语中一般指贴近皮肉表层、刚刚长出又还未长成的柔软小细毛。

櫼[tɕien22]本指木片楔子,一头厚一头薄,牛蹄赣语中可指各种材料做的片状楔子。如:板锄把把(把手)松着,再加个櫼;板凳脚脚摇摇晃晃的,弄个锤锤把那个櫼砸两下;锄锄(泛指各种锄头)的櫼要硬木料,木料太疏松着冇得好太个用。

"櫼"在上古早期的文献中就已出现。《说文·六上·木部》:"櫼,楔也。"段注:"玄应书曰:'《说文》:櫼,子林切。今江南言櫼,中国言㞕。楔,通语也。'……木工于凿枘相入处,有不固,则斫木札楔入固之,谓之櫼。"五代南唐徐锴《说文解字系传》:"櫼,谓簪也,榍也。此谓今俗以小上大下为'櫼'字。"《玉篇·木部》:"櫼,楔也。"唐玄应《一切经音义》卷三:"槏,又作楔,同。先结反,江南言櫼,子林反。楔,通语也。"明梅膺祚《字汇·木部》:"櫼,尖楔也。"《玉篇·木部》:"櫼,楔也。"

从段注和《一切经音义》注释可知,"櫼"本身就是一个古南方方言词,现在,吴语、粤语、闽语等方言中还普遍使用。如:樊恭烜《浙江象山方言考》:"榫边之缝再削木札钉之,则曰櫼。"粤语中有"打櫼"(钉楔子)的说法,闽语中有"用櫼櫼紧"的说法。

隥 [tʰən55] 台阶或楼梯的层级,一级为一隥,有"梯子隥""楼梯隥"等说法。如:我己屋里的楼梯有十一隥;那个伢儿腿杆才长呢,上楼梯一脚夯两隥;渠在门前头修着一截梯子隥。"隥"在牛蹄赣语中还可以引申指像台阶层级状的、可以踩脚的隥状物。如:那个石岩虽然陡,所好中间还有些隥隥,可以踩脚;小心啲,前头有个隥,莫绊倒着。

"隥"在上古文献中已出现,历代文献都有用例。《说文·十四下·阜部》:"隥,仰也。"段注:"仰者,举也。登陟之道曰隥,亦作墱。《西都赋》:'陵墱道而超西墉。'《西京赋》:'墱道逦倚以正东。'薛曰:'墱,阁道也。'按,阁道谓凌空如栈道者。"清桂馥《说文解字义证》:"《广雅》:'隥,履下依之而上者也。'"《正字通·阜部》:"隥,登陟之道,又梯隥。"《广韵·嶝韵》:"隥,梯隥。"《龙龛手鉴·阜部》:"隥,梯隥也。"《新唐书·安乐公主传》:"司农卿赵履温为缮治,累石肖华山,隥约横邪,回渊九折。"《新唐书·王綝传》:"今山阿危峭,隥道曲狭,比于楼船,又复甚危,陛下奈何轻践畏涂哉?"清王嗣槐《西山游记》:"其楼曰万花,隥曰丹梯。"

今吴语、湘语、闽语等方言中也用"隥"指台阶或楼梯的层级,湘语还把台阶叫"隥子"。

醅 [pʰu33] 本义为酒表面的白沫,牛蹄赣语中引申指各类液体因腐败或受潮后表面所生的白沫,还可引申指液体中由于进入气体表面所生的气泡、沸腾后产生的浮沫以及人畜嘴里吐出的白沫等，日常语言通常将其说成"醭子"。如：我已做的甜酒是不是坏着哦，面上起醭子着啦；打豆腐的时候，把浆凉一下，把上头的醭子滗一下，再点浆；今昼天气好热啊，把猪都热得只吐醭子。

"醭"指白沫，在上古后期及以后的文献中广泛使用。《类篇·酉部》："醭，酒上白。"《字汇·酉部》："醭，音扑，醋生白醭。"《正字通·酉部》："醭，酒上白也。"《玉篇·酉部》："醭，醋生白。"《龙龛手鉴·酉部》："醭，醋生白。"《集韵·屋韵》："醭，酒上白。"桂馥《札朴·乡里旧闻》："酒、醋生白曰醭。"唐白居易《卧疾来早晚》："酒瓮全生醭，歌筵半委尘。"北魏贾思勰《齐民要术·作酢法》："发时数搅，不搅则生白醭，生白醭则不好。"北宋梅尧臣《梅雨》："湿菌生枯篱，润气醭素裳。"《五灯会元》卷第十三："体得底人，心如腊月扇子，直得口边醭出，不是强为，任运如此。"清西周生《醒世姻缘传》第八十七回："把我的铺盖卷到桅舱里，合周相公同榻，再不与这个两个臭婆娘睡！闲出他白醭来！""醭"又作"饽"。唐陆羽《茶经·五之煮》："沫饽，汤之华也。华之薄者曰沫，厚者曰饽。"唐皮日休《煮茶》："声疑松带雨，饽恐生烟翠。"

袷衣[tɕia24ʘi22] 今作"夹衣"，指中间不填充棉絮、只有里和面的双层衣服，牛蹄赣语中叫"袷衣"或"袷衣裳"。如：九月着，已经秋凉着，短袖子穿不住着，该穿袷衣裳着；在矿井里上班，冬天有一件袷衣就够着，不需要穿袄子；我已这里还算凉快，五黄六月早上还要穿袷衣裳。

"袷衣"在古文献中亦作"袷""袷裳"，历代文献都广泛使用。《说文·八上·衣部》："袷，衣无絮也。"段注："此对以絮曰襺，以缊曰袍言也。"《说文解字系传》："袷，夹衣也。"《汉书·匈奴传》："服绣袷绮衣、长襦、锦袍各一"。颜师古曰："服者，言天子自所服也。袷者，衣无絮也。'绣袷绮衣'，以绣为表，绮为里也。"《史记·仲尼弟子列传》："春服既成，冠者五六人，童子六七人，……"裴骃集解："春服既成，衣单袷之时，我欲得冠者五六人，童子六七人，……"《三国志·吴书·妃嫔传》："久时，二人俱白：见一女人年可三十余，上著青锦束头，紫白袷裳，丹绨丝履。"《文选·潘岳·秋兴赋》："藉莞蒻，御袷衣。"李善注："袷，衣无絮也。"《太平广记》卷二百四十八："俄而有物虎头人形，着白袷单衣，自外而入。"唐王瓚《冬日与群公泛舟焦山》："众芳且未歇，近腊仍袷衣。"清方苞《兄百川墓志铭》："八九岁，诵《左氏》《太史公书》，遇兵事，辄集录置袷衣中。"《清史稿》卷一〇三："春、秋棉、袷，冬裘、夏纱惟其时。"苏曼殊《断鸿零雁记》："时余妹亦出自廊间，且行且呼曰：'阿姊不观吾袷衣已带耶？……'"

当今汉语很多方言都有"袷衫""袷背""袷衲"等词语，但是方言用字常误把"袷"写作"夹"。浙江金华方言中有"被袷""袷里"，指双层被服的里子，当地常记作"背夹""夹里"；粤语中有"袷（夹）衲"，指夹衣、夹袄；冀鲁官话、中原官话、吴语等方言中的"袷（夹）袄"指夹衣、双层上衣；闽语中的"袷（夹）裘"指没有填充棉花的夹层衣服；冀鲁官话中有"袷大袄"，指长的双层衣服。

垢圿 [kəu55tɕia0] 污垢，附着在身体、物体上的积垢，多指人身体上的污垢。如：那个伢儿不晓得好久冇洗澡着，颈脖子上的垢圿堆几厚；那个老汉不爱干净，满身都是垢圿；衣裳上头的垢圿几厚，不晓得好久冇换衣裳着哦。

"垢"与"圿"在古文献中都有"污垢"义，在古文献中可以单用，也可以同义连文构成双音节复音词"垢圿"。《说文·十三下·土部》："垢，浊也。""浊"指浊秽。段注："《水部》曰：'浊，水名，浊秽字用之。'"《类篇·土部》："垢，不净也。"《字汇·土部》："垢，尘秽涬汁所集。"《玉篇·土部》："垢，不洁也、尘也。"《类篇·土部》："圿，垢也。"《正字通·土部》："圿，积垢也。"《广韵·侯韵》："垢，垢圿。"《广雅·释言》："圿，垢也。"《玉篇·土部》："圿，垢圿也。"《山海经·西山经》："钱来之山，其上多松，其下多洗石。"郭璞

注:"澡洗可以碨体去垢圿。"宋赵叔向《肯綮录·俚俗字义》:"垢曰垢圿。"《大学·章句》:"汤以人之洗濯其心以去恶,如沐浴其身以去垢。"东汉王充《论衡·累害》:"以玷污言之,清受尘而白取垢。"唐刘禹锡《桃源行》:"桃花满溪水似镜,尘心如垢洗不去。"韩愈《征蜀联句》:"蹋翻聚林岭,斗起成埃圿。"《道行般若波罗蜜经》卷第六:"垢圿,尘滓也。"《增一阿含经》:"一者头发长,二者爪长,三者衣裳垢坌,四者不知时宜,五者多有所论。"

"垢圿"在今方言中又作"垢甲""垢痂"等,这都是据音用字的结果。从"垢圿"的文献传承看,作"垢圿"是无疑的。"垢圿"在今中原官话、西南官话、闽语、兰银官话等方言中都有使用。《蜀方言》:"尘垢曰垢圿。"

声气 [ʂən22tɕʰi0] 声音语气。如:那个女人说话声气高喉咙大嗓子的,像个男的样的;我己老师上课声气太小着,坐到后头的学娃子一哨都听不到;渠这两天冻凉着(感冒),说话声气都变着。

"声气"始出现于上古文献,历代文献广泛使用。《左传·襄公三十一年》:"故君子在位可畏,施舍可爱,进退可度,周旋可则,容止可观,作事可法,德行可象,声气可乐,动作有文,言语有章,以临其下,谓之有威仪也。"句中"声气"与"动作""言语"相对。《史记·乐书第二》:"地气上齐,天气下降。"正义:"明礼乐法天地气也。天地二气之升降合而生物,故乐以气法地,弦歌声气升降相合,以教民也。"《魏书·刘昶传》:"自陈家国灭亡,蒙朝廷慈覆,辞理切至,声气激扬,涕泗横流,三军咸为感叹。"《晋书·列传第五·裴楷》:"武帝初登阼,探策以卜世数多少,而得一,帝不悦。群臣失色,莫有言者。楷正容仪,和其声气,从容进曰:'臣闻天得一以清,地得一以宁,王侯得一以为天下贞。'武帝大悦,群臣皆称万岁。"《北史·列传第六十六·鱼俱罗》:"鱼俱罗,冯翊下邽人。身长八尺,膂力绝人,声气雄壮,言闻数百步。"南宋叶适《与赵丞相书》:"闻命之日,渐汗悚仄,不能出声气。"明凌濛初《二刻拍案惊奇》卷三十四:"任君用越加盘问，瑶月转闭口息，声气也不敢出。"《红楼梦》第五回："宝玉听了，是个女孩儿的声气。"清李宝嘉《官场现形记》第五十七回："这夏十自从跟随军门进京，一路上怨天恨人，没有一些些好声气。"鲁迅《孔乙己》："掌柜是一副凶脸孔，主顾也没有好声气，教人活泼不得。"

"声气"指声音语气，在今北京官话、中原官话、晋语、兰银官话、江淮官话、西南官话、吴语、湘语、赣语等方言区广泛承袭沿用。

笕［tɕien55］把竹子对刨并贯通内节而做成的引水槽道，牛蹄赣语中还把对刨的树干挖成槽状的引水槽道叫木笕，简称"笕"。如：哪一天在后头院坝边上的水沟里安一个笕，方便接水用；在屋檐底下安一个笕，把水接出去，免得屋檐水把院坝滴一个深沟；天干田里水不够，得安一道笕，把对面沟里的水接到田里来。

"笕"始见于中古文献，也可以作"枧"。《字汇·竹部》："笕，以竹通水。"《正字通·竹部》："笕，以竹空其中通水也。"《类篇·竹部》："笕，通水器。"《广韵·铣韵》："以竹通水。"《集韵·铣韵》："笕、枧，通水器，或从木。"《康熙字典·竹部》："笕，以竹通水也。"白居易《钱唐湖石记》："钱唐湖一名上湖，周回三十里。北有石函，南有笕。凡放水溉田，每减一寸，可溉十五余顷。每一复时，可溉五十余顷。"南宋陆游《退居》："溪烟漠漠弈棋轩，笕水潺潺种药园。"《五灯会元》卷第十八："尝有偈曰：'竹笕二三升野水，松窗七五片闲云。'"明徐光启《农政全书·水利·利用图谱》："乃自上流用笕引水，下注于槽。"清徐元文《登夯崩峰》："路转千盘随石笕，崖临百丈耸丹台。"

"笕"在今江淮官话、西南官话、赣语、客家话等方言中广泛使用。明李实《蜀语》："通水槽曰笕。"《蜀方言》："接溜曰笕。"《里语徵实》："引水曰笕，音茧，续竹通水也。"1935年《麻城县志续编》："水槽曰笕。"1931年《南川县志》："田间通水木槽曰笕。"夏剑钦《浏阳方言本字考》："笕，引水、过水的竹管、竹片。"西南官话中有"笕沟""笕槽"，义同"笕"。

箬壳 [ȵio214kʰo0] 笋皮，即包在新生竹笋外的竹皮，在竹子成长的过程中逐渐脱落，牛蹄赣语中也叫"笋壳叶子"。如：房子后檐有啲漏雨，去捡几张箬壳临时把水笕出去；把竹园里掉的干箬壳都捡回来，可以做引火柴；捡一些箬壳回来泡到，好用来包粽子。

古文献中单用"箬"指笋皮，始见于上古文献。《说文·五上·竹部》："箬，楚谓竹皮曰箬。"段注："今俗云笋箨箬是也，箨而陊地。"《说文解字系传》："箬，楚谓竹皮曰箬。……徐锴曰：'即箨也'。"《正字通·竹部》："《说文》所谓竹皮曰箬，或作篛。"《集韵·薛韵》："箬，一曰竹皮。"《宋书·列传第五十三·朱百年》："百年少有高情，亲亡服阕，携妻孔氏入会稽南山，以伐樵采箬为业。"《南史·列传第六十六·徐伯珍》："伯珍少孤贫，学书无纸，常以竹箭、箬叶、甘蕉及地上学书。"唐许浑《题湖州韦长史山居》："溪浮箬叶添醅绿，泉绕松根助茗香。"北宋苏辙《乘小舟出筠江》："红饭白醪供醉饱，青蓑黄箬可缠包。"明冯梦龙《醒世恒言》卷三十二："头带箬叶冠，身穿百衲袄，腰系黄丝绦，手执逍遥扇。"在汉语词语双音化的过程中，在"箬"后加表示事物大类范畴特征的构词语素"壳"构成双音词"箬壳"。《中国民间故事选·诏三路与南亚斑》："最后，箬壳剥光了，自然也还露出了笋子。"

"箬"及"箬壳"在今吴语、江淮官话、湘语、赣语、闽语、徽语等方言中沿用，"箬壳"在民间用于编制竹笠、竹器或包粽子等。今吴语中有"箬壳草鞋"，今吴语、闽语、徽语中的"箬笠"和湘语的"箬笠壳"均指用箬壳编制的斗笠。

筲箕 [ʂau22tɕi0] 厨房竹制器皿，用于淘米、洗菜，装粮食、蔬菜等，三方略呈弧形，一方呈直线。如：你把洗过的菜放到筲箕里沥一下水；你用筲箕去给我铲啲苞谷来；这个筲箕不经用，是用二道竹子编的。

"筲箕"始见于中古文献，又作"箱箕"或"稍箕"。北宋朱彧《萍洲可谈》卷三："尝观其下神，用两手扶一筲箕，……则能写纸。"清厉荃《事物异名录·器用·箕》："《留青日札》：俗名竹饭器曰筲箕，又筲箕或作稍箕。"清吴敬梓《儒林外史》第二十三回:"管家走到门口,只见一个小儿开门出来,手里拿了一个筲箕出去买米。"清张南庄《何典》:"那个鬼囡,自从主人死过,没了管头,吃饱了宕空筲箕里饭,日日在外闲游浪荡,雌鬼也管他不下。"清夏敬渠《野叟曝言》第九十五回:"厨下搬送酒饭上桌,三人狼餐虎咽,把一筲箕饭,六大碗菜,两大壶酒,连着葱蒜醋酱,都一卷精光。"清屈大均《广东新语》卷一:"官人骑马到林池,斩竿筋竹织筲箕。筲箕载绿豆,绿豆喂相思。相思有翼飞开去,只剩空笼挂树枝。"

"筲箕"在今粤语、客家话、江淮官话、西南官话、吴语等方言中沿用。黄侃《蕲春语》:"今吾乡谓盛饭之箕,曰筲箕。"《蜀方言》:"饭筥曰筲箕。"清朱骏声《说文通训定声·小部》:"今苏俗谓饭筥曰筲箕。"陈训正《甬谚名谓籀记》:"箕,饭筥也。今俗作筲箕。"

桊 [tʂʰɥæn22] 横贯牛鼻孔、用于固定牵牛绳的小木棍即牛鼻桊,通常选择的木棍一端有一小开杈,防止脱落,另一端系牛鼻绳。如:这个树杈好做牛鼻桊;牛鼻桊断了,牛跑脱着;冇得牛鼻桊,直接把绳子穿到牛鼻子里,会把牛鼻子拉坏的。

"桊",本作"桊",又作"棬",始见于上古早期。《说文·六上·木部》:"桊,牛鼻中环也。"段注:"《吕氏春秋》曰:'使乌获疾引牛尾,尾绝力勧而牛不可行,逆也;使五尺竖子引其棬,而牛恣所以之,顺也。'棬者,桊之字。"清王筠《说文解字句读》:"桊,牛拘也。玄应曰:'今江以北皆呼为拘,以南皆曰桊。'言环者,以柔木贯牛鼻,而后曲之如环也,亦有用大头直木者。"《蕲春语》:"桊,……今吾乡犹有此语,以木作之,两端略巨,防其挩,中斵之,系绳焉。"《玉篇·木部》:"桊,牛鼻环也,一曰牛枸(拘)。""桊"当为后起俗字,使用中逐渐替代"桊"成为正字。《字汇·牛部》:"桊,牛鼻棬。"《正字通·牛部》:"桊,穿牛鼻绳木。"《集韵·狝韵》:"牛绁鼻谓之桊。"清曹寅《岸上水牻》:"解桊时驱渡,鸣牟各记门。"

"桊"现保存于冀鲁官话、江淮官话、西南官话、赣语等方言之中。

手脚 [ʂɜu55tɕio0] 牛蹄赣语中保留了两个古语词义项。

一是行动、动作、举止，一般做主语或主谓结构的主语，与古代文献语例中的用法完全一致。如：渠找的媳妇能干得很，做么事手脚麻利；这个活路手脚快的得三天，手脚慢一哟的要五天；渠做么事手脚虽然慢一哟，可是细法（细致认真），不用操心把么事整坏着。

"手脚"指行动、动作、举止，始见于中古文献。唐韦庄《涂次逢李氏兄弟感旧》："巡街趁蝶衣裳破，上屋探雏手脚轻。"句中"手脚"指动作。元白朴《墙头马上》第三折："魄散魂消，肠慌腹热，手脚獐狂去不迭。"《五灯会元》卷第十五："莫一似落汤螃蟹，手脚忙乱，无汝掠虚说大话处。"句中"手脚忙乱"指动作忙乱。《五代秘史》第四十二回："人马正跌了一夜，跌得彦章，垂肩射袖难施勇，手脚慌忙怎用功。"明吴承恩《西游记》第七十七回："原来八戒耳大，盖着眼皮，越发昏蒙，手脚慢，又遮架不住。"清佚名《说唐全传》第二十六回："二人手脚伶俐，走上塔顶，取出火炮，把火石打出火来，点着药线，往空中一抛。"《汉代宫廷艳史》第一百一回："再说陆曾日间受了他们一个牢笼计，幸亏他的手脚快，不然，就要丢了他的性命。"

"手脚"指行动、动作、举止，在今西南官话、吴语、湘语等南方方言中沿用。清光绪年间《嘉定县志》："手脚，俗谓举动也。"西南官话、吴语中有"多费手脚""费些手脚"等说法。

二是企图达到某种目的而暗中采取的行动，往往指不够光明正大的行为，结果可能是损人利己的，也可能是损人不利己的，在句中一般做宾语，谓语动词往往用"做"或"使"，这与古代文献语例中的用法完全一致。如：渠在最关键的时候肚子痛，绝对是哪个在饭里头做着手脚的；你最好莫请渠，渠爱使手脚，最后难得收摊子（使手脚导致的坏结局、坏结果）；渠卖东西经常在秤上使手脚，经常你买到的东西分量不够。

"手脚"指"企图达到某种目的而暗中采取的行动"之义比表示"行动、动作、举止"之义的产生时间晚，主要见于近代以来的文献，且较为常见。冯梦龙《警世通言》卷二十四:"小妇人果有恶意,何不在半路谋害?既到了他家,他怎容得小妇人做手脚?"凌濛初《初刻拍案惊奇》卷三十八:"我怕不要周全?只是关着财利上事,连夫妻两个,心肝不托着五脏的。他早晚私下弄了些手脚,我如何知道?"《二刻拍案惊奇》卷十四:"更有那不识气的小二哥,不曾沾得半点滋味,也被别人弄了一番手脚,折了偌多本钱,还悔气哩!"《醒世恒言》卷四:"及至告到官司,又被那人弄了些手脚,反问输了。"明施耐庵《水浒传》第二十九回:"空自去打草惊蛇,倒吃他做了手脚,却是不好。"清吴趼人《二十年目睹之怪现状》第四十五回:"他只要弄了手脚,把号头编得后些,赶未及轮到他船时,先把盐偷着卖了,等到轮着他时,却就地买些私盐来充数。"《官场现形记》第三回:"且说钱典史在京里混了几个月,幸亏遇见一个相好的书办,替他想法子,把从前参案的字眼改轻,然后拿银子捐复原官,加了花样,仍在部里候选。又做了手脚,不上两个月,便选了江西上饶县典史。"清李雨堂《狄青演义》第四十一回:"单言李沈氏,天子虽说降发他在刑部天牢,沈御史即日弄了些手脚,只与司狱官知照,说了数言,李沈氏仍归御史衙中。"

"手脚"指"企图达到某种目的而暗中采取的行动",在今东北官话、西南官话、吴语等方言中沿用。

手板[ʂu55pæn55]手掌。如:我手板上长水泡泡,水泡泡一穿就开始脱皮;这几天手板心发烧,找不到是么事原因;才刷的墙,上头就叫哪个搞着几个手板印。

"手板"指手掌,始见于中古文献。唐段成式《酉阳杂俎》卷十:"宋山阳王休佑屡以言话忤颜,有庾道敏者善相手板。"句中"相手板"就是凭借观察分析手掌上的纹路推测人生的吉凶福祸,即俗谓"看手相"。《五灯会元》卷第十二:"师曰:'金刚手板阔。'问:'大悲千手眼,那个是正眼?'"《太平御览》:"綦母珍之在西州时,有一手板,相者云'当贵。'"

"手板"指手掌,在今西南官话、徽语、吴语、湘语、赣语、粤语等南方方言中广泛沿用。应钟《甬言稽诂·释形体》:"俗称手掌曰手板。"黄勇刹、杨钦华、方寿德《歌王传》:"哄讲吃斋敬观音,手板怎能挡得荫。"《歌王传》反映的是广西宜山的语言。四川方言有"手板手背都是肉"的俗语。

脚板 [tɕio21pæn55] 脚掌。如:今昼路走得太多着,脚板心都走痛着;渠那个脚板啊,几宽(很宽)个片片;渠不注意(小心)一脚踩到玻璃碴子里头,脚板叫玻璃碴碴戳着几大(很大)几个口子。

"脚板"指脚掌,最早见于唐代佛经文献,后历代话本、小说等通俗文献中广泛使用。唐《镇州临济慧照禅师语录》卷一:"大德,尔波波地往诸方觅什么物?踏尔脚板阔,无佛可求,无道可成,无法可得。"宋佚名《张协状元》第十六出:"肥个我不嫌,精个我最欣,从头至脚板,件件味都甜。"元佚名《盆儿鬼》第二折:"不由我语笑呵呵,蓦将这阔脚板把门桯踏破。"元杂剧《雁门关存孝打虎》第二折:"比及挑筋剔骨,摘胆剜心,大拳头揾住嘴缝,阔脚板踏住胸脯,我只问你因何将大唐天下反?"《警世通言》卷三十七:"三条好汉、三条朴刀,唬得五个人顶门上荡了三魂,脚板下走了七魄,两个使马的都走了,只留下万秀娘、万小员外、当直周吉三人。"冯梦龙《喻世明言》卷三十三:"韦义方听得说,两条忿气,从脚板灌到顶门。"《西游记》第十九回:"上至顶门泥丸宫,下至脚板涌泉穴,周流肾水入华池,丹田补得温温热。"清常杰淼《雍正剑侠图》:"海川,咱们进这树林儿歇歇脚儿,我的两脚板都走疼啦。"

今东北官话、中原官话、晋语、江淮官话、西南官话、徽语、吴语、湘语、赣语、客家话等南北方言中都把脚掌叫"脚板"。《甬言稽诂·释形体》:"《说文·釆部》:'兽足谓之番,从釆田,象其掌。'通作蹯,蹯,掌也。蹯音变为板,俗称足掌为脚板。"

寿元 [ʂu33Øɥæn35] 寿命、寿数,一般指迷信中认为的命中注定的不可改变的人能活的寿命数。如:看渠的面相,寿元应该是蛮高的,可是才活着四十多岁就死着；看样子还是寿元到着啊，大雨下，送的烟包①烧得一截都不剩；渠已那个家族的人的寿元都高得很，最少都活到着七十多岁。

"寿元"指人的寿命、寿数，见于元代及以后白话文献中。元吴昌龄《东坡梦》第四折："爇龙涎一炷透穹苍，祝吾王寿元无量。八方无士马，四海罢刀枪。"句中"寿元无量"就是"寿命无疆"之义。明程登吉《幼学琼林》卷二："贺男寿曰南极星辉，贺女寿曰中天婺焕。松柏节操，美其寿元之耐久；桑榆晚景，自谦老景之无多。"句中"寿元之耐久"即"寿命长久"之义。清如莲居士《薛刚反唐》第二十七回："老哥寿元甚长，不必多虑。但目下唐家大变，兴废有时，不可强为，小弟今日到此，正恐你们急欲中兴皇唐天下。"《野叟曝言》第十一回："五十岁上，出将入相，荫子封妻；二十余年大运，寿元八十六岁。"蔡东藩《前汉演义》第四十八回："鹏鸟似鸮，向称为不祥鸟，谊恐应己身，益增忧感，且因长沙卑湿，水土不宜，未免促损寿元，乃更作鹏鸟赋，自述悲怀。"句中"促损寿元"相当于今俗所说的"折寿"。

"寿元"指人的寿命、寿数，在今吴语、西南官话、赣语中仍然沿用。

寿限［ʂəu33ɕien31］义同"寿元"，偏重于指命中注定的人所能活的最大岁数。如：该缘（注定如此）的，寿限到着，么样渠都是要死的；你莫伤心，渠寿限只有那高，病也到那里去着，又不是你把渠弄死的；寿限是人冇得办法改变的。

"寿限"始见于唐代，后历代白话文献中沿用。唐邵仲方《唐故元从奉天定难功臣游击将军守冀王府右亲事典军上柱国勒留堂头高平郡邵公墓志铭》："岂期寿限将毕，大愿不从，时年春秋五十有五，至元和十四年己亥岁九月廿七日，终于坊州馆舍。"句中"寿限将毕"即寿命将完。五代《敦煌变

---

① 牛蹄习俗，在人死埋葬后，头三天晚上要给坟墓送烟包。烟包由死者生前床上铺垫的稻草绾制而成，一般根据死者的年龄，一岁一圈，缠绕成长条形，认为燃烧的烟包能给死者做伴。同时，可以根据烟包是否燃烧完来判定死者是否活到了命中注定的寿数，燃烧完了就是活到了命中注定的寿命数，如果没有燃烧完，就是还没有活到注定的寿数。

文集·八相变》:"吾今桑榆已逼,钟漏将穷。眼暗都不识人,耳聋不闻音响。十步之内,九伴长嘘。寿限将临,此名为老。"句中"寿限将临"即寿命已到。《太平广记》卷五十九:"人之处世,一失不可复生,况闻寿限之促,非修道不可以延生也。"句中"寿限之促"即寿命短促有限。《醒世姻缘传》第九十三回:"原只该六十岁的寿限,每每增添,活了一百五岁。"《说岳全传》第七十五回:"你撞着太岁爷,也是阎王注定你的寿限了,且吃我一刀!"《阅微草堂笔记·姑妄听之一》:"今金丹已为狐所盗,不可复归。再不治,虑寿限亦减。"《明代宫闱史》第六十九回:"夫妇大道,君子乐而不淫,那才配谈到正道上去,如其贪淫纵欲,元神耗虚,仍旧天促寿限,挨到一百岁也是没益的。"

"寿限"在今冀鲁官话、中原官话中沿用。

寿年 [ʂʒu33ɲien35] 人活的岁数,即年寿、寿命,一般指比较大的岁数。如:看渠的样子,寿年不会太高;人的寿年也是固定的,一旦寿年到着,哪个(任何人)也冇得办法;渠已一个家族的人寿年都不行。

"寿年"指人活的岁数,见于上古晚期文献,后历代文献中都有用例。汉应劭《风俗通·佚文》:"彭祖寿年八百岁,犹恨唾远。"句中"寿年"指活到的岁数。《宋书·志十二·乐四》:"群臣咸称万岁,陛下长乐寿年!"唐玄奘《大唐西域记》卷十:"龙猛菩萨善闲药术,餐饵养生,寿年数百,志貌不衰,引正王既得妙药,寿亦数百。"《五灯会元》卷第一:"我之祖宗,皆信佛道,陷于邪见,寿年不永,运祚亦促。"句中"寿年不永"即寿命不长。宋佚名《壶中天》:"人生七十古称稀,何况寿年八十。"明谢诏《东汉秘史》第五十七回:"四年春月,昭卒,寿年七十,太后亲被素服,举哀甚切。"《尚书正义》卷八:"汤为诸侯之时已得伊尹,此至沃丁始卒,伊尹寿年百有余岁。此告归之时,已应七十左右也。"北宋张君房《云笈七签》卷七十:"天地阳九,否泰动静,常数服金丹之人,逃出阴阳之外,九阳之表,故寿年无数也。"

"寿年"在今客家话中仍然沿用。

潲 [sau31] 泔水，牛蹄赣语中有"潲水""猪潲水"等常见词语。如：猪食桶里的潲水发酸着，赶紧倒脱；今昼下雨，潲水桶里接满着雨水；那个猪有啲不对劲，连猪潲闻都不闻一下。

"潲"始见于中古文献。《广雅·释器》："潲，潾也。"潾，即泔水，已经酸臭的淘米水。《玉篇·水部》："潲，臭汁也，潘也。"潘，即淘米汁。《广韵·效韵》："潲，豕食。"《集韵·巧韵》："潲，濯潾也。"《康熙字典·水部》："潲，一曰汛潘以食豕。"《朴通事》："锣锅、柳箱、洒子、三脚、碗、碟、匙、箸、杩杓、笊篱、炊帚、檾卓儿、簸箕、筛子、马尾罗儿、卓儿、盘子、茶盘、抬盏、壶瓶、酒鳖、铜潲杓都收拾下着。"《中国谚语资料·农谚》："养猪有巧，栏干潲饱。"

"潲"指泔水，在西南官话、江淮官话、赣语、客家话、粤语、闽语等方言中沿用，有"猪潲""吃潲""潲水""沤猪潲"等常见词语。

脶 [lo35] 手指上呈螺旋状的纹理，纹理线如"罗"形，与之相对的另一种纹理叫"笪箕"，椭圆形，似竹器笪箕。牛蹄人的习俗认为，人手指的脶与笪箕的数量预示着人的运势，最多者十个手指的指纹全是脶。如：一脶穷，二脶富，三脶四脶开当铺……；我手指拇子上有九个脶，一个笪箕。

"脶"始见于中古文献，属于民间俗语词。《字汇·肉部》："脶，音罗，手指文。"《玉篇·肉部》："手文谓之脶。"《龙龛手鉴·肉部》："脶，手理，又音螺，亦手中文也。"《广韵·戈韵》："脶，手指文也。"《集韵·戈韵》："脶，手指文。"《札朴·乡里旧闻》："指纹曰脶牛，或作脶由。"清和邦额《夜谭随录·阿凤》："我道莫教渠来，三妹执不听，今何如？转坏我一纳新绫袜，污印十个脶文！"

今客家话、江淮官话、赣语、西南官话中分别有"脶文""脶纹""脶梢""脶脶儿"等词语，闽语、吴语也都把手指上呈螺旋状的纹理叫"脶"。

毭 [tʰo214] 鸟兽在季节交替时脱老毛换新毛。如：那个猫儿毭毛好凶（厉害），一网一网地掉；我已那个公鸡正毭毛，简直只剩一个肉蛋蛋着；这个季节猪正毭毛，好多毭毛子烫不掉。

"氄"是上古出现的方言词语。西汉扬雄《方言》："氄，易也。"郭璞注："谓解氄也。"钱绎笺疏："今俗语犹谓鸟兽易毛为氄毛，即蜕声之转也。"西晋郭璞《江赋》："集若霞布，散如云豁，产氄积羽，往来勃碣。"李善注："《字书》曰：'㲾：落毛。'㲾与氄同。"《字汇·毛部》："氄，鸟易毛也。"《类篇·毛部》："氄，解也。谓鸟兽解毛羽也。"《广韵·过韵》："氄，鸟易毛也。"南北朝庾信《至老子庙应诏》："氄毛新鹄小，盘根古树低。"《札朴·乡里旧闻》："禽兽易毛曰氄。"

　　今中原官话、晋语、江淮官话、吴语等方言中有"骆驼氄毛""鸡子氄毛""猫氄毛"等说法。1930年《嘉定县续志》："俗谓鸟兽易毛及蛇蝉之属解皮俱曰氄。"

　　鐴耳［pi21Øɚ55］犁耳，套装在犁铧上方的铁片，能够使犁开的土壤翻转并破碎，形似房瓦形，也可写作"鑒"。如：你今昼下街给我带（代买）一个鐴耳；那个鐴耳冇有装好，犁地土翻不开。

　　"鐴"在自中古以来的文献和方言中都有使用。《字汇·金部》："鐴，鐴上犁耳。"《类篇》《玉篇》《集韵》："鐴，犁耳也。"《龙龛手鉴·金部》："鐴，鐴土，犁耳也。"唐陆龟蒙《耒耜经》："冶金而为之者曰犁镵、曰犁鐴。……起其墢者镵，覆其墢者鐴也。"

　　"鐴耳"在近代江淮官话、西南官话、赣语中都有沿用。《蜀语》："犁上铁板曰鐴耳。"清道光年间《遵义府志》《叙州府志》："犁上铁板曰鐴耳。"《蕲春语》："吾乡谓犁耳为鐴耳。"1935年《麻城县志续编》："犁上铁板曰鐴耳。"江淮官话区的湖北红安把"鐴耳"也叫"鐴头"或"鐴镜"。赣语区的湖南浏阳把"鐴"叫作"犁鐴"。

　　虮子［tɕi55tsɻ0］人、畜身体上的寄生虫，吸食血液，即虱子。牛蹄赣语中把人身体上长的寄生虫"虱子"戏称为"虮子"，含有调侃或委婉之意。如：我看你脑壳上有虮子冇得；你身上咬人，不是有虮子吧；那个时候屋里穷，一个冬天都换不到几回衣裳，手往背上一抓，指甲缝里就会卡一个虮子。

"虮"指虱子，上古早期文献中就已经出现，以后历代文献和方言中都有用例，只是古代文献中多以单音节"虮"的形式出现，牛蹄赣语中加了词尾"子"。《说文·十三上·虫部》："虮，虱子。"段注："虱，啮人虫也，子，其卵也。"《字汇·虫部》："虮，音己，虱子。"《龙龛手鉴·虫部》："虮，虱子。"《玉篇·虫部》："虮，虱虮也。"释语中"虱""虮"同义连文。战国宋玉《小言赋》："馆于蝇须，宴于毫端；烹虱胫，切虮肝；会九族而同唼，犹委余而不殚。"扬雄《长扬赋》："当此之勤，头蓬不暇梳，饥不及餐，鞮鍪生虮虱，介胄被沾汗，以为万姓请命乎皇天。"西汉刘安《淮南子·说林训》："汤沐具而虮虱相吊，大厦成而燕雀相贺。"白居易《不如来饮酒》："虮虱衣中物，刀枪面上痕。"宋罗璧《识遗》："衣弊生虮虱，肉腐生蛆虫，自然之理也。"《三国志·魏书·东夷传》："不梳头，不去虮虱，衣服垢污，不食肉，不近妇人，如丧人，名之为持衰。"以上句中"虮""虱"同义连文。

在古代文献和方言中，"虮子"指虱子的卵，"子"为实语素。在牛蹄赣语中，"子"已虚化为词尾，"虮子"即指虱子，"虮"保留了古代文献和方言的基本语义。章炳麟《新方言·释动物》："《说文》：'虮，虱子也。'今通谓虱卵为虮子。"

在今江淮官话、西南官话、吴语等方言的语素中，"虮"还保留着"虱子"的意义，虱子的卵在江淮官话中叫"虮蚤"，在西南官话中叫"虮蛋"，在吴语中叫"虮虱子"。

人客 [zən35kʰɛ0] 客人、宾客。如：那一家人一啲都不佮人，一年到头冇得一个人客上门；今昼要准备些酒、菜，一下下可能要来人客；渠己屋里一啲都不好人客。

"人客"指"宾客""客人"之义，始见于中古文献，后历代沿用。白居易《池上即事》："家酝瓶空人客绝，今宵争奈月明何。"唐杜甫《遣兴》："问知人客姓，诵得老夫诗。"唐佚名《玉泉子》："别无新事，但昨日坡下郎官集送某官出牧湖州，饮饯邮亭，人客甚众。"《大藏经》卷四：

"财富无数,为人悭贪,不好布施,食常闭门,不喜人客。"唐王建《田家留客》:"人客少能留我屋,客有新浆马有粟。"《红楼梦》第一百零七回:"到了下半天,人客更多了,事情也更繁了,瞻前不能顾后。"《曾国藩家书》:"出闱数日,一切忙迫,人客络绎不绝。"

"人客"在西南官话、吴语、湘语、赣语、闽语、粤语等方言中广泛使用。如翁辉东《潮汕方言·释亲》:"俗呼客曰人客。"1935年《萧山县志稿》:"称客为人客。"明姚旅《露书》卷九:"人客,称客也。闽人称客不曰兄,必称之为人客。"

骭[kon55]胫骨,牛蹄赣语中把胫骨叫作"臁儿骭","骭"作为古俗语词保留在今牛蹄赣语方言之中。如:臁儿骭高头冇得肉,稍微碰一下就痛得要死;渠绊一跤子,把臁儿骭绊断了;你臁儿骭上么时候碰着个乌疙瘩。

"骭"指胫骨,始见于上古文献。《说文·四下·骨部》:"骭,骹也。"段注:"骭之为言干也。"《字汇·骨部》:"骭,骹骨,即胫骨也。"《正字通·骨部》:"骭,今谓胫骨,在膝以下,胫以上。"《玉篇·骨部》:"骭,胫也。"春秋时期宁戚《饭牛歌》:"生不逢尧与舜禅,短而单衣适至骭。"《淮南子·俶真训》:"明于生死之分,达于利害之变,虽以天下之大,易骭之一毛。"高诱注:"骭,自膝以下、胫以上也。"《新唐书·南蛮传上》:"衣青布短裤,露骭。"《曾国藩家书》:"十二日冒雨拔营,仅行十五里,驻扎清水铺,泥深没骭,小住一日。"

今胶辽官话把胫骨叫作"骭腿",中原官话中把小腿骨叫作"骭骨",西南官话也把胫骨叫"臁儿骭"。

胡墼[xu35tɕi0]将湿度适中的土放在模具中制成的长方形砖坯、土坯,晾晒干、不经过烧制就用于砌墙或修补损坏墙体的建筑材料。"打'胡墼'有特制的模具,一般将湿土填满模具,接着用平底的石杵子上下打击,使其坚实,完后卸掉模具。……待其晒干后用来砌墙。"[①]牛蹄赣语区制作胡墼的方

---

① 曹强:《"花儿"歌词用字问题刍议》,陕西省语言学会第十届年会会议论文集,2019年。

法与此相同。如：这段时间天气好，你打唦胡墼晒干，把房子后头的墙培治（修缮、修补）一下；弄唦胡墼砌个鸡橱（鸡舍）；胡墼要晒干才能用，不是的话，砌的墙有用。

用胡墼这样的土坯做建筑材料砌墙起源于上古早期，所以记录这种事物的词语也随之出现。上古文献中的单音词"墼"指未经烧制的土坯胡墼，古文献中也叫"土墼"。《说文·十三下·土部》："墼，瓴适也，一曰未烧也。"段注："烧谓入于匋（窑）。匋，瓦器灶也。上文一义（瓴适）谓已烧之砖曰墼，此一义谓和水土入模范中而成者曰墼。别于块而未经匋灶也。《丧服》'柱楣'注：'屋下累墼为之。'必未烧者也。枕块则未墼者也。……墼也，盖亦谓未烧者。今俗谓未烧者曰土墼。"《说文解字句读》："则未烧则京师谓之土坯，吾乡谓之墼。"《康熙字典·土部》："土墼，未烧砖坯也。"《龙龛手鉴·土部》："墼，砖坯别名也。"《广韵·锡韵》："墼，土墼。"《字汇》《正字通》："墼，《广韵》：'土墼，未烧砖坯也。'"《后汉书·周纡传》："纡廉洁无资，常筑墼以自给。"明杨慎《丹铅续录拾遗·周纡筑墼》："《字林》：'砖未烧曰墼。'《埤苍》：'形土为方曰墼。'今之土砖也，以木为模，实其中。"《说文通训定声·解部》："凡瓴适之未烧者为墼，苏俗谓之土墼。"《阅微草堂笔记·槐西杂志三》："吉木萨有唐北庭都护府故城，则李卫公所筑也。周四十里，皆以土墼垒成，每墼厚一尺，阔一尺五六寸，长二尺七八寸。"《百喻经》卷一："愚人见其垒墼作舍，犹怀疑惑，不能了知，而问之言：'欲作何等？'木匠答言：'作三重屋。'"《太平广记》卷一百一十四："晋州陷日，像汗流地，周兵入齐，烧诸佛寺，此像独不变色。又欲倒之，大牛六十头挽不动。忽有异僧，以瓦木土墼垒而围之，寻失僧所在。"原本中原将土坯砖叫作"墼"，随着和西域交流，大量西域物产引进中原，习惯于在从西域引进的物产名称前加"胡"，因此把西域的大于中原原有的土坯砖叫"胡墼"，后来中原原有的土坯砖"墼"或"土墼"也都叫"胡墼"。

今冀鲁官话、胶辽官话、中原官话、江淮官话、西南官话、晋语、吴语等方言中,"墼"都有沿用。1916年《盐山新志》:"墼,土砖也。"1932年《南皮县志》:"墼,土砖也。"1936年《牟平县志》:"土砖曰墼。"《陇右方言发微》:"今陇右通谓筑墙之土基曰墼。"1936年《盐城县志》:"范土为块曰墼。……今人范土为块以砌墙曰土墼。"晋语把制作土坯的模具叫"墼模子",胶辽官话把土坯叫"墼坯",晋语、中原官话将其叫"泥墼"或"糊墼"。

凌［lin33］冰、结冰,古字作"仌",后作"凌"。如:今昼天气那样冷啊,外头怕起凌着哦;今昼温度好低啊,屋檐上哈是凌冰吊吊;萝卜冬天怕起凌,起凌就会空心。

"凌"在上古早期文献中就已经出现,历代文献中都有沿用。《说文·十一下·仌部》:"仌,仌出也。"《字汇》《正字通》:"凌,冰也。"《类篇·冫部》:"仌、凌,冰也。"《玉篇·冫部》:"凌,冰室也。"又:"仌,同上(即同凌)。"《诗经·豳风·七月》:"二之日凿冰冲冲,三之日纳于凌阴。"《毛传》:"凌阴,冰室也。凌,《说文》作'仌'。"《周礼·天官·冢宰》:"凌人掌冰正,岁十有二月,令斩冰,三其凌。"《汉书·五行志》:"惠帝四年十月乙亥,未央宫凌室灾。"《宋书·列传第二十七·谢灵运》:"草迎冬而结葩,树凌霜而振绿。"明李时珍《本草纲目·果部》:"茶茗生益州及山陵道旁,凌冬不死。"唐孟郊《羽林行》:"挥鞭快白马,走出黄河凌。"唐马戴《寄金州姚使君员外》:"罢贡金休凿,凌寒笋更长。"唐李咸《奉和九日幸临渭亭登高应制得直字》:"菊黄迎酒泛,松翠凌霜直。"苏辙《种兰》:"知有清芬能解秽,更怜细叶巧凌霜。"清蒲松龄《聊斋志异·寒月芙蕖》:"宴时方凌冬,窗外茫茫,惟有烟绿。"

"凌"指冰、结冰,在北京官话、冀鲁官话、中原官话、西南官话、赣语等方言中广泛沿用,也作"仌"。天津宝坻谚语:"七九河开,八九雁来,九九无凌屑。"山东东平谚语:"三九、四九凌上走。"湖北随州谚语:"三九、四九凌破石头。"《蜀方言》:"冰曰仌。"许庄叔《黔雅·释像》:"今谓降冰曰下仌,呼仌曰仌。"

桷［ko214］过去农村用石板、茅草盖屋，铺放在檩子上支撑石板、茅草的木条、木棍叫"桷子"；用瓦盖屋的，把铺放在檩子上支撑瓦的长木板叫"椽子"或"椽皮子"。如：修房子的材料就是缺桷子着，其他的材料都有着；堂屋房檐上有啲漏水，可能是有一根桷子断着，找一根树棒棒儿把渠换脱，再加啲茅草就好着；桷子不要太粗着，有大酒盅子粗的树儿就可以着。

"桷"在牛蹄赣语中作为"桷子"的核心构成语素，见于上古汉语，不同的是，古代字书、辞书中一般认为，方形的为"桷"，圆形的为"椽"，但是牛蹄赣语中却是方形的为"椽"，圆形原生态的木条为"桷"。《说文·六上·木部》："桷，榱也，椽方为桷。"《尔雅·释宫》："桷谓之榱。"陆德明释文："周人名椽曰榱，鲁人名榱曰桷。"《龙龛手鉴·木部》："桷，榱桷也。"《字汇·木部》："桷，椽方为桷。"《慧琳音义》卷八十二："榱，今楚人亦谓之桷子。"《左传·庄公二十四年》："春，王三月，刻桓宫桷。"南朝刘义庆《世说新语·捷悟》："杨德祖为魏公主簿，时作相国门，始构榱桷，魏武自出看，使人题门作'活'字，便去。"韩愈《进学解》："夫大木为杗，细木为桷，欂栌、侏儒，椳、闑、扂、楔，各得其宜，施以成室者，匠氏之工也。"韩愈谓"大木为杗，细木为桷"，其中"桷"的"屋梁"义与牛蹄赣语方言中的意义相同。《江南野史》卷十："往来壁涧，寒雪薪炭若桂。少有膂力，乃踊折檐桷而烧。"《南史·列传第十四·王晏》："见屋桷子悉是大蛇，就视之，犹木也。晏恶之，乃以纸裹桷子，犹纸内摇动，蔌蔌有声。"清李渔《闲情偶寄·词曲部·宾白》："就文字论之，则犹经文之于传注；就物理论之，则如栋梁之于榱桷；就人身论之，则如肢体之于血脉。"

今闽语中有"桷仔""桷枝"，西南官话中有"桷条"，客家话、粤语、江淮官话、冀鲁官话等方言中保留有"桷子"。牛蹄赣语中，随着茅草房、石板房退出历史舞台，"桷子"在日常口语中已开始消失。

和和饭［xo33xo0fæn33］将米、面、菜等混合在一起煮制或蒸制成的饭食。如：今昼晌午饭我已把早上剩的饭、菜弄到一起，再加着啲东西煮一顿和和饭；腊八米汤是典型的和和饭；渠己屋里最喜欢煮和和饭着，我是一咽都不喜欢。

"和和饭"始见于中古文献。元杂剧《海门张仲村乐堂》第三折："（正末云）一腿子麻鞋是甚么哩？卖二百文小钞，三口子老小盘缠。是甚饭？（俫儿云）和和饭。（正末云）着你娘做些酷累来，又是和和饭来。""和和饭"在中古文献中也作"和和"。元刘庭信《醉太平·忆旧》："近新来贫病两相磨，怎生般奈何！白肉面翻做了糠磨磨，软羊羹变做了齑和和，少年妻忧做了老婆婆。"明郭勋《雍熙乐府·粉蝶儿·悭吝》："你看那待宾客的麸粝粝，应节令糠窝窝。早饭白粥才餐过，到晚来又插和和。"又："炒菜水休要丢，煮肉汤争忍泼。碟儿中剩菜又有偌来个。不分老少由他吃，那问尊卑一例喝，只有两件儿难发落。馒头皮晒成酱，黄菜馅儿插作和和。"

"和和饭"在今陕北绥德方言、陕西晋语区仍然沿用，山西太原等地把"和和饭"叫"和子饭"。

夜壶 [Øiɛ33xu35] 尿壶，提梁小口，仅供男性晚上使用的便器。过去农村建筑房屋时，厕所建于房屋主体之外或周围，晚上上厕所很不方便，故有供夜晚使用的尿壶。男士用的尿壶叫夜壶，女士用的尿壶叫罐罐（大口向上，圆筒形，罐身有把手），皆为陶制品。如：睏的时候忘记拿夜壶着，现在要出去屙尿，你给我打个伴（做伴）；你现在不好生学习，以后长大了只能给人家口[tia35]（提）夜壶（做仆人）。

"夜壶"见于中古、近代文献。元佚名《老乞大新释》："还要买些碗盏什物家伙锣锅：荷叶锅、两耳锅、茶罐、大碗、小碗……这盘子是，要小盘子、蜡台、夜壶……"《初刻拍案惊奇》卷三十一："众人看不见赛儿，赛儿又去房里拿出一夜壶来，每坛里倾半壶尿在酒里，依先盖了坛头，众人也不晓得。"《醒世姻缘传》第七十二回："'这颜神镇烧的磁夜壶，通没有他使得的！'程大姐红着个脸，问道：'是怎么？'媒婆道：'夜壶嘴子小，放不下去么！'"《济公全传》第六十三回："三个人坐下，和尚要了几壶酒，吃了个酒足饭饱，和尚说：'堂官，给我拿个溺壶来，我要溺尿。'堂官说：'我们管拿酒壶，不管拿夜壶，你外头去溺去罢。'"《续儿女英雄传》第十一回："原来徐三自到西里间，放倒头就睡。到三更以后，叫尿憋醒了。屋中没有夜壶，摸了半天，伸手摸着赵鹏的洗脸手旋，溺了满满一盆。"

"夜壶"在今西南官话、陕北晋语区还有沿用。

屌儿 [tɕi22Øer35] 男性生殖器，也可作"屌巴"，现据音用字一般写作"鸡"，本字当为"屌"。

"屌"本指臀部，在明清方言中转指男性外生殖器，一般情况下，"屌"加后缀"儿"或"巴"。《新方言·释形体》："屌，尻也。今人移以言阴器，天津谓之'屌'，其余多云'屌把'。'把'者，言有柄可持也，若云尾为尾把。'屌'读平声如'稽'。"《蕲春语》："屌，今人通谓前阴曰'屌巴'，吾乡谓赤子正阴曰'屌儿'，正作'屌'字。"

"屌""屌儿"或"屌巴"指男性生殖器，晋语、西南官话、中原官话、江淮官话、赣语、闽语等方言中广泛分布，方言一般写作"鸡"。1916年《盐山新志》："鸡巴，男子势也。"山西孝义方言中有"小屌（鸡）儿"，山西文水方言中有"狗屌（鸡）儿"。

屎 [tɕʰiɜu35] 男性生殖器，牛蹄赣语中一般用"屌儿"，用"屎"比用"屌儿"粗俗。

"屎"始见于中古文献。《字汇》《正字通》："屎，男阴异名。"《康熙字典·尸部》："屎，男子阴异名。"《蕲春语》："屌，今人通谓前阴曰'屌巴'，吾乡谓赤子正阴曰'屌儿'，正作'屌'字。蜀人曰'屎'，亦'尻'之音转也。"

"屎"在今中原官话、晋语、西南官话、江淮官话等方言中广泛沿用。今晋语中的"屎头子"、中原官话中的"屎把子"都指男性生殖器，晋语中的"屎呀式式"是骂别人像男人阴茎似的。

雨脚 [Øʯ55tɕio0] 刚开始下雨，雨滴掉落在地上呈不规则的湿点，周边会延伸出不规则的湿线就叫雨脚。牛蹄人认为，刚开始下雨，如果雨滴没有脚，下雨的时间一般不会太长；如果雨滴有脚，就可能长时间下雨。这是农耕时代农民观测雨候的一种方式。如：今昼雨下到地下冇得雨脚，看样子下不下来啊；今昼雨有脚，看样子还要下下来。

"雨脚"始见于中古，后历代沿用。《齐民要术·种麻》："截雨脚即种者，地湿，麻生瘦；待白背者，麻生肥。"唐李贺《秦王饮酒》："洞庭雨脚来吹笙，酒酣喝月使倒行。"杜甫《茅屋为秋风所破歌》："床头屋漏无干处，雨脚如麻未断绝。"北宋洪适《选冠子》："雨脚报晴，云容呈瑞，夜雪萦盈连昼。千岩曳缟，万瓦堆琼，稍稍冷侵怀袖。"明司守谦《训蒙骈句》（下）："疾风吹雨脚，新月挂云头。"

"雨脚"在今冀鲁官话、西南官话、晋语等方言中沿用。1935年《新城县志》："云下垂谓之雨脚。"1935年《云阳县志》："湿云谓之雨脚。"

酒海 [tɕiɜu55xai55] 一种储存酒的大型容器，因其形制较大，故称"海"。如：今年有有烤到好多酒，酒海只装到一半；渠那个人酒量大得很，比酒海还能装；渠把酒海拿来装猪食。

"酒海"始见于中古文献。白居易《就花枝》："就花枝，移酒海，今朝不醉明朝悔。"明钟惺《夏商野史》第二十五回："万民精血竟入酒海，四方膏脂尽悬肉林。"《水浒传》第七十五回："再将九瓶都打开，倾在酒海内，却是一般的淡薄村醪。"又第八十二回："叫开御酒，取过银酒海，都倾在里面。"《清史稿》卷五二六："旧例贡物有金银罐、金银粉匣、金缸酒海、泥金彩画围屏、泥金扇、泥银扇、画扇、蕉布、苎布、红花、胡椒、苏木、腰刀、火刀、枪、盔甲、马、鞍、丝、绵、螺盘，加贡之物无定额。"清王浚卿《冷眼观》第二四回："就叫人往上房里去取了一桌十个白玉雕成的酒海来，每只当中都雕镂一个小玉和尚坐着。"

"酒海"在今闽语、客家话、江淮官话等方言中仍然沿用。

体统 [tʰ55tʰoŋ55] 体制、规矩、规范，常见"冇得体统""成何体统""不讲体统"等词语。如：那个伢儿冇得一啲体统，说话乱说，冇得高下三等的；人做么事要讲啲体统，不能冇得规矩；渠已一家人都冇得体统，老子不像老子，儿子不像儿子。

"体统"指体制、规矩、规范,主要在中古、近代文献中使用。《二刻拍案惊奇》卷四:"张贡生整肃衣冠,照着上司体统行个大礼,送了些土物候敬。"《红楼梦》第六十九回:"贾蓉深知凤姐之意,若要使张华领回,成何体统,便回了贾珍,暗暗遣人去说张华……"又第九十五回:"今日老爷没空问这件不成体统的事,叫我来回太太,该怎么便怎么样。"《明史·李文祥传》:"更博选大臣,谘诹治理,推心委任,不复嫌疑,然后体统正而近习不得肆也。"《儒林外史》第四十三回:"冯君瑞是我内地生员,关系朝廷体统,他如何敢拿了去,要起赎身的价银来?"

"体统"在今西南官话中仍有沿用。

涎水［xæn22ʂɥei55］口水,因艳羡食物等而情不自禁地流出的口水,或指睡觉时不自觉流出的口水,也可以指小孩流的口水,都叫"涎水"或"涎口水"。如:渠硬是忺(看到食物极想吃到)得涎口水直流;那个伢儿从小就爱流涎水,长那大着睏瞌睡还流涎水;渠看到你吃东西,涎口水都流出来着。

现代汉语中,"涎"指口水、唾液,只出现在"垂涎三尺"等固定成语中,或作为构词语素出现,单指"口水""唾液"义已经不用。"涎"指口水、唾液,始见于上古文献,又作"㳄"。《说文·十一上·水部》:"㳄,慕欲口液也。"段注:"有所慕欲而口生液也。"《字汇·水部》:"涎,口中液也。"《正字通·水部》:"涎,同㳄。"《玉篇·水部》:"涎,口液也。"《广韵·仙韵》:"㳄,口液也。"又:"涎,同上(㳄)。"西汉贾谊《新书》卷四:"令来者时时得此而飨之耳,一国闻之者见之者,垂涎而相告,人悰憛其所自,以吾至亦将得此,将以此坏其口。"唐张鹭《朝野佥载》卷一:"食讫还房,午后如厕,长参典怪其久私,往候之,允元蹯面于厕上,目直视,不语,口中涎落。"陆游《记梦》:"君知梦觉本无异,勿为画饼流馋涎。"明余邵鱼《周朝秘史》第九十五回:"少顷,复仆于地,口吐津涎,狂言妄语,左右归告庞涓。"《西游记》第六十九回:"那老龙在半空,运化津涎,不离了王宫前后。"

"涎"在今西南官话、江淮官话、吴语、闽语等方言中广泛沿用。1926年

《象山县志》:"涎,慕欲口液也。"中原官话、晋语、西南官话、湘语等方言中都有"涎水"。《花儿集萃·莲花山花儿卷》:"钢二两,一两钢,你连吾殺鹿羔一样,然到石头台台上,想咂奶奶咂不上,馋者两嘴角的涎水淌。"

籽种[tsʅ55tʂʅŋ55] 种子。如:那一家人啊,把粮食吃得罄空,连第二年的籽种都冇有留;到下种的季节着,明昼下街买籽种;现在种庄稼,籽种都不用留,年年去买籽种。

"籽种"指"种子",见于近代汉语文献,《清史稿》中出现了五十余次。《清史稿》卷一九:"展赈河南祥符等六县、江苏上元等十县灾民,贷河南睢州、柘城县贫民籽种口粮,并平粜淮宁县仓谷。"《曾国藩家书》:"出队以护百姓收获甚好,与吉安散耕牛籽种用意相似。"清刘大櫆《吏部侍郎博野尹公行状》:"其大略:……曰留漕运,曰助籽种,曰劝富民使之相周。"《大清王朝三杰》第八十回:"能够耕种的壮丁,每人每天给食粮一斤,老的弱的每人每天也得给五两,好令他们度命。至于给发籽种,也须临时发给,倘早发给,就要防他们当作赈粮吃了,必至临时无种可下。"

把式[pa55ʂʅ31] 行家、老手,擅长某一种技术、技能、手艺的内行。如:明昼去请个把式把猪杀脱;要学一门手艺,得有个好把式教;你这个背篓是哪个把式打的呢?

"把式"指行家、老手或精通某种手艺的匠人,在中古、近代汉语文献中常见,也可作"把势"。张杰鑫《三侠剑》(中):"跑堂的敬菜之时,问的车把势,把势就一五一十都告诉跑堂的啦,跑堂的不知老道师徒是贼,遂将此话告诉了老道师徒。"《喻世明言》卷三十九:"自小学得些枪棒拳法在身,那时抓缚衣袖,做个把势模样。逢着马头聚处,使几路空拳,将这伞权为枪棒,撇个架子。"《雍正剑侠图》:"车把势是个行家,把车停住,抡着鞭子在里面一蹲。"《西游记》第三十二回:"那魔是几年之魔,怪是几年之怪?还是个把势,还是个雏儿?"

"把式"在今北京官话、冀鲁官话、中原官话、晋语等北方方言中广泛使用。

疙蚤［kɛ24tsau31］跳蚤。如：过去条件差，床上有疙蚤很正常；有着敌敌畏以后，疙蚤慢慢地少起来着；疙蚤还得不好对付，跳得风快，还不好逮。

"疙蚤"在近代汉语文献中经常使用。元王晔《桃花女》第一折："老官人，你把这阴阳收拾起罢。你这阴阳是哈叭狗儿咬疙蚤——也有咬着时，也有咬不着时。我不信你了。"《西游记》第七十一回："那些毫毛即变做三样恶物，乃虱子、疙蚤、臭虫，攻入妖王身内，挨着皮肤乱咬。"《醒世姻缘传》第十四回："过了年，天气渐渐热了，珍哥住的那一间房虽然收拾干净，终是与众人合在一座房内，又兼臭虫疙蚤一日多如一日，要在那空地上另盖一间居住。"《二十年目睹之怪现状》第九十一回："我们便有人畜之分，到了我佛慧眼里头，无论是人，是鸡，是狗，是龟，是鱼，是蛇虫鼠蚁，是虱子疙蚤，总是一律平等。"《红楼梦》第三十一回："这些大东西有阴阳也罢了，难道那些蚊子、疙蚤、蠓虫儿、花儿、草儿、瓦片儿、砖头儿也有阴阳不成？"在古代文献中，"疙蚤"也作"疙蝼""疙螬"。明陈全《双调水仙子带折桂令·嘲妓者杨疙蝼》："比虮子身躯大，比虱子模样小，因此上小名叫做疙蝼。"《西游记》第四十二回："他会变苍蝇、蚊子、疙螬。"

"疙蚤"在今北京官话、冀鲁官话、胶辽官话、中原官话、闽语中叫"疙子"，在湘语、西南官话中叫"疙蚤子"。

菜蔬［tsʰai31sɜu22］菜肴、菜，包括肉类、蔬菜类，既指已经做熟的菜，也指还没有加工制作的菜，不同于现代汉语普通话中的"蔬菜"。如：今昼来着好客，可是桌子上冇得好菜蔬，有啲对不住客啊；要过年着，提前准备啲菜蔬；现在有个大方小事，菜蔬是主要的，粮食其实要不到好多。

"菜蔬"指菜肴、菜在上古晚期已经出现，后历代沿用。《论语·子路》："樊迟请学稼。子曰：'吾不如老农。'请学为圃。曰：'吾不如老圃。'"马融集解："树五谷曰稼，树菜蔬曰圃。"邢昺疏："蔬则菜也。"句中的"菜蔬"指蔬菜，不包含肉类。白居易《即事寄微之》："畲田涩米不耕锄，旱地荒园少菜蔬。"《资治通鉴》卷一百五十九："昔之牲牢，久不宰杀，朝中会同，菜蔬而已。"《旧唐书》卷五十四："建德每平城破阵，所得资财,并散赏诸将,一无所取。又不啖肉,常食唯有菜蔬、脱粟之饭。"《粉妆楼》第二十三回:"到午后,罗焜吩咐店小二买了些鱼肉菜蔬,打了些酒,与赵胜庆贺,好不欢喜快乐。"《水浒传》第四回:"没多时,庄客掇张桌子,放下一盘牛肉,三四样菜蔬,一双箸,放在鲁智深面前。"以上"菜蔬"的上下文分别又出现了"久不宰杀""旱地荒园""又不啖肉""鱼肉""牛肉"等词语,可见"菜蔬"都是指蔬菜类的菜,不含肉类。但是在古代文献中,"菜蔬"既可以指已经做熟的菜,也可以指还没有加工制作的菜,牛蹄赣语中保留着这个词义内涵。

古代文献中经常可以见到的"菜蔬"没有明显的语言限定,似乎包括肉类、蔬菜类,即泛指菜肴。明兰陵笑笑生《金瓶梅》第六回:"那婆子正打了一瓶酒,买了一篮菜蔬果品之类,在街上遇见这大雨,慌忙躲在人家房檐下,用手帕裹着头,把衣服都淋湿了。"《晋书·列传第五十三·王湛》:"湛命取菜蔬,对而食之。"宋灌圃耐得翁《都城纪胜·酒肆》:"初坐定,酒家人先下看菜,问买多少,然后别换菜蔬。"《儒林外史》第二十五回:"却是怠慢老爹的紧,家里没个好菜蔬,不恭。"

窠[kʰo22] 窝,昆虫、鸟兽的巢穴,可以指飞禽在树上搭建的巢穴,也可以指昆虫、鸟兽在地穴中做的巢穴,还可以指人类给猪、狗、鸡等家畜家禽搭建的巢穴,牛蹄赣语中把用竹子编制的、可以摇动的婴儿睡床叫"摇窠",常见鸟窠、鸡窠、狗窠、蜂子窠、猪窠、蚂蚁子窠等词语。如:燕子在门头起做着个窠;你到鸡窠里去捡几个蛋来;冬天来着,要给狗弄个窠。

"窠"指昆虫、鸟兽的巢穴,见于上古汉语文献,并历代沿用。《说文·七下·穴部》:"窠,空也,穴中曰窠,树上曰巢。"许慎认为,"巢"与"窠"是有区别的,牛蹄赣语中没有"巢"只有"窠","窠"是"巢""窠"的总称。《说文解字系传》:"窠,一曰鸟巢。"西晋左思《魏都赋》:"榷惟庸蜀,与鸲鹆同窠。"《论衡·辨祟》:"能行之物,死伤病困,小大相害,或人捕取以给口腹,非作窠穿穴有所触,东西行徙有所犯也。"《齐民要术·养鸡》:"春夏生者则不佳。形大,毛羽悦泽,脚粗长者是。游荡饶声,产乳易厌,既不守窠,则无缘蕃息也。"《朝野佥载》卷三:"河东孝子王燧家猫犬互乳其子,州县上言,遂蒙旌表。乃是猫犬同时产子,取猫儿置狗窠中,狗子置猫窠内,惯食其乳,遂以为常,殆不可以异论也。"《敦煌变文集·燕子赋》:"燕子实难及,能语复喽罗。一生心快健,禽里更无过。居在堂梁上,衔泥来作窠。追朋伴亲侣,滥鸟不相过。"《太平广记》卷四百一十四:"真腊国使折冲都尉沙门陀沙尼拔陀,言蚁运土于树作窠,蚁壤得雨露凝结。"又卷四百七十七:"蜀中有竹蜜蜂,好于野竹上结窠。窠大如鸡卵,有蒂,长尺许。窠与蜜并绀色可爱,甘倍于常蜜。"从以上文献用例来看,在古代,"窠"的词义包括"巢""窠",牛蹄赣语中延续了古代文献的用法。

"窠"在今吴语、客家话、赣语、西南官话等方言中仍然沿用。

心术[ɕin22ʂʮ31]指思想品质、居心。如:尽量不要和心术不正的人打交道;渠的心术有问题,你离渠远啲;做人啊,莫坏心术。

"心术"指思想品质、居心,始见于上古汉语文献,后历代沿用。《荀子·非相》:"故相形不如论心,论心不如择术;形不胜心,心不胜术;术正而心顺之,则形相虽恶而心术善,无害为君子也。形相虽善而心术恶,无害为小人也。"《朱子语类》卷七十三:"若只管如此存心,未必真有益,先和自家心术坏了!圣贤做事,只说个'正其谊不谋其利,明其道不计其功'。"《宋史·列传·梁克家传》:"克家条六事:一正心术,二立纪纲,三救风俗,四谨威柄,五定庙算,六结人心。"明戚继光《练兵实纪》卷九:"譬如心术不正之人,平日居将位偷生谋利,避难巧为,不干实事,不忠君父,清夜良心发见,思虑惊恐,只怕犯出……"又:"是故心术正则志向自立而不忒,志向立而死生自明而不畏,死生明而利害自辨,利害辨人品自好,做好人而未有不知坚操守者也。"《红楼梦》第八十五回:"那小芸二爷也有些鬼鬼头头的,什么时候又要看人,什么时候又躲躲藏藏的,可知也是个心术不正的货。"《聊斋志异·钟生》:"于众中见生,忻然握手,曰:'君心术德行,可敬也。'"

"心术"在今西南官话、湘语、赣语等方言中广泛使用,常见搭配是"心术正""心术不正""心术坏""心术不端"等。

烧酒[ʂau22tɕiɜu55]白酒,牛蹄赣语中也叫辣酒,与"甜酒"(醪糟)相对,指用蒸馏法制成的白酒,因透明无色、酒精含量较高、引火能燃烧,故称。如:我只敢喝啲甜酒,不敢喝烧酒;小伢儿,不敢给渠喝烧酒;渠一啲烧酒都不喝,喝一啲啲就能喝醉。

"烧酒"见于中古、近代汉语文献。白居易《荔枝楼对酒》:"荔枝新熟鸡冠色,烧酒初开琥珀香。"唐雍陶《到蜀后记途中经历》:"自到成都烧酒熟,不思身更入长安。"《朴通事》:"小人昨日张少卿的庆贺筵席里到来,好哥哥弟兄们央及我,烧酒和黄酒多吃了,生果子也多吃了,来到家里害热时,把一身衣服都脱了,着这小丫头们打扇子。"《醒世姻缘传》第九十四回:"每日要把肥狗一只,烧酒五斤,大蒜一瓣,狗血取来绕坛洒泼,狗肉醮了浓浓蒜汁,配了烧酒,攒在肚中,吃的酒醉,故妆作法,披了头,赤了脚,撒上一阵酒风。"《金瓶梅》第五十七回:"只有几个悫赖和尚,养老婆,吃烧酒,甚事儿不弄出来!不消几日儿,把袈裟也当了,钟儿、磬儿都典了,殿上橡儿、砖儿、瓦儿换酒吃了。"清曹庭栋《老老恒言》卷一:"米酒为佳,曲酒次之,俱取陈窨多年者。烧酒纯阳,消烁真阴,当戒。"又卷三:"或锡制碗,以铜架架起,下设小碟,盛烧酒燃火暖之。"

"烧酒"在今西南官话、湘语等方言中仍然广泛使用。

稻黍[tʰau22ʂʮ0]甜高粱,稻黍秆甜似甘蔗,但比甘蔗松脆,牛蹄赣语中通常叫"甜秆子",陕南旬阳中原官话、白河江淮官话叫"甜秆"。稻黍比普通粮食作物高粱长得高、秆粗、叶阔。稻黍秆用于酿酒,酿制的酒就是陕南人常说的"秆秆酒"。稻黍的籽实一般不作为粮食,可用于制作酒曲。如:今年栽着一大块稻黍,下半年可能还能烤几百斤酒;今年栽的稻黍就冇有烤酒,最后哈叫当甜秆子吃脱着;这块地栽稻黍不行,秆秆长不粗,也不甜。

"稻黍"在中古字书、辞书中开始收录,属于方言词语。《类篇》《字汇》《正字通》《集韵》:"关西呼蜀黍为稻黍。"

"䅚黍"在今中原官话、晋语、江淮官话中沿用。晋语中的"䅚黍"是粮食作物的一种,即以籽实充当粮食。

脬［pʰau22］在牛蹄赣语中作为构词核心语素构成"尿脬",即膀胱。如:现在猪尿脬都冇得人要,除必(除非)做单方(配药);今昼一连到上着三节课,冇顾得解手(小便),差哟啲把尿脬都胀破着;猪尿脬打人,痛是不痛,可是污溲(使恶心、羞辱)人。

"脬"始见于上古汉语文献,并在历代文献中沿用。《说文·四下·肉部》:"脬,旁光也。"《白虎通》:"膀胱者,肾之府也。"《云笈七签》卷五十七:"膀胱,州都之官,津液藏焉。"《说文解字句读》:"俗作膀胱。《难经》:'膀胱为津液之府,脬,亦借用胞。'淮南高诱注:'旁光,胞也。'"《史记·扁鹊仓公列传》:"齐王太后病,召臣意入诊脉,曰:'风瘅客脬,难于大小溲,溺赤。'臣意饮以火齐汤,一饮即前后溲,再饮病已,溺如故。"唐张守节《史记正义》:"脬,亦作胞,膀胱也。言风瘅之病客居在膀胱。"北宋苏舜钦《奉酬公素学士见招之作》:"宾从倾颓尚未厌,直恐溃烂肠与脬。"凌濛初《一枝梅》:"懒龙早已在门外听得,就悄悄的扒上屋脊,揭开屋瓦,将一猪脬紧扎在细竹管上。竹管是打通中节的,徐徐放下,插入酒壶口中。酒店里的壶,多是肚宽颈窄的。懒龙在上边把一口气从竹管里吹出去,那猪脬在壶内涨将开来,已满壶中。"《醒世姻缘传》第一回:"武城县这些势利小人听见晁秀才选了知县,又得了天下第一个美缺,恨不得将晁大舍的卵脬扯将出来,大家扛在肩上。"清方濬师《蕉轩随录》:"兵事以气为主,譬之孺子之戏,猪脬缚以绳而鼓以气,闭其外而实其中,方其气之盛,满千锤不破,一针之隙,全脬蔫然。"清徐珂《清稗类钞·舟车类》:"土人以羊脬装足空气,一人系于背,泅水以渡。"古文献中,"尿脬"又记作"尿泡"。《西游记》第三十一回:"尿泡虽大无斤两,秤砣虽小压千斤。"《醒世姻缘传》第四十三回:"自从官人没了,就如那出了气的尿泡一般,还有谁理?"

"尿脬"在今南北方言中广泛使用,但是由于方言语音、古文献俗字、

047

不明本字等原因，方言中多记作"尿泡""尿包""尿胞"等。成都谚语："猪尿脬打人不痛憋气人。"东北官话、中原官话、晋语、江淮官话、西南官话、湘语、赣语、客家话等方言中，又记作"尿泡"。罗翙云《客方言·释形体》："膀胱承溺，今谓之尿泡。"广西情歌："阳桥坐断跌下水，狗咬尿泡吃了亏。"冀鲁官话中，记作"尿胞"。1932年《景县志》："俗谓膀胱为尿泡。"

大字［tʰai33tsʰɿ33］中古、近代汉语文献中，指形体较大的字，一般指字体直径一寸以上的字，牛蹄赣语中特指毛笔字，由于毛笔字比钢笔字、圆珠笔字等硬笔字形体大，故名。如：现在会写大字的人越来越少了；伢儿今昼早上学写大字去了；现在大字写得好的人格外吃香（受欢迎）。

"大字"见于中古、近代汉语文献。《旧唐书》卷二十八："斯至公之事，朕安得而辞焉！然则大咸、大韶、大濩、大夏，皆以大字表其乐章。"元李治《敬斋古今黈》卷六："魏明帝凌云台初成，令题榜。高下异好，就点正之。因危惧，以戒子孙，无为大字楷法。"《醒世恒言》卷二十一："七岁能书大字，八岁能作古诗，九岁精通时艺，十岁进了府庠，次年第一补廪。"明蒋一葵《尧山堂外纪》卷八十七："李东阳四五岁即能运笔作大字，顺天府以'神童'荐召入内庭。"北宋米芾《海岳名言》："世人多写大字时，用力捉笔，字愈无筋骨神气，作圆笔，头如蒸饼大，可鄙笑。"

"大字"在今西南官话中仍然沿用，有"写大字""练大字"等词语。

氹［tʰaŋ33］水坑、蓄水池。如：你在沟边上挖个水氹氹，平时洗个么事东西方便；山顶上有个大水氹氹，把牛拉到那里去喂个水；天晴着要把猪圈里的粪氹氹收拾一下。

"氹"，亦作"凼"，属于古语词中的方俗词语，见于近代汉语文献。清严如熤《苗防备览·险要考上》："中有田氹宽广里许，俗名五马奔槽，象其地形也。"《清稗类钞·经术类》："氹，蓄水为池也。"

"氹"在今西南官话、湘语、客家话、粤语、赣语等南方方言中常见，常见"水氹氹""尿氹""烂泥氹""氹坑"等词语。清同治甲子年《广东通志》："蓄水之地为氹。"

腔子[tɕʰiaŋ22tsʅ0] 胸腔，牛蹄赣语中把肋骨叫作"腔子骨"。如：我今昼么样腔子陡然有哟痛呢；渠给公社栽电线杆子，跸着一跤子，把腔子骨跸断着两根；渠腔子里头长着个东西。

"腔子"指胸腔，见于中古、近代汉语文献。南宋朱熹、吕祖谦《近思录·道体》卷一："满腔子是恻隐之心。"元王实甫《西厢记》第二本："腔子里热血权消渴，肺腑内生心且解馋，有甚腌臜！"《西游记》第四十六回："行者腔子中更不出血，只听得肚里叫声：'头来！'。"又第六十一回："那牛王腔子里又钻出一个头来，口吐黑气，眼放金光。被哪吒又砍一剑，头落处，又钻出一个头来。一连砍了十数剑，随即长出十数个头。"清无垢道人《八仙全传》第八回："道兄，小弟此刻身子极不舒服，一颗心好似出了腔子似的，非常不安。"《汉代宫廷艳史》第一百一十六回："刚刚走了一里多路，猛听得后面鼓角震天，灯球火把照耀得和白日一样，曹操回头一望，不禁将一颗脑袋吓得缩到腔子里面，伸也不敢伸一下子。"

"腔子"指胸腔，在今晋语、兰银官话、中原官话、西南官话中仍然沿用。

蛐蟮子[tʂʰʅ21ʂɥæn53tsʅ0] 古方言词，即蚯蚓。如：要下雨着，满院坝都是蛐蟮子；去挖哟蛐蟮子做鱼饵；蛐蟮子又叫地龙，叫蛇咬着，用白糖和蛐蟮子合到一起抹到蛇咬的地方能防止肿。

"蛐蟮子"指蚯蚓，见于上古汉语方言，后历代沿用，也可以作"曲蟮"和"曲蟺"，古代也可以单名作"蛐"，也可以单名作"蟮"。《方言》："蚓场谓之坦。"郭璞注："蚓，蛐蟮也。其粪名坦。蚓，音引。"西晋崔豹《古今注·鱼虫》："蚯蚓，一名婉蟺，一名曲蟺。"《类篇》《字汇》《正字通》《集韵》："蛐，蚓也。"《字汇·虫部》："蟮，音善，曲蟺。"《正字通·虫部》："蟮，同蟺，俗乎蚓为曲蟮。"《说文通训定声·坤部》："螾，或作蚓，侧行虫，苏俗谓之曲蟮。"《礼记·月令》："'蝼蝈鸣，蚯蚓出。'盖与蝼蝈同处，鸣者蝼蝈，非蚯蚓也。吴人呼蝼蝈为蝼蛄。故谚云：'蝼蝈叫得肠断，曲蟮乃得歌名。'"《醒世姻缘传》第六十二回："他只见了寸把长的蜈蚣，就如那曲蟮见了鸡群的一样。"

"曲蟮"在今东北官话、中原官话、西南官话、晋语、江淮官话、吴语、湘语等南北方言中广泛沿用。湘语中记作"曲染子"，西南官话中也叫"曲蟮子"。

本等［pən55tən55］自身分内应做或应有的事、应有的东西。如：作为学娃子，念书写字是你的本等；孝顺娘老子是后人（子女）的本等；你还说给人家帮忙，连各人的本等都冇有完成。

"本等"指自身分内应做或应有的事、应有的东西，始见于元代，明代文献中使用最为广泛。元尚仲贤《柳毅传书》第一折："进取功名是你读书的本等，则要你着志者。"《练兵实纪》卷九："夫士之廉，犹女之洁，此本等修身立己之事。况朝廷奉禄，豢养为官，不耕而食，不蚕而衣，正要不贪取军财，不克剥粮赏，况将官要军士用命，立功扬名，保位免祸，必当如此。"明罗懋登《三宝太监西洋记》第二十回："老爷道：'救人一命，胜造七级浮屠。国师阴功浩大，不尽言矣。'长老道：'这是我出家人的本等，况兼又是钦差元帅严命，敢不奉承。'"明姚舜牧《药言》："第一品格是读书，第一本等是务农。外此为工为商，皆可以治生。"《二刻拍案惊奇》卷二十八："杀人作歹，正是野僧本等，这疑也是有理的。"《红楼梦》第三十七回："究竟这也算不得什么，还是纺绩针黹是你我的本等。"《王士晋宗规》："故勤业之人，将一年本等差粮，先要办纳明白，讨经手印押收票存证。"

"本等"指本分、自身分内应做或应有的事，在今东北官话、冀鲁官话、西南官话、徽语、吴语、闽语等方言中广泛使用。

开正［kʰai22tʂən22］正月初，刚到正月。正，阴历正月。如：开正马上就面临春耕下种。你明年么时候出门啊？开正就走。今年一开正，从正月初三起，就冇有闲过一天。

"开正"指正月初、刚到正月,始见于中古汉语文献,近代汉语一直沿用。韩愈《梨花下赠刘师命》:"今日相逢瘴海头,共惊烂漫开正月。"唐丁仙芝《京中守岁》:"开正献岁酒,千里间庭闱。"陆游《初春》:"开正父老频占候,已决今年百稼登。"朱熹《答蔡季通》:"熹自开正即病,至今未平。"不肖生《留东外史》第五十二章:"等明年开正,寄宿舍建筑完了,再迁进去。你这里有数十间房子,足容纳得下,倒是很相安的事。"

"开正"在今厦门闽语、西南官话中仍然沿用。

开年 [kʰai22ȵien35] 牛蹄赣语中保留有两个古语词义项。

一是指一年的开始,即阴历正月初一开始,年初、年头。如:今年这个事情冇有弄成,渠叫我开年就去找渠,渠明年一定把这个事情弄成;今年开年以来,渠的身体冇有好过一天;渠今年一开年正月初二就出门着,到现在还冇有整到一分钱。

"开年"指一年的开始,年初、年头,始见于中古前期汉语文献。《梁书·沈约传》:"开年以来,病增虑切,当由生灵有限,劳役过差,总此凋竭,归之暮年,牵策行止,努力祗事。"庾信《梁东宫行雨山铭》:"开年寒尽,正月春游,……谁论洛水,一个河神。"

"开年"指一年的开始或年初、年头,在今中原官话、西南官话、赣语、闽语等方言中沿用。

二是指明年。如:今昰都腊月二十八着,这个事情只能开年再说;这个事情一到开年就过期着;这个事情到开年就五个年头着。

"开年"的"明年"之义在文献中的使用晚于"一年的开始或年初、年头"之义,从现有语料库资料来看,似乎"明年"之义在文献中使用以后,"一年的开始或年初、年头"的意义在文献中就很难找到实际用例,其"明年"义项见于中古后期汉语文献,并历代沿用。唐李商隐《宋玉》:"落日渚宫供观阁,开年云梦送烟花。"冯浩笺注:"开年,明年也。"南宋郭应祥《临江仙·丙寅生日自作》:"老子开年年五十,依前恁地痴顽。"南宋邹应龙《鹧鸪天·寿母开年九十三》:"寿母开年九十三,佳辰就养大江南。"明

— 051 —

汤显祖《牡丹亭》第二十二出:"俺是个卧雪先生没烦恼,背上驴儿笑,心知第五桥,那里开年有斋村学!"《儒林外史》第二十一回:"除还清了账,还剩四两多银子,卜老叫他留着些,到开年清明,替老爹成坟。"《清史稿》卷二〇:"陆应穀奏,侦得贼匪开年有东窜安庆、江宁之信。"

"开年"的"明年"义在今江淮官话、西南官话、吴语等方言中沿用。吴歌《来年剩个肉皮包》:"今年巴望开年好。"

昼[tʂəu31] 白天,指从日出到日落的时间区间,与"夜"相对,成语"昼短夜长""昼伏夜行""昼伏夜动"等正说明了"昼"与"夜"的相对性。"昼"在牛蹄赣语中分为三个时间段,即早上(早饭之前)、上昼(早饭与午饭之间)和下昼(午饭至天黑之前)。牛蹄赣语中还有"今昼""明昼"和"昼夜"(白天、晚上)等词语。如:今晚上不行,明昼再说;你今昼不趁早,晚上又要打黑摸(夜晚无光亮的情况下干活或赶路);渠这几天昼夜不停地赶,才勉强把哒工程按时做完交工。

"昼"指白天,始见于上古汉语文献,后历代文献沿用。《说文·三下·畫部》:"昼,日之出入,与夜为界。"徐灏注:"自日出至日入,通谓之昼,故云'日之出入,与夜为界'也。"后历代字书、韵书都沿用徐说。《诗经·豳风·七月》:"昼尔于茅,宵尔索绹。"句中"昼"与"宵"相对,"昼"指白天,"宵"指夜晚。《国语·齐语》:"故夜战声相闻,足以不乖;昼战目相见,足以相识。"《孙子兵法·军争》:"故夜战多火鼓,昼战多旌旗,所以变民之耳目也。"《史记·封禅书》:"封禅祠,其夜若有光,昼有白云出封中。"《北史·列传第五十八·吕思礼》:"昼理政事,夜即读书,令苍头执烛,烛烬夜有数升。"三国曹植《上责躬诗表》:"昼分而食,夜分而寝。"孟郊《投赠张端公》:"日户昼辉静,月杯夜景幽。"杨泉《物理论》:"日者,太阳之精也。夏则阳盛阴衰,故昼长夜短;冬则阴盛阳衰,故昼短夜长。"历代文献中常见"昼"与"夜"对用,可见"日出为昼,日入为夜"。

"昼"指白天,在今南北方言中广泛沿用。

白日［pʰε33ʐu0］白天。如：再急也要等到明昼白日再走，这半夜的走不安全；精光白日的，你在大路上抢东西；现在野猪太多着，白日都能出来害庄稼。

"白日"在上古早期汉语文献中本指太阳，到上古晚期引申为白天。《论衡·书虚》："方朝诸侯，桓公重衣，妇人袭裳，女气分隔，负之何益？桓公思士，作庭燎而夜坐，以思致士，反以白日负妇人见诸侯乎？"《三国志·吴志·滕胤传》："胤白日接宾客，夜省文书，或通晓不寐。"句中"白日"与"夜"相对。《后汉书·吴佑传》："今若背亲逞怒，白日杀人，赦若非义，刑若不忍，将如之何？"唐张籍《猛虎行》："南山北山树冥冥，猛虎白日绕林行。"《金瓶梅》第六十八回："前日在书房中，白日梦见他，哭的我要不的。"《西游记》第八十二回："这妖精全没一些儿廉耻！青天白日的，把个和尚关在家里摆布。"

上昼［ʂaŋ33tʂɿ31］牛蹄赣语中指中午饭（早饭）与下午饭（晌午）之间的时间。如：大热天的，上昼下地做活路太热着，早上和下昼要抓紧；渠早上从屋里（家里）走的，上昼就到西安着；昨日上昼发生的事情，到现在还冇得结果。

《汉语大词典》将"上昼"解释为"将近黄昏的时候"应该是不准确的，引用的书证是《儒林外史》第三十三回的"到上昼时分，客已到齐"，但是下文还有"将河房窗子打开了，众客散坐，或凭栏看水，或啜茗闲谈，或据案观书，或箕踞自适，各随其便"，文中客人看水、看书、闲谈等，可见时间不会太晚。又第四十七回："那还是上昼时分，这船到晚才开。"从用例出现的上下文语言环境分析，"上昼"也不是指将近黄昏的时候，因为文献中的人在"上昼"以后还走了很长时间的路，做了很多事。《广东新语》卷二十三："又田鸡上昼鸣上乡熟；下昼鸣下乡熟；终日鸣上下齐熟。"此文献书证中，"上昼""下昼""终日"等都是表示白天的时间，其中"上昼"与"下昼"相对，可见，"上昼"不是将近黄昏的时候，应该与牛蹄赣语中"上昼"所指时间段差不多。

"上昼"在今中原官话、江淮官话、徽语、吴语、湘语、赣语、粤语、客家话等方言中都有沿用,指上午。1919年《太仓州志》:"自晨至午曰上昼。"萧继宗《湘乡方言·时象》:"湘乡语谓上、下午为上、下昼。"

下昼［xa33tʂ3u31］下午饭与天黑之间的时间。如:你下昼才走能不能行哦,招呼(小心)走不拢(走不到目的地)就天黑着哦;下昼莫引伢儿到坟弯去,阴气重;下昼太阳阴着再上坡做活路。

"下昼"主要见于近代汉语文献。《初刻拍案惊奇》卷十一:"下昼时节,是有一个湖州姓吕的客人,叫我的船过渡,到得船中,痰火病大发。"清佚名《施公案》第四百七十八回:"所有黄天霸等人皆到院上,忙忙碌碌闹了一番,到了下昼时分,方有头绪。"清佚名《狄公案》第十八回:"到了下昼之时,抵了衙署,狄公见天色已晚,传命姑且收禁。"文献用例中"下昼之时",是天色已晚的时候,可见"下昼"是与晚上相连接的时间。

"下昼"在今江淮官话、徽语、吴语、湘语、赣语、粤语、客家话等方言中都有沿用。《新方言·释天》:"今淮西、浙江谓日昃时为下昼。"

交道［tɕiau22tʰau33］接触、交往、往来,常与动词"打"连用。如:我原来跟渠一啲交道都冇得,么样借得到渠的钱;人要主动和别个打交道,不是的话,出去么事都做不成;出门不要和不三不四的人打交道。

"交道"指接触、交往、往来,见于中古、近代汉语文献。南宋王明清《挥尘录·后录卷之二》:"惟婺州永康县有一桀黠老农,鼓帅乡民,不令称贷,且云:'官中岂可打交道邪?'"《警世通言》卷一:"浪说曾分鲍叔金,谁人辨得伯牙琴?于今交道奸如鬼,湖海空悬一片心。"《红楼梦》第七十九回:"论交道,不在'肥马轻裘',即黄金白璧亦不当锱铢较量。"又第一百一十八回:"怕又犯了前头的旧病,和女孩儿们打起交道来,也是不好。"

"交道"在今西南官话、赣语等方言中都有沿用。

班辈［pæn22pei31］行辈、辈分。如:班辈不一样,不能开玩笑;渠两个人错班辈的啊,怕不能开亲(结姻缘、成亲)哦;那个伢儿啊,骂笑不论班辈，我跟你爹一辈的，你么样能跟我开玩笑呢。

"班辈"指行辈、辈分，始见于中古早期汉语文献，后历代沿用。元佚名《举案齐眉》第三折："咱与你甚班辈，自来不相会，走将来磕牙料嘴！"明洪楩《清平山堂话本》卷二："爹先睡，娘先睡，爹娘不比我班辈，哥哥嫂嫂相傍我，前后收拾自理会，后生家熬夜有精神，老人家熬了打盹睡。"《醒世姻缘传》第十八回："也不管男女的八字合得来合不来，也不管两家门第攀得及攀不及，也不论班辈差与不差，也不论年纪若与不若，只凭媒婆口里说出便是。"又第五十一回："邻舍家，倒是那大人家喜他，只是那同班辈的小户甚是憎恶。"

"班辈"在今冀鲁官话、中原官话、晋语、江淮官话、西南官话、吴语、湘语、客家话等南北方言中仍然沿用。

白雨［pʰɛ33Øʮ55］夏天在出太阳的同时下的比较小的、持续时间比较短的雨，一般雨量较少。如：外头正在下白雨；看样子雨下不下来（没有多少雨）啊，还在下白雨呢；下白雨，不要紧，一下下就过去着。

"白雨"始见于中古早期唐代汉语文献。《中国谚语资料·农谚》："下白雨，娶龙女。"注曰："凡大晴天忽下暴雨称白雨。"唐李白《宿虾湖诗》："白雨映寒山，森森似银竹。"唐杨巨源《送陈判官罢举赴江外》："定爱红云燃楚色，应看白雨打江声。"白居易《游悟真寺》："赤日间白雨，阴晴同一川。"句中"赤日间白雨"说的正是既有太阳又下雨的情景。苏轼《和子由次月中梳头韵》："夏畦流膏白雨翻，北窗幽人卧羲轩。"《广东新语》卷二："六月六，白雨足。"又卷一："凡天晴暴雨忽作，雨不避日，日不避雨，点大而疏，是曰'白撞雨'，亦曰'过云'，亦曰'白雨'。"

"白雨"在今中原官话、西南官话、兰银官话、粤语等方言中仍然沿用。《新方言·释天》："今陕西、四川皆曰夏月暴雨亦曰白雨。"

蜱虱［pʰi55sɛ0］主要指寄生在牛身上的血吸虫，又叫"牛蜱虱"。如：牛身上长蜱虱了，砍啲松毛子（松针）垫牛圈（松针可以扎破蜱虱）；牛身上有几个蜱虱，你把渠扯下来。

"蜱虱"指寄生在牛身上的血吸虫,在古代字书、韵书中以单音词"蜱"的形式出现,始见于上古汉语文献,正式文献中少有实际文献语例,但是历代字书、韵书都有收录,应该属于古代的方言俗语词汇。《说文·十三上·虫部》:"蜱,啮牛虫也。"段注:"今人谓啮狗虫,语亦同。《通俗文》:'狗虫曰蜱。'"《说文解字义证》:"戴侗曰:'扁虫著牛马食其血者也。'……《本草》:'牛虱,一名牛蜱。'……《一切经音义》十七:'今牛马鸡狗皆有蜱也。'"《龙龛手鉴》《玉篇》《广韵》《集韵》:"蜱,牛虫也。"《蜀语》:"牛虱曰蜱。"《札朴·乡里旧闻》:"牛虫曰牛蜱虱。"《舍利弗阿毗昙论》卷十四:"蚤、蜱虱、蚊虻、蚁子,此身乃至一毛处,无不有虫。"

"蜱虱"在今西南官话中仍然使用。

贩子 [fæn31tsʅ0] 贩卖东西的人,一般指往来各地流动贩卖东西的人。如:那天贩子来着,把啲药材卖脱渠;渠的媳妇叫人贩子给哄走卖脱着;渠一个小贩子身上能有好多钱咯。

"贩子"指贩卖东西的人,始见于中古汉语文献,贩卖的东西可以是各类东西,也可能是人。南宋周密《癸辛杂识·别集上·鱼苗》:"江州等处水滨产鱼苗,地主至于夏,皆取之出售,以此为利,贩子辏集。"《粉妆楼》第六十三回:"俺们同秦哥装作马贩子,同你进城。徐、尉二兄,在城外接应便了。"《西游记》第八十四回:"今日晚间,已是将收铺子,入更时分,有这四个马贩子来赁店房,他要上样管待。"《醒世恒言》卷二十六:"不如藏在芦苇之中,等贩子投来,私自卖他,也多赚几文钱用。"清褚人获《隋唐演义》第四回:"叔宝就买黄骠,贩子要一百两,叔宝还了七十两。贾润甫主张是八十两,贩子不肯,润甫把自己用钱贴去,方买得成,立了契。"《阅微草堂笔记·槐西杂志二》:"此女不死于人贩子之手,不死在媒氏之家,等到玉玷花残,得知丈夫的死讯而后死去,实在是太晚了,但她死的念头是早就有的。"

"贩子"在今闽语、西南官话等方言中沿用,闽语把小商贩贬称为"贩子鬼"。

大襟 [tʰai33tɕin0] 牛蹄赣语中保留了两个古语词义项。

一是指古代中式（多指女式）上衣的一种，这种衣服前襟分成两片，左侧一片大，右侧一片小，左侧大片从左到右至右臂下交襟，左襟盖住右襟。今牛蹄赣语中只指女式中式上衣。牛蹄赣语中把现代在正胸前交襟的衣服叫作"对襟衣服"，把在右手臂腋下交襟的衣服叫作"大襟衣服"。如：过去女的都穿大襟衣裳，冇得哪个女的穿对襟衣裳；现在街上都买不到大襟衣裳着，女的都改穿对襟衣裳着；渠到现在都穿大襟衣裳，渠各人扯布（买布）各人联（缝制）。

"襟"单用指衣服的前襟，始见于上古汉语文献。《庄子·应帝王》："列子入，泣涕沾襟，以告壶子。"杜甫《蜀相》："出师未捷身先死，长使英雄泪满襟。"至明清时代，文献中出现复音词"大襟"，指中式（多指女式）上衣。《醒世姻缘传》第三十七回："只见那个闺女手里挽着头发，头上勒着绊头带子，身上穿着一件小生纱大襟裨子，底下又着一条月白秋罗裤、白花膝裤、高底小小红鞋，跑将出来。"又第五十七回："晁书娘子看着他洗了澡，替他梳了头，换上了晁梁穿旧的一条青布单裤，一件大襟蓝布衫。"又第七十二回："松花秃袖单衫，杏子大襟夹袄。"

一是指古代中式上衣前襟左侧的大片，即指大襟服饰上最具特色的胸前部分，见于清代及以后汉语文献。《说文通训定声·豫部》："裾，衣之前襟也，今苏俗曰大襟。"《官场现形记》第四十五回："然后周小驴子从大襟袋里取出一个红封袋，双手奉上。"清刘鹗《老残游记》第十六回："两只手超在袖子里，头却不在枕头上，半个脸缩在衣服大襟里，半个脸靠着袖子。"清李百川《绿野仙踪》第八十一回："走到自己房内，见他兄弟也不在，连忙用凉水偷着将大襟里儿上血迹洗去。"《清代宫廷艳史》第二十一回："洪经略看时，见皇后穿一件枣红嵌金的旗袍，那大襟上揩着自己的眼泪鼻涕，湿了一大块。"

小襟 [ɕiau55tɕin0] 中式女式上衣被掩盖在大襟底下的部分，大襟是显露在外面的，小襟是被大襟覆盖着的，外面是看不到的。如：渠那个衣裳小襟冇联（缝制）好，总是皱在里头；衣裳冇得小襟不关风（不防寒）；衣裳的小襟反正外头看不到，弄哒其他布接一截也不要紧。

"小襟"指中式女式上衣被掩盖在大襟底下的部分，见于清代及以后汉语文献。古代汉语文献中的"小襟"不一定只指女式衣服的构成部分。《官场现形记》第三十二回："便伸手从衣服小襟袋里把个名条摸了出来，跟手又叫房间里奶奶点了一支洋烛。"《施公案》第四百一十七回："马虎鸾当下执刀在手，就在那更夫衣上割下一块小襟，喝令更夫将口张开，用小襟塞了口，使他唤叫不出，又将他两手臂绑起来，轻轻地提向竹院内一摔。"《明代宫闱史》第三十九回："内监被她哭声一激，如梦方醒，只好硬着头皮把白绫在云妃的颈子上打了结，又扯了一方小襟，匆匆地复旨去了。"

邻舍 [lin35ṣɛ31] 邻居，即隔壁住户、邻近的住家。如：渠和邻舍关系搞得很僵（关系不和谐），大方小事有得哪个过问；渠是个独家户，团转（周围）冇得邻舍；渠和所有邻舍都吵过架，冇得一个人给渠帮腔。

复音词"邻舍"指邻居，即隔壁住户、邻近的住家，始见于上古晚期汉语文献。《后汉书·陈忠传》："邻舍比里，共相压迮。"句中"邻舍"与"比里"意义相近，"比里"指乡里、邻里，"邻舍"指隔壁住户。东晋葛洪《西京杂记》卷二："邻舍有烛而不逮，衡乃穿壁引其光，以书映光而读之。"句中"邻舍"指隔墙邻居。南朝颜延之《陶征士诔》："伊好之洽，接阎邻舍。"《祖堂集》卷二："又观邻舍常行凶杀，不乐修行，而无所患。"《太平广记》卷三百三十三："邻舍子亦西还，到家未几，闻父老惊家叫。邻舍子问之，叟男曰：'父往女家，计今适到。而所乘驴乃却来，何谓也？'邻舍子乃告以田叟逢二人状，因与叟男寻之。"元杨显之《郑孔目风雪酷寒亭》第二折："我待去了，出不的这口恶气。街坊邻舍听者：（词云）劝君休要求娼妓，便是丧门逢太岁。"《警世通言》卷五："两个师父侵早到来，恐怕肚里饥饿。适才邻舍家邀我吃点心，我见饼子热得好，袖了他四个来，何不就请了两个师父？"《水浒传》第三回："街坊邻舍并郑屠的火家，谁敢向前来拦他。"句中"邻舍"与"街坊"同义，皆指邻居。《西游记》第七十二回："远观洞府欺蓬岛，近睹山林压太华。正是妖仙寻隐处,更无邻舍独成家。"句中"无邻舍"与"独成家"意义相同,"邻舍"指隔壁邻家无疑。《金瓶梅》第三十三回:"原来韩道国这间屋门面三间,房里两边都是邻舍,后门通水塘。"句中"邻舍"的上文"屋里两边"正说明了"邻舍"的词义。《官场现形记》第二十二回:"谁知去年隔壁邻舍打死了人。地保、乡约,上上下下,赶着有辫子的抓,因此硬拖我出来做干证。"句中"隔壁"对"邻舍"的方位距离做了注释。

"邻舍"在今江淮官话、吴语、湘语、赣语、客家话、闽语等方言中广泛沿用。冀鲁官话中"邻舍家"指邻居,吴语中"邻舍人家""邻舍隔壁"指邻居,晋语中"邻舍背室"指邻居。

干饭［kon22fæn0］粮食煮到一定程度后滤水、再蒸,做成的没有汤水的蒸饭,常见"白米(牛蹄人把大米叫白米)干饭""苞谷米干饭""绿豆干饭"等词语。牛蹄赣语中的"干饭"一般指用大米或大米粒大小的颗粒状的粮食或者加工成大米粒大小颗粒状的粮食做成的蒸饭,以大米为主,相当于现代汉语中的"米饭"。用大米做成的干饭可以直接说成"干饭","干饭"之前可以不用"白米"做定语。用其他粮食做成的干饭或者用大米与其他粮食混合做成的干饭一般不能直接说成"干饭",需要在"干饭"之前加定语。如:苞谷米干饭,可能是由纯玉米粒做成的蒸饭,也可能是由玉米粒和大米混合做成的蒸饭;洋芋干饭,一般指由土豆混合大米做成的蒸饭。

"干饭"在古代本指晒干的饭。东汉刘熙《释名·释饮食》:"干饭,饭而暴干之也。"后引申为无汤水的蒸饭。干饭指无汤水的蒸饭,始见于中古汉语文献。《晋书·列传第八·齐王攸》:"左右以稻米干饭杂理中丸进之,攸泣而不受。"句中"干饭"前有"稻米"做定语,相当于现代汉语中的"米饭"。《西游记》第六十七回:"既如此,你们去办得两石米的干饭,再做些蒸饼馍馍来,等我那长嘴和尚吃饱了,变了大猪,拱开旧路,我师父骑在马上,我等扶持着,管情过去了。"句中上文有"两石米",其中的"干饭"是指用大米做的蒸饭。又第八十五回:"前面不远,乃是一庄村。村上人家好善,蒸的白米干饭、白面馍馍斋僧哩。这些雾,想是那些人家蒸笼之气,也是积善之应。"句中"白米干饭"的用法与现今牛蹄赣语中的用法完全相同。《醒世姻缘传》第七十九回:"望见大米干饭,腌菜汤,水煎肉,穿炒鸡,白面饼,枣儿,栗子,核桃,好酒,就是他的性命。"句中"干饭"前有限定词"大米",句中的"干饭"就是指现代汉语中的"米饭"。《野叟曝言》第四十五回:"架上一个小竹篮,上用木盆盖好,揭开看时,上面一大碗猪肉,两只鸡膀,一碗素菜,底下半篮小米干饭,饭上堆着一二十个米团,一二斤冷结水面。"句中"干饭"之前有"小米"做定语,可见并不是现代汉语中的"米饭",而是指用小米做成的蒸饭。这种用例也与牛蹄赣语中的用法完全一致。总之,从以上文献用例看,牛蹄赣语中的"干饭"完全保留了古代汉语文献中"干饭"的词义与用法。

"干饭"在今西南官话、赣语中仍指无汤水的蒸饭,以米饭为主。

膙子 [tɕiaŋ55tsɿ0] 手、脚等皮肤表层因长期摩擦长出的硬皮,即现代汉语中的"趼子",牛蹄赣语中也叫"膙疤子"。如:好久有做手上的活路着,手板上的膙疤子都掉脱着;一看,就晓得渠是个苦人,手上的膙子都是几大一个一个的;一看,你就是一个不是下力(从事体力劳动)的人,手上膙疤子都冇得一个。

"膙"指趼子,见于中古及以后的字书、辞书,在古文献中没有发现实际用例,属于古方俗词语。《类篇》《集韵》:"膙,筋强也。"筋强,轻度病证名,指筋肌因暴力所伤而僵强,表现为筋肌局部僵强、板硬,失去正常柔和性能,甚则功能轻度障碍。古文献中也把"膙"释为"筋膙"。《正字通·肉部》:"膙,音讲,筋膙,非,本借强。"《字汇·月部》:"膙,音讲,筋膙也。"

"膙"在今冀鲁官话、西南官话、赣语等方言中仍然沿用。

大清早 [tʰai33tɕʰin22tsau55] 清晨,早晨极早的时间。牛蹄赣语中也可以说成"大清早起"。如:是哪个啊,大清早的就在外头吵;渠还是大清早出的门,现在还冇有回来;大清早起的,说个么事淡话(不吉利的话)。

"大清早"指清晨，始见于元代文献，后历代沿用。元秦简夫《东堂老劝破家子弟》第三折："今日老的大清早出去，看看日中了，怎么还不回来？"元武汉臣《老生儿》第一折："今日大清早起来，推配绒线去，怀空走了也。"《初刻拍案惊奇》卷二："绝大清早有一妇人渡河去，有认得的，道是潘家媳妇上筏去了。"古文献中有在"大清早"之后加同义词"晨"，构成"大清早晨"。《金瓶梅》第五十二回："今日平白惹了一肚子气，大清早晨，老孙妈妈子走到我那里，说我弄了他去！"古文献中也有"大清早起"的说法。《红楼梦》第二十八回："大清早起死呀活的，也不忌讳。你说有呢就有，没有就没有，起什么誓呢。"

"大清早"在今西南官话、中原官话中仍然沿用。

蜂糖［foŋ22tʰaŋ35］蜂蜜。如：蜂糖烤萝卜吃，能治齁病（哮喘）；割蜂糖不能割完着，要留一些给蜂子过冬吃；蜂糖是一种药材。

"蜂糖"指蜂蜜，源于避五代十国时期吴国奠基人杨行密的讳，后历代沿用。南宋赵彦卫《云麓漫钞》卷九："'城'避朱梁讳改曰'州'，如东都州、南州、北州是也。'戊'字本作'茂'读，亦以李唐讳改云'武'，或曰'务'。浙人避钱氏讳，改'刘'为'金'，果有石榴，呼曰金樱。江东人以杨行密讳，呼'蜜'为'蜂糖'。"北宋吴处厚《青箱杂记》卷二："又杨行密据江淮，至今民间犹谓蜜为蜂糖。"元徐再思《龙庙甘泉》："源通虎趵，味胜蜂糖。"苏辙《将移绩溪令》："山栗似拳应自饱，蜂糖如土不须悭。"

"蜂糖"在今中原官话、晋语、西南官话、徽语、吴语、湘语、赣语、客家话、闽语等南北方言中广泛沿用。《蜀方言》："蜜曰蜂糖。"1918年《新昌县志》："谓蜜曰蜂糖。"

攮子［laŋ55tsɿ0］短刀、匕首、刺刀。如：我在门背后放着一把攮子，斗着几长（很长）个把把，防贼娃子方便；渠到那里去随身别一把攮子，冇得哪个敢惹；坐飞机、火车，攮子都带不成。

"攮子"指短刀、匕首、刺刀，始见于清代文献。清方骏谟《徐州舆地考》："壮恒佩匕首。"自注："刀不盈尺，徐人谓之'攮子'，恒佩不去身。"可见，句中"攮子"指可以随身携带的不足一尺的短刀。《施公案》第八十六回："关太等三人，使倭刀、短拐、铁尺、攮子，五人蹿跳蹦跃，叮珰招架。"句中"攮子"与"倭刀""短拐""铁尺"等并列，可见"攮子"也属于短小武器。又第一百一十一回："又听同伙多有夸奖之声，说是要约他入伙，劝着回手，只得连忙抽利刃。好汉把嘴一松，那盗寇撤回攮子，插在鞘内。"《施公案》中，"攮子"共出现十三次，是"攮子"出现得最多的文献。《雍正剑侠图》："他们进门一看，瞧武云飞正攥着攮子，腿上血直流，知道他拉肉跳宝了！"

今东北官话、中原官话、江淮官话、西南官话中仍然把匕首、刺刀叫"攮子"。

冷噤［lən55tɕin31］冷战、寒战，主要由于突然感受到寒冷或畏惧而发生。如：渠那一天晚上在外头陡然打着个冷噤，紧接到就开始不好（生病）；今昼把人冻得只打冷噤；渠听到这个结果，连打着几个冷噤。

"冷噤"指冷战、寒战，始见于唐宋汉语文献。《太平广记》卷四百七十六："宪即随僧入池中，忽觉一身尽冷噤而战，由是惊悟。"《醒世姻缘传》第一回："晁大舍送客回来，刚刚跨进大门，恍似被人劈面一掌，通身打了一个冷噤。"又第二回："却说晁大舍从晚间送客回来，面上觉得被人重重打了一个巴掌一般，通身打了一个冷噤，头发根根直竖，觉得身子甚不爽快。"清哈辅源、姜振名《康熙侠义传》第一百零六回："山东马一看，打了一个冷噤，说：'我说这几天我尽走不好运，我是个什么东西！'"

"冷噤"在今北京官话、冀鲁官话、中原官话、西南官话中仍沿用，一般构成"打＋数量词＋冷噤"结构。

老子［lau55tsʅ0］父亲。如：你老子还冇回来啦，你就开始把饭吃开着啊；老子欠账儿子还，这是规矩，冇得个儿子欠账老子还的；你连娘老子都不认，你还认哪个。

"老子"指父亲，广泛出现于中古及以后的汉语文献，主要见于白话小说文献。《正字通·父部》："今吴下称父曰'老相'，自江北至北方曰

'老子',其曰'爷'曰'爹'者,通称也。"陆游《老学庵笔记》卷一:"西陲俗谓父为老子,虽年十七八,有子亦称老子。"《西游记》第二十五回:"若论这般情由,告起状来,就是你老子做官,也说不通。"又第四十二回:"好儿子!把老子赶在门外,还不开门!"句中"老子"与"儿子"对称。《醒世姻缘传》第七十八回:"我主意已定,你就是我的娘老子,你也拗不过我!你倒不如顺着道儿撺掇,叫我看玩一回,咱死心塌地的走路。"又第七十九回:"再说小珍珠的老子姓韩名芦,是东城兵马司的挂搭皂隶;母亲戴氏,是个女箍头的,有几分夏姬的颜色,又有几分卫灵公夫人的行止。"句中"老子"与"母亲"对称。《金瓶梅》第四十二回:"见他爹老子收了一盘子杂合的肉菜、一瓯子酒和些元宵,拿到屋里,就问他娘一丈青讨,被他娘打了两下。"句中"爹"与"老子"重文,又与"娘"对文。

卧单［Øuo33tæn31］床单。如:床上就一床油渣子精(形容极其破烂)垫铺盖,连个卧单都冇得;昨日洗的卧单忘记收,叫风吹跑脱着;床上的卧单还是渠的陪嫁。

"卧单"始见于中古文献。《祖堂集》卷八:"师云:'还有卧单盖得也无?'对云:'没有,亦无展底功夫。'"元马致远《吕洞宾三醉岳阳楼》第二折:"你休笑这丐儿披定羊皮懒,你会首休猜做大卧单。"元郑光祖《虎牢关三战吕布》第二折:"大河里淌下卧单来,可知流被哩。"元戴善夫《陶学士醉写风光好》第二折:"想我那往常伎俩,播弄的子弟如翻掌,这个铁卧单我怎窝藏?"《警世通言》卷三十五:"叫秀姑替他把卧单扯上,莫惊醒他。此时便有些动情,奈有秀姑在傍碍眼。"《金瓶梅》第四十一回:"多大的孩子,一个怀抱的尿泡种子,平白扳亲家,有钱没处施展的,争破卧单——没的盖,狗咬尿胞——空欢喜!"又第八十三回:"这小郎君等不的雨住,披着一条茜红毡子卧单在身上。"

"卧单"在今冀鲁官话、中原官话、晋语、江淮官话、西南官话、客家话等方言中仍然沿用。

铺［pʰu31］床，也叫床铺。如：我已屋里铺不够，你到渠已那里去睏一晚上；实在不行，我在那个房子里打个地铺将就一晚上；过年着，要把床铺收拾干净，铺盖里面（里子和面子）洗一下。

"铺"指床，见于中古、近代俗语文献。《喻世明言》卷一："此时邻舍闲汉已自走过七八个人，在铺前站着看了。"又卷二十二："胡氏到了县衙，奶奶将情节细说，另打扫个房铺与他安息。""房铺"即屋子和床。《水浒传》第四十五回："一日三餐，吃了檀越施主的好斋好供，住了那高堂大殿僧房，又无俗事所烦，房里好床好铺睡着，没得寻思。"句中"好床"与"好铺"同义，"床"与"铺"同义连用。又第五十六回："且告施主，见赐一束草儿，在那厢打铺睡觉，天明走路。"句中"打铺"指临时铺设床。又第八十一回："既老师宽厚，请他到天王殿里，就在天王爷爷身后，安排个草铺，教他睡罢。"句中"草铺"指用干草在地上铺设的床。《儒林外史》第四十回："正是严冬时分，约有二更尽鼓，店家吆呼道：'客人们起来！木总爷来查夜！'众人都披了衣服坐在铺上。"清文康《儿女英雄传》第十三回："公子便在父亲屋里小床上另打了一铺睡下。众家人也分投安置。一宿无话。"

古文献中，"铺"与"床"以同义连文的方式构成复音词"床铺"。清唐芸洲《七剑十三侠》第二十四回："里面倒也舒齐，床铺被褥，一应全备。"明安遥时《包公案》第八十一回："我家又非客店酒馆，安肯留人歇宿？我家床铺不便，凭你前行亦好，后转亦好，我家决住不得。"《警世通言》卷十五："张阴捕惊醒，坐在床铺上，听更鼓，恰好发擂。"《醒世姻缘传》第十三回："晁大舍叫人收拾了床铺，预备那些差人宿歇。因差人不肯放珍哥后边去，也在里间里同那些婆娘同睡。"《二十年目睹之怪现状》第二十四回："当下我到里面去，只见已经另外腾出一间大空房，支了四个床铺，被褥都已开好。"

"铺"指床，在今江淮官话、闽语、西南官话等方言中广泛使用。江淮官话中有"地铺"；闽语中的"铺下"指床底、床下，"铺顶"指床上，"铺枋"指床板,"铺团"指小床;西南官话、吴语、闽语等方言中,"铺陈"指床上用品。《甬言稽诂·释器》:"今嫁女妆奁之被席谓之铺陈。"清平步青《释谚》:"越人以嫁女衣衾、枕等物谓铺陈。"以上句中的"铺"都保留着床的含义。

铺盖［$p^hu22kai0$］被子,牛蹄赣语中有"垫铺盖"和"盖铺盖"之别,其中"垫铺盖"指垫褥子,"盖铺盖"指盖被子。如:出门打工,要各人带铺盖;铺盖床帐一套数齐,样样都是崭新的;晚上瞌瞇睡,蛮打(揭)铺盖。

"铺盖"指被子,始见于中古俗语文献。武汉臣《生金阁》第三折:"张千孩儿,与你十日假限,到我私宅中取的铺盖来。"《喻世明言》卷三十四:"张乙进房,把灯放稳,挑得亮亮的,房中有破床一张,尘埃堆积,用扫帚扫净,展上铺盖,讨些酒饭吃了,推转房门,脱衣而睡。"又卷二十七:"再过数日,看看一丝两气,魏公着了忙,自携铺盖,往楼上守着儿子同宿。"《水浒传》第四十五回:"却说杨雄此日正该当牢,未到晚,先来取了铺盖去,自监里上宿。"《醒世姻缘传》第三回:"摆设的桌、椅、面盆、火笼、梳匣、毡条、铺盖、脚布、手巾,但凡所用之物,无一不备。"

今中原官话、晋语、西南官话、湘语等方言中都把被子叫"铺盖"。1935年《云阳县志》:"被曰铺盖。"

铺面［$p^hu31mien0$］店铺、商铺、门面。如:渠己家事(家庭经济状况)还好呢,街上有几个铺面,生意也还过得去;渠开着一个卖杂货的铺面;渠那个铺面到底冇有开下去,几个月就叫整垮着。

"铺面"指店铺、商铺、门面,始见于宋代文献,元、明、清文献中一直沿用。《朱子语类》卷五十三:"'市,廛而不征',谓使居市之廛者,各出廛赋若干,如今人赁铺面相似,更不征税其所货之物。"《桃花女》第一折:"我们靠手艺的买卖,怎害得许多羞?老官人,你依我说,到厢子角儿里再取出个银子来,待我依旧开了铺面,挂上招牌,挑出这甘罚的银子去,怕做甚的?"《朴通事》:"赁到房子一所,正房几间,西房几间,东房几间,暖阁几间，花房几间，卷蓬几间，佛堂一间，库房几间，马房几间，厨房几间，中门一间，客位几间，铺面周围几十间……"《初刻拍案惊奇》卷三十八："闻得枢密院东有个算命的，开个铺面，谭人祸福，无不奇中。"清贪梦道人《彭公案》第六十回："徐胜混进宋家堡，瞧那街道平坦，往西一直有一里之遥，南北也有不少铺面，那做买卖的人皆是宋仕奎的人。"

"铺面"在今中原官话、晋语、西南官话、吴语、粤语等方言中仍然沿用。

人户［ʐən35xu0］人家、住户。如：我小的时候上学要路过一个大梁（山），中间十几里冇得人户；五里坡那个地方人户稀，有个事相互连个照看都冇得；坝子里（川道河谷地带）土地好，人户也稠密。

"人户"指人家、住户，始见于上古汉语文献。《史记·吴王濞列传》："其以军若城邑降者，卒万人，邑万户，如得大将；人户五千，如得列将；人户三千，如得裨将；人户千，如得二千石；其小吏皆以差次受爵金。"《北史·列传第三十一·张彝》："故孝文比校天下人户，最为大州。"唐刘肃《大唐新语·极谏》："伏以高黎虽平，扶余尚梗，西道经略，兵犹未停。且陇右诸州，人户寡少，供待车驾，备挺稍难。"北宋王禹偁《黄州谢上表》："今人户不满一万，税钱止及六千。"金佚名《大金吊伐录》："两界侧近人户不得交侵，盗贼逃人，彼此无令停止，亦不得密切间谍，诱扰边人。"《资治通鉴》卷六十三："今君拥有四州，人户百万。"《水浒传》第二回："蒲城县人户稀少，钱粮不多，不如只打华阴县，那里人民丰富，钱粮广有。"钟毓龙《上古秘史》："细看那高阜，南接雷首山，东西北三面兀立于水中，人户甚多，可怜都是从洪水中逃来的。"

"人户"在今西南官话、赣语等方言中沿用。

磉磴［saŋ55təŋ31］喻指不机敏，有碍别人做事还不知道为别人让地方的人，或者指比较笨重、不易挪动的东西。如：站到那里跟个磉磴样的，连个路都不晓得让，挡都挡不动；人要有啲眼色，莫站到那里、坐到那里就跟磉磴样的，有人来着，动都不晓得动一下；桌子太重着，跟个磉磴样的，挡事（碍事）得很。

"磉磴"本指撑垫梁柱的石磴,以圆鼓形为主,安放在地基和梁柱之间,也叫"顶柱石",起承受主力、抬高建筑物、防潮的作用。由于经常使用"磉磴"的比喻义,在日常语言中就给撑垫梁柱的柱石另取新名,叫作"鼓儿磴"。

中古字书、辞书和文献中,单字"磉"指"磉磴","磴"也作"礅"或"墩"。《类篇》《字汇》《玉篇》《集韵》:"磉,柱下石。"《正字通·石部》:"磉,柱下石,俗呼础为磉。"《龙龛手鉴·石部》:"磉,柱下石也。"《包公案》第九十五回:"室内椅凳皆无,只得靠柱磉而坐。"《梁书·诸夷传》:"可深九尺许,方至石磉,磉下有石函,函内有铁壶,以盛银坩,坩内有金镂罂,盛三舍利,如粟粒大,圆正光洁。"清李斗《扬州画舫录》卷四:"药师坛城,外面方亭柱磉、翼飞檐,宝顶镶嵌城门、城垛子、城楼,每夜燃灯,谓之药师灯。"又卷十七:"歇山、硬山、山墙、码单磉墩、码连二磉墩,以柱顶石定长见方。"汉译佛经中,"磉"一般作"磉盘"。《五灯会元》卷第二十:"大小岳上座,口似磉盘。"《大藏经》卷八十:"到者里没量大众口似磉盘。明眼衲僧只见头彩。"又卷八十五:"三世诸佛,有分结舌,历代祖师,口如磉盘。"古文献中,又作"磉墩"。

"磉"与"磉磴"现今主要在南方方言及官话中沿用。吴语中的"磉子""磉板""磉垫""磉柱"都指柱下石;江淮官话中的"磉砢",西南官话中的"磉础",徽语、吴语、赣语中的"磉鼓"和"磉磐",都指柱下石,其中的"磉"都是古语词的遗留。《甬言稽诂·释宫》:"甬俗称柱下质石为磉子,亦曰磉磐。"西南官话、吴语中有"磉墩""磉礅"。《蕲春语》:"今吾乡谓柱下石曰磉墩。"《蜀方言》:"柱下础曰磉。"唐枢、林皋《蜀籁》:"打柱头惊磉磴。"《丰都县志》:"凉磉磴高极去霄,渐下迤逦而东,邑人谓群山之祖"。北京话中的"码磉"是砌墙基的意思,"磉"也是古语词的遗留。

上年[ʂaŋ33ȵien0] 一年的上半年、前半年,可以指当年的上半年,也可以指过去某一年的上半年,还可以指未来某年的上半年。如:今年上年你才去的西安,么样你又要去?这个房子是前年上年修起的,今年子就拆脱着。明年上年一定要把这个事情解决脱,不能再拖着。

"上年"指上半年、前半年,始见于中古汉语文献。《水浒传》第十二回:"上年收买了许多玩器并金珠宝贝,使人送去,不到半路,尽被贼人劫了。"《红楼梦》第七回:"我因上年业师回家去了,也现荒废着。家父之意,亦欲暂送我去,且温习着旧书,待明年业师上来,再各自在家读书。"蔡东藩、许廑父《民国演义》第一〇一回:"近年以来,政府对着烟禁,未尝不积极进行,只因沪滨洋商积存关栈的印药,为数甚多,不能令他过受损害,所以上年一月,由苏省督军省长与英商立约收买,专供药品,严杜吸售。"

"上年"在今西南官话、赣语中仍有沿用。

旧年 [tɕʰiɜu33ȵien0] 往年、去年,只要是过去的某一年都可以叫"旧年",但是指去年为常,牛蹄赣语中还可以在"旧年"后加词缀"子"构成"旧年子"。如:你说的那都是旧年子的事情,我早都忘记着;我旧年还到渠己那里去拜过年;你今年的身体直接不如旧年啦!

"旧年"指往年、去年,见于中古、近代汉语文献。唐王湾《次北固山下》:"海日生残夜,江春入旧年。"句中的"旧年"指刚过去的一年,即去年。南宋周紫芝《忆王孙·绝笔》:"梅子生时春渐老。红满地、落花谁扫。旧年池馆不归来,又绿尽、今年草。"北宋仲殊《玉楼春》:"旧年颜色旧年心,留到如今春不管。"《朱子语类》卷六十四:"某旧年读《中庸》,都心烦,看不得,且是不知是谁做。"《喻世明言》卷十一:"旧年曾作登科客,今日还期暗点头。"《西游记》第四十三回:"那妖精旧年五月间,从西洋海趁大潮来于此处,就与小神交斗。"《红楼梦》第三十一回:"可记得旧年三四月里,他在这里住着,把宝兄弟的袍子穿上,靴子也穿上,额子也勒上,猛一瞧,倒像是宝兄弟,就是多两个坠子。"又第七十七回:"宝玉既答不管怎样,袭人只得还依旧年之例,遂仍将自己铺盖搬来设于床外。"

"旧年"指往年、去年,在今中原官话、晋语、西南官话、徽语、吴语、赣语、粤语、闽语等南北方言中广泛沿用,在吴语、赣语、西南官话等南方方言中使用最为广泛。

土货 [tʰ₃u55xo31] 地方产出的货物，即地方特产、土产。如：我给你带啲土货东西，你莫择嫌（嫌弃）；现在城里人还喜欢土货；你这是办大事，光（仅仅）土货怕有啲拿不出手哦。

"土货"指地方特产、土产，主要见于近代汉语文献。《元史·食货志二》："时客船自泉福贩土产之物者，其所征亦与蕃货等，上海市舶司提控王楠以为言，于是定双抽、单抽之制。双抽者蕃货也，单抽者土货也。"《二十年目睹之怪现状》第十三回："又想买点南京的土货，顺便寄去。"句中"土货"指南京当地出产的货物。《清代宫廷艳史》第十回："努尔哈齐听了他儿子的话说得不错，便立刻发下号令，去各处部落里搜集了许多土货，还有东珠、貂皮、人参等许多贵重的东西。"《清史稿》卷五二六："准两国商民入内地采办土货，照纳沿途釐税。""土货"也可以指本国出产的货物，与"洋货"（国外出产的货物）相对。《二十年目睹之怪现状》第五十一回："上江来的又都是土货，不比洋货，仍复退出口有退税的例。"清郑观应《盛世危言·税则》："迨咸丰八年十一月，中西重订条约，始定洋货、土货一次纳税，可免各口征收者，每百两征银二两五钱，给半税单为凭。"

水饭 [ʂuei55fæn0] 加了凉水用于祭奠鬼魂的饭。在牛蹄，若有人突然得了病，往往认为是鬼魂在作祟，就会用凉水泡一碗饭送到大路口，倒在路边，并烧一定量的纸钱，以祭鬼禳病。如：你今昼晚上往西北一百五十步的岔路口送一碗水饭，烧三十张纸，禀告（向鬼神祷告）一下，明天就好了；你那样懒，以后死着，连水饭都找不到吃的；路边上哪个倒着一碗水饭，过路不要踩到着。

"水饭"指加了凉水用于祭奠鬼魂的饭，始见于元代汉语文献，元杂剧中常见，后历代白话文献中都有沿用。元无名氏《赚蒯通》第二折："令人与我将的那纸钱水饭过来。"元郑廷玉《看钱奴买冤家债主》第一折："你爷娘在生时耽饥饿，死了也奠甚茶？则你那泪珠儿滴尽空潇洒，瀽了些浆水饭那里肯道停时霎，巴的那纸钱灰烧过无牵挂。"元高明《琵琶记》："真容已描就了，只就这里烧香纸，奠些水饭，拜辞了二亲出去。"《西游记》第四十六回："只望宽恩，赐我半盏凉浆水饭，三张纸马，容到油锅边，烧此一陌纸，也表我师徒一念，那时再领罪也。"又第七十三回："但见一个妇人，身穿重孝，左手托一盏凉浆水饭，右手执几张烧纸黄钱，从那厢一步一声哭着走来。"清刘省三《跻春台》卷一："念在祖孙、母子之情，清明月半，与儿烧点纸钱，泼碗水饭，儿就感恩不尽了。"以上句中"水饭"都是用于祭奠死者的食物，与此同时，都有烧纸钱的行为，此义与牛蹄民俗基本一致。

"水饭"在今西南官话中仍然沿用，送水饭的习俗在今西南官话区还偶有发生。

火烧馍 [xo55ṣau22mo35] 锅盔，在牛蹄赣语区，"火烧馍"的一般做法是先在锅里烙起硬壳，然后埋在炭火灰中烧。如：今昼晌午吃的火烧馍、洋芋和四季豆汤；今昼烙的火烧馍冇有熟过心；一牙（块）火烧馍和一碗鸡蛋汤，就是一顿饭。

牛蹄赣语中的"火烧馍"是在宋代及以后文献中的"火烧"基础上加类名词"馍"而来的。"火烧"作为一种烙饼名，始见于宋代汉语文献，在明清的《醒世姻缘传》《济公全传》中出现频率较高。火烧的做法是烙，吃法往往是就着水饭（粥、稀饭），偶尔还在中间夹肉。《朱子语类》卷一百三十："那人三四月，只吃火烧之类。此人半日不食，便软了。"《喻世明言》卷四十："看看日没黄昏，李万腹中饿极了，看见间壁有个点心店儿，不免脱下布衫，抵当几文钱的火烧来吃。"《醒世姻缘传》第二十六回："再其次，就是人家的管家娘子、管家、觅汉、短工这四样人。那管家娘子在那大人家拣那头一分好菜好肉吃在自己肚里，拣第二分留予自己的孩子老公，背了家主，烙火烧、擀油饼、蒸汤面、包扁食，大家吃那梯己，这不过叫是为嘴。"又第四十四回："不多一时，又早黄昏时候，差了薛三省娘子送的晚饭，让着狄希陈吃了两个火烧、一碗水饭，摸摸了造子出去了。"《济公全传》第一百七十九回："立刻把四个火烧拿上，每个夹上牛肉二两。"

今闽语中有"火烧饼"，中原官话和赣语中有"火烧馍"，西南官话中有"火烧粑",冀鲁官话、中原官话、晋语、西南官话、吴语等方言中亦有"火烧",等等饼类面食名称,虽然在做法、构成等方面有一定的差异,但是都有烙的制作过程,都是饼类面食,应该与古文献中的"火烧"有联系,或者是古代"火烧"在今不同地区的演化。

水礼［ʂuei55li55］以糖、酒等食品作为礼物,一般四种以上构成一份水礼,最多可以达到八种、十种,每一种叫"一色"。"水礼"主要是逢年过节走亲访友或拜寿的礼物,过去也有少数人在婚、丧时送水礼。"水礼"主要是针对货币礼金和贵重物品而言的。如:现在接媳妇、嫁女都冇得人送水礼着,都是清一色的送钱;逢年过节看老辈子,还是要带几色水礼;现在水礼直接不流行着,过年拜年都是给红包。

"水礼"指以糖、酒等食品作为礼物,主要见于清代及以后白话文献。清石玉昆《七侠五义》第十七回:"目下就是娘娘千秋华诞,大人何不备一份水礼前去庆寿?从此亲亲近近,一来不辜负娘娘一番爱喜之心,二来我们王爷也可以由此跟着大人学习些见识,岂不是件极好的事呢?"又:"我们八色水礼才花了二十两银子,王爷倒赏了五十两。真是待下恩宽。"句中"八色水礼"即送去的一份水礼由八样礼物构成。《二十年目睹之怪现状》第四十三回:"次日,我便出去,配了两件衣料回来,又配了些烛酒面之类,送了过去。却只受了寿屏、水礼,其余都退了回来。"李宝嘉《文明小史》第十一回:"家人奉了敝上之命,叫家人替洋大人请安,敝上特地备了几样水礼,求洋大人赏收。"《施公案》第五十六回:"话说施忠办买八色水礼,开礼单,写手本。"《野叟曝言》第八十回:"回聘已到。……只见回的甚是齐整,袍服冠带,靴鞋裤袜,引刀盔甲,书画琴棋,纸墨笔砚,绸缎绫罗,金花红彩等物,摆有三五十匣;其余水礼,亦十分丰盛。"句中"其余水礼"指不包含"袍服冠带,靴鞋裤袜,引刀盔甲,书画琴棋,纸墨笔砚,绸缎绫罗,金花红彩"等贵重物品。可见,牛蹄赣语中的"水礼"词义与古代汉语文献中基本一致,并且单位多用"色"。

"水礼"在今西南官话、赣语中仍然沿用。

土狗子［tʰu55ku55tsʅ0］牛蹄赣语中把蝼蛄叫"土狗子"，也叫"土狗"。如：渠给伢儿逮着几个土狗子装到瓶子里玩；土狗子把洋芋咬些豁豁（缺口）；土狗子跟赵鸡子长得差不多，不咬人。

"土狗"属于古汉语方言词汇，汉代的南方方言中已有这个名称，古文献中又作"杜狗"。《方言》："蝼螲谓之蝼蛄，或谓之蟓蛉，南楚谓之杜狗，或谓之蟧蟧。"钱绎疏："今俗医方名蝼蛄为土狗，亦即杜狗之转也。"可见，汉代就有"土狗"之名。《说文·十三上·虫部》："蝼，蝼蛄也。"段注："今之土狗也。"北宋许洞《虎钤经》卷九："出箭头方：蜣螂自死者一枚，土狗子三枚，妇人发灰少许。右将蜣螂去壳，取其白肉，与二味同研如泥，用生油涂中箭处，则如膏药。俟肉做痒，即以两手蹙之，其箭自出。"《警世通言》卷四十："有化作土狗子，不做声，不做气，躲在田塍下的。……真君急忙看时，只见一个土狗子躲在那里。"

"土狗"在今北京官话、冀鲁官话、江淮官话、西南官话、粤语、闽语等南北方言中广泛使用。清光绪十二年《顺天府志》："蝼蛄，俗又谓之土狗。"1935年《新城县志》："蝼蛄，土狗也。"《新方言·释动物》："今通谓蝼蛄为土狗，或云地狗。"

晌午［ʂau55Øu0］午饭。"晌午"在今南北很多方言中都有用例，但是吃晌午的时间在各地可能有一定的差异。传统牛蹄农民一般一日两餐，第一餐大概在上午10点到11点，叫作早饭，第二餐大概在下午4点到5点，叫作晌午。晌午是一天最正规的一餐，正式待客都吃晌午饭。晌午饭要相对吃得好一些，因为牛蹄农民一般天黑是不吃晚饭的（牛蹄赣语叫夜饭），晌午饭后一直到第二天上午10点后才吃下一顿饭，间隔的时间最长。如：天都快黑着，晌午都还有有吃；早上吃苞谷糊，晌午吃白米干饭；我已明昼晌午把团转邻舍接到屋里吃一顿饭。

"晌午"指午饭，最早见于元代汉语文献，后历代沿用。元佚名《争报恩》第一折："你晌午后先吃了人一顿拷，怎又将他来扯拽着？"《包公案》第六十四回："正行到建康旅邸，欲炊晌午，店里坐着两个客商，领一个年少妇人在厨下炊火造饭，二客困倦，随身卧于床上。""炊晌午"即做晌午饭。《水浒传》第二十八回："吃了晌午饭，起身别了，回到客房里坐地。"《醒世姻缘传》第十一回："正没好气，兜着豆子——寻炒，那个李成名的娘子一些眉眼高低不识，叫那晁住的娘子来问他量米做晌午饭。"

"晌午"在今西南官话中最为常见。1935年《云阳县志》："午饭曰晌午。"《蜀语》："日中食曰晌午。"《里语徵实》："日中食曰晌午。"

弯刀[Øuæn22tau22] 砍刀、砍柴刀，刃口与刀背基本平行的直砍刀，刀刃口一边的前端略带一点回头以保护刃口。其实牛蹄赣语中的弯刀整体上看，刀背、刃口基本是直的，真正形如弯月形的砍柴、割草刀叫"茅镰刀"。因此，弯刀只能砍和削，不能通过回拉割物，而茅镰刀既可以砍削，也可以回割。如：你拿一把弯刀到后头朳里去砍两根棒棒回来；你拿弯刀把猪蹄子（猪腿）剐断一下；你砍柴最好拿茅镰刀方便一些，茅镰刀又能砍又能割，弯刀割细毛毛柴不方便。

"弯刀"见于明清汉语文献。从文献用例的语境看，古代的弯刀也是用于砍、削而不用于回割的刀，用途与今牛蹄赣语中的弯刀相同。《跻春台》卷四："将就手中弯刀用背向肩一打，随时倒地，血流而死，细看却是错用刀口砍在耳门。""弯刀"在古文献中又可作"湾刀"。《喻世明言》卷二十六："却去那桶里，取出一把削桶的刀来，把沈秀按住一勒。那湾刀又快，力又使得猛，那头早滚在一边。"《清稗类钞·朝贡类》："其贡物计十二事，有左插刀、湾刀、双眼枪、镀金镀银鸟枪等名。"以上句中的"弯刀""湾刀"都是砍刀类兵器。

"弯刀"指砍刀、砍柴刀，在今中原官话、西南官话中沿用。

围腰[Øuei35Øiau0] 围裙，围在腰间前部保护衣、裤不沾污渍的辅助服饰。如：你的围腰上沾满着油；上灶（下厨房做饭）的时候记得把围腰围到；围腰最好有防水的作用，免得上灶的时候把衣裳打湿着。

"围腰"指围裙，始见于近代汉语文献。但是从文献实际语言环境看，围腰应该属于衣服配饰的一种，主要起装饰、美化作用，男女都穿，类似于今藏族、门巴族、纳西族等少数民族的妇女服饰。清佚名《说唐合传》第二十五回："杨林大怒，把囚龙棒拦开宣花斧，伸过手来，一把扯住咬金的围腰带，叫声：'过来吧！'"《儿女英雄传》第三十九回："安老爷进门儿一眼就看见她那对鼓蓬蓬的大咂儿，她那咂儿，往小里说也有斤半重的馒头大小，围腰儿也不曾穿，中间儿还露着个雪白的大肚子。"又第四十回："立刻觉得自己身上穿的那件衣裳的腰肥了就有四指，那个领盘儿大了就有一圈儿，不差甚么连围腰儿都要脱落下来了。"从以上两句的上下文语言环境看，"围腰"应该是指护胸护腹的一种妇女服饰。

"围腰"指围裙，在今中原官话、江淮官话、西南官话、吴语、湘语、赣语、客家话、闽语等方言中沿用。《湘乡方言·衣饰》："男子操作时以布阑身，曰围腰。女用仅蔽前身，稍作文饰，曰阑身子。"

先生 [ɕien22sən0] 医生、大夫，过去一般指中医医生。如：都病着那久着，么样还没有请先生看下呢；你脑壳痛，我去给你请先生；那个先生不行，看不到病。

"先生"指医生，见于近代汉语白话小说文献。《金瓶梅》第十七回："有累先生，俯赐良剂。奴好了，重加酬谢。"《七侠五义》第八回："那婆子道：'可不是。只因我媳妇身体有病，求先生医治医治。'"《红楼梦》第十回："请先生坐下，让我把贱内的病说一说再看脉如何？"

"先生"指医生、大夫，在今东北官话、中原官话、晋语、西南官话、江淮官话、徽语、吴语、赣语、客家话、粤语等南北方言中都有沿用。

响头 [ɕiaŋ55tʰu35] 磕头时额头触地发出响声，称为"响头"，以示极度尊重或虔诚，常见的语言表达结构为"磕……响头"。如：渠今昼敬老爷（祭祀神仙），老老实实磕着四个响头；渠硬是把那个伢儿整到渠老子的料（灵柩）前磕着几个响头；你要是把这个事情做成着，我给你磕二十四个响头。

"响头"主要见于近代白话小说文献，其支配动词有"磕""扣""碰"等。《警世通言》卷二十四："翠香姐说：'你跪着我，再磕一百二十个大响头。'沈洪慌忙跪下磕头。"《醒世姻缘传》第九十七回："太守见他的工完得甚迟,又修得不好,着实把那大使呵斥了一顿,要打他跟的下人,大使磕了一顿响头才罢。"清张春帆《九尾龟》第二十九回："说着就叩了几个响头。双林更是羞容可掬,掩面歔欷。"《续济公传》第八十五回："说罢,不住的碰响头。皇上冷笑一声,说道:'你此时磕头已迟了,你还把那种欺君侮圣的本领,当面把朕瞧瞧。'"《大清王朝三杰》第八十一回："左宗棠听说,复又连连磕着响头的奏辞道……"李伯通《西太后艳史演义》第五回："僧格林沁听了,只是跪地磕着响头,那端华、肃顺凑着趣齐说……"《清代之竹头木屑》："凡大臣被召见,恩命尤笃,或纶音及其祖父,则须碰响头,须声彻御前,乃为至敬。"

"响头"见于今冀鲁官话、西南官话等方言。

鸦鹊 [ŋa22tɕʰio55] 喜鹊,牛蹄赣语中也叫"鸦鹊子"。如:早上一起来(起床),鸦鹊就在后头树上叫,今昼看样子要来客啊;房子后头红椿树上有一窠鸦鹊;鸦鹊叫一般都有好事情。

"鸦鹊"指喜鹊,见于唐代及以后汉语文献。唐佚名《大目干连冥间救母变文》:"四边更无亲伴侣,狐狼鸦鹊竞分张。"王建《宫词》之第七十二首:"供御樱桃看守别,直无鸦鹊在园中。"陆游《游卧龙寺》:"翻翻林表鸦鹊语,渺渺烟边鸥鹭行。"《五代秘史》第三回:"时有土地将此子移在巢树上鸦鹊窠中。"《西游记》第十五回:"这涧中自来无邪,只是深陡宽阔,水光彻底澄清,鸦鹊不敢飞过;因水清照见自己的形影,便认做同群之鸟,往往身掷于水内,故名'鹰愁陡涧'。"《说唐全传》第四十七回:"齐声喊杀,惊得荒山虎豹慌奔;锣鸣鼓响,半空中鸦鹊不飞。"

"鸦鹊"指喜鹊,在今中原官话、西南官话、江淮官话、赣语、吴语、客家话、粤语、闽语等南北方言中沿用。胡祖德《沪谚》:"鸦鹊到,酒肉到。"《客方言·释鸟兽》:"鹊曰鸦鹊。"闽语中把喜鹊窝叫作"鸦鹊宿"。中原官话、西南官话、晋语、湘语等方言中,在"鸦鹊"后加词尾"子"构成"鸦鹊子"。

马脚［ma55tɕio0］破绽。如：你尽量少说话，话说多着容易露马脚；这个事情是渠各人不小心露着马脚，才叫警察发现的；渠这个事情做得看不出来一啲马脚。

"马脚"指破绽，始见于元代汉语文献，后历代白话文献中广泛沿用。古文献中最常见的搭配是"露出马脚"，也有"走了马脚""留下马脚"等。元无名氏《陈州粜米》第三折："兄弟，这老儿不好惹，动不动先斩后闻。这一来，则怕我们露出马脚来了。"《西游记》第三十回："这厮不济！走了马脚，识破风讯，蹦匾秤铊了。"《喻世明言》卷二："我白白里骗了一个宦家闺女，又得了许多财帛，不曾露出马脚，万分侥幸。"《二刻拍案惊奇》卷十七："平日与他们同学，不过是日间相与，会文会酒，并不看见我的卧起，所以不得看破。而今弄在一间房内了，须闪避不得，露出马脚来怎么处？"句中的"露出马脚"与"看破"意义相近。《初刻拍案惊奇》卷二："那应捕只是见他们行迹跷蹊，故把言语吓着，其实不知甚么根由，怎当得虚心病的，露出马脚来。"《七侠五义》第一百一十二回："贤弟不知，凡事到了身临其境，就得搜索枯肠，费些心思。稍一疏神，马脚毕露。"《彭公案》第一百九十二回："自己又一想，在店中干这种勾当，容易留下马脚，莫不如抬回尹家寨再杀不迟。"

庄子［tʂuaŋ22tsɿ0］郊野的农家房子、住宅，一般规模较大，包括房屋和周边田地。如：爹（爷爷）那个时候看上坪上那个庄子，省吃俭用地攒钱，才买到那个庄子就土改着，还落个地主身份；你己那个庄子风水好啦，住到又发人又发财；杨家庄子住着十几户人。

"庄子"指郊野的农家房子、住宅，始见于中古汉语文献。杜甫《怀锦水居止》："万里桥西宅，百花潭北庄。"句中"宅"与"庄"对文同义。《儒林外史》第十六回："匡超人没奈何，无处存身，望见庄南头大路上一个和尚庵，且把太公背到庵里，叫嫂子扶着母亲，一步一挨，挨到庵门口。"在汉语词汇双音化的过程中，"庄"后加后缀"子"，构成"庄子"，词义所指与"庄"相同。南宋龚明之《中吴纪闻》卷六："一簇人烟，谁家庄子。"

《永乐大典戏文三种校注·小孙屠》:"(生末)……朱令史如今在那里?(旦)在五里外庄子上。"北宋《旧五代史》卷六十七:"大德欲要一居处,畿甸间旧无田园,鄜州虽有三两处庄子,缘百姓租佃多年。……妄有影庇包役云云。"句中"居处"与"庄子"意义相关。《红楼梦》第八十八回:"奴才在这里经管地租庄子,银钱出入每年也有三五十万来往,老爷太太奶奶们从没有说过话的,何况这些零星东西。"《绿野仙踪》第三十六回:"你们此刻,可分头于本宅并庄子内外、大小人家、左近寺院中,细细找寻。"《清史稿》卷五一:"柳树河自孚远东流入境,经县北,又东至三个庄子,入沙碛。"

"庄子"指郊野的农家房子、住宅,在今冀鲁官话、中原官话、晋语、西南官话等方言中常用。

屋 [Øu214] 家。如:我今昼一天都在屋里,哪里都冇去。你已屋里几个人啊?除开你伯、妈,还有兄弟姐妹冇得?你就在你己屋里等到,我到时间到你己屋里来找你。

"屋"指家,始见于汉代文献,后历代沿用。扬雄《将作大匠箴》:"诗咏宣王,由俭改奢。观丰上六,大屋小家。"句中"屋"与"家"变文同义。汉佚名《燕赵多佳人》:"思为双飞燕,衔泥巢君屋。"句中"君屋"指君家,"巢君屋"喻指建造你的家。《景德传灯录》卷十四:"洞山问:'他屋里有多少典籍?'师曰:'一字无也。'"句中"屋里"即家里。东晋干宝《搜神记》:"遂即访问王僧家衣(之)舍,东园里〔枯井〕捉获弟尸灵,屋里南头柜中得本绢二十三匹,一如神梦话。"《祖堂集》卷十七:"三人到屋里,其女见来,点一瓶茶,排批了云:'请上座用神通吃。'"《朱子语类》卷八十九:"向见南轩说冠礼难行,某云是自家屋里事,关了门,将巾冠与子弟戴,有甚难!"《五灯会元》卷第十五:"恶发走归家,虚心屋里坐。可怜群小儿,终日受饥饿。"元萨都剌《过嘉兴》:"吴中过客莫思家,江南画船如屋里。"句中"屋里"与"家"同义。

"屋"指家,在今中原官话、西南官话、吴语、湘语、客家话、粤语等方言中常用。1917年《洛宁县志》:"家谓之屋。"《阳朔歌谣》:"哥哥外出做木匠，嫂嫂在屋里炊糯饭。"

屋里的［Øu214li55ti0］亦作"屋里头的"，意思是妻子。在男主外、女主内的封建社会，妻子一般不出门，在家操持家务，故称妻子为"屋里的"。如：你屋里的呢，么样今昼冇在屋里呢？我想请你屋里的给我帮忙做两天厨啊。渠屋里的停当得很，时刻把屋里捡拾得整整齐齐，来着人客茶饭又好。

"屋里的"指妻子，属于古代方俗词语。1936年《镇原县志》："屋里人，自称其妇也。《左传》：'以叔隗为内子。'屋里人之称殆本于此。"清茹敦和《越言释》："乡里人亦有谓其妻为屋里者。"

"屋里的"指妻子，在今东北官话、冀鲁官话、胶辽官话、中原官话、西南官话、湘语、赣语等南北方言中都有沿用。清道光年间《澄城县志》："夫称妻曰屋里的。"陶仁坤《绍兴实用大全》："丈夫向人称其妻曰屋里的。"

正屋［tʂən31Øu214］房屋中间的主体部分，相对于房屋两头的偏屋而言，牛蹄人的住房一般主体部分为三间正屋，正中一间做堂屋，两边各一间做房屋，即卧室，在正屋的一头或两头建偏房（或叫"偏厦"），一般做厨房、厕所、猪圈等。

"正屋"指房屋中间的主体部分，主要见于近代俗白文献。《儒林外史》第六回："媳妇住着正屋，婆婆倒住着厢房，天地世间也没有这个道理。"句中"正屋"与"厢房"相对。《二十年目睹之怪现状》第六十四回："正屋是三开间、两进深；西面还有一个小小院落，一间小小花厅，带着一间精雅书房；东面另有一间厨房，位置得十分齐整。"句中"正屋"与周围厨房、花厅等相对。清佚名《鬼神传》第十八回："这旧屋是倪太守未得第时所居，自从造了大厅大堂，把旧屋空着，只做个仓厅，堆积些零碎米麦在内，留下一房家人。看见大尹前后走了一遍，到正屋中坐下，向善继道……"《儿女英雄传》第二十四回："安老爷道：'请进屋里坐下谈罢。'说着，便往正屋里让。"蔡东藩《明史演义》第三十八回："谦妻子坐罪戍边，当锦衣卫查抄时，家无余资，只有正屋一间，封锸甚固，启门查验，都系御赐物件，连查抄的官吏,也为涕零。"《清代宫廷艳史》第三十回:"那乳母抱着孩子走到内院里,便有府中妈妈出来抱进正屋去,吩咐乳母在下屋子守候。"

"正屋"在今西南官话、胶辽官话、徽语、吴语等方言中沿用。

顺手 [ʂuən33ʂ3u55] 右手,与"反手"(左手)相对。如:渠吃饭拿筷子用反手,不会用顺手;渠顺手是个瘸子(手指残缺),做么事都用反手;渠从小就冇学会用顺手,就是个左撇子。

把右手叫作"顺手",主要是右手做事方便顺遂,因为人习惯用右手,所以右手比左手灵便,因此右手就有"顺手"之称。清顾张思《土风录》卷十二:"《曲礼》:'效羊者右牵之。'俗呼右手曰顺手,取顺便之意。"《施公案》第一百九十五回:"依着伙计的话,出了新街的东口,顺手转弯,走不上几家门面,果然有条横街,也是头东尾西。"句中"顺手转弯"指朝右手方向转弯。

"顺手"指右手,在今中原官话、江淮官话、西南官话、徽语、吴语、湘语、赣语等南北方言中广泛使用。《甬言稽诂·释语》:"今称右手曰'顺手'。"

白米 [pʰɛ33mi55] 大米。如:我己小的时候吃的白米少,主要是吃苞谷、洋芋、苕之类的粗粮;昨日响午吃的是白米干饭;谷子(稻谷)潮(潮湿、不够干燥),打出来的白米碎米子多。

在牛蹄赣语中,用稻谷以外的粮食碾制成米粒大小的颗粒状粮食都可以叫"米",如"苞谷米""豌豆米""胡豆米"等;只有由稻谷碾制成的大米叫"白米",也可以直接叫"米"。《汉语大词典》释"白米"为"碾净去糠米"。但是,在牛蹄赣语中,只要是稻谷脱壳后的米都叫"白米",无论颜色、精粗、颗粒是否完整。

"白米"指大米,见于上古、中古、近代汉语文献。《齐民要术·欀木》:"《吴录·地理志》曰:'交趾有欀木,其皮中有如白米屑者,干,捣之,以水淋之,似面,可作饼。'"南宋徐梦莘《三朝北盟会编》卷七十八:"先籍谭稹家货白米二千石,豆粟如之,至是委官出粜,以济小民。"句中

"白米"与"豆粟"对应，指大米整体。《西游记》第五十三回："那婆婆家又煎些白米粥与他补虚。"句中"白米粥"指大米粥无疑，"白米"指大米无疑。又第八十五回："前面不远，乃是一庄村。村上人家好善，蒸的白米干饭，白面馍馍斋僧哩。"句中"白米干饭"与"白面馍馍"对应。清震钧《咫尺偶闻》："江米、白米、黄豆、稗米、安春香、红烛、白挂钱、新麻、白纸、赤小豆、小鲫鱼、新柳枝一、三色纺绸（白色、蓝色、月白色）、三色线（作索）。"句中"白米"与"江米""稗米"等并列。

"白米"在今北京官话、中原官话、晋语、西南官话、客家话、闽语等方言中都指大米。

差池［tʂʰa22tʂʰɿ35］失误、错误、漏洞。牛蹄赣语中，"差池"一般不指严重的错误，往往指与预想的结果、目标、标准有一定的距离。如：渠做事从来冇有出现过差池；渠说的和我已到跟前（现场）看到的实际情况冇得一啲差池；明昼就是过事（红白大事都可以叫事）的正日子，提前各方面都要准备细法一啲，不敢出现任何差池。

"差池"在上古汉语文献中本指不齐一、参差不齐，在上古、中古的汉语文献中引申为失误、错误、漏洞之义，又作"差迟"。韩愈《寄崔二十六立之》："每旬遗我书，竟岁无差池。"南宋吴曾《能改斋漫录·园子得道》："今夜三更漏点中半，公能独步至园中，则老兵当有一言授公，苟少差迟，则遂成虚矣。"《癸辛杂识·别集下·襄阳始末》："虽目前暂令夏贵管护，然其使人商度远计，寝食不安，终不若疾趋其所，处分诸事，则随机以应，不至差池，是则臣报陛下之职分也。"《琵琶记》："老贼！你眼又昏，耳又聋，又走动不得，教孩儿出去，万一有些差池，教兀谁管来？"《三宝太监西洋记》第四十五回："你自今以后，敢有半点差池，我教你碎尸万段，剔骨熬油，你才认得我元帅哩！"又第七十三回："不是说老师惧怯于他，只是万一有些差池，于国家体面上不好。"《二刻拍案惊奇》卷十六："阴司比阳世间公道，使不得奸诈，分毫不差池，这两家显报自不必说。"明罗贯中《三国演义》第七十三回："吾若得胜回来之日，稍有差池，二罪俱罚。"《水浒传》第七回:"自蒙泰山错爱,将令爱嫁事小人,已经三载,不曾有半些儿差池。"《金瓶梅》第五十四回:"如宅上这样大家,夫人这样柔弱的形躯,怎容得一毫儿差池!正是药差指下,延祸四肢。以此望、闻、问、切,一件儿少不得的。"《八仙全传》第四十五回:"但想此计真巧,非此真不能害死铁拐;况见钟离权年纪尽管小,做事却还老练,料道没甚差池,方才答应了他。"

"差池"指失误、错误、漏洞,在今冀鲁官话、西南官话、吴语、闽语、粤语等方言中仍然广泛使用。李鼎超《陇右方言·释言》:"今谓不及曰差池。"

额颅 [ŋε33lau55] 额头、前额。如:渠额颅上在哪里碰着一个包;额颅上叫蚊子咬着一个疙瘩;我已两个人额颅碰额颅,看哪个的额颅硬。

"额颅"指额头、前额,始见于上古汉语文献,后历代沿用。"额"与"颅"在上古都可以指额头,后以同义连文的方式构成双音词"额颅"。《黄帝内经·素问》:"足阳明脉气所发者六十八穴:额颅发际傍各三,……分之所在穴空。"元纪君祥《赵氏孤儿》第一折:"见孤儿额颅上汗津津,口角头乳食喷;骨碌碌睁一双小眼儿将咱认,悄促促箱儿里似把声吞;紧绑绑难展足,窄狭狭怎翻身?"元石君宝《秋胡戏妻》第三折:"你瞅我一瞅,黦了你那额颅,扯我一扯削了你那手足。"《醒世恒言》卷十一:"小妹额颅凸起,东坡答嘲云:'未出庭前三五步,额头先到画堂前。'"又:"小妹才名得于传闻,未曾面试。又闻得他容貌不扬,额颅凸出,眼睛凹进,不知是何等鬼脸?"《儒林外史》第四回:"才出得县门,那鸡屁股里唿喇的一声,屙出一抛稀屎来,从额颅上淌到鼻子上,胡子沾成一片,滴到枷上。"《聊斋志异·胡四相公》:"婆子盲也!几曾见自己额颅破,冤诬袖手者?"

"额颅"在今冀鲁官话、中原官话、西南官话、江淮官话、赣语等方言中都有沿用。在方言中,又作"额偻""额髅""额楼",还有记作"额脑"。《蜀籁》:"额颅打皱。"江淮官话、西南官话中的"额脑头",中原官话、西南官话、江淮官话等中的"额脑壳",中原官话、江淮官话等中的"额脑盖"，冀鲁官话中的"额颅盖""额颅骨盖"，等等，都指额头、前额。

耳性［Øɚ55ɕin31］能记住教训、吸取教训，如果有人挨了批评、受到告诫之后，仍然不能记住并改正，依然犯同样的错误，牛蹄赣语中就叫作"没有耳性"。如：你有冇得耳性啊，上昼才挨着头子（批评），下昼老毛病又犯着（犯同样的错误）；人要有耳性，人家说么事要记到，让人家老说就冇得意思着；那个伢儿是一啲耳性都冇得，才将玩水叫吵着一顿，歇（间隔、间歇）着一下下，又去玩水去着。

"耳性"指能记住教训、吸取教训，见于近代汉语文献。《醒世姻缘传》第六十六回："小素姐的家法，只是狄希陈没有耳性，好了创口忘了疼的。"句中"没有耳性"的下文"好了创口忘了疼"，说的就是挨过批评、创伤之后忘记了挨批评时心灵肉体的痛苦，又出同样的问题，与牛蹄赣语中的"耳性"词义相同。《红楼梦》第二十八回："众人都道：'再多言者，罚酒十杯。'薛蟠连忙自己打了一个嘴巴子，说道：'没耳性，再不许说了。'"

"耳性"指能记住教训、吸取教训，在今中原官话、西南官话、赣语中沿用。

稿荐［kau55tɕien31］用稻草、麦秸等编成的用来铺床的草垫子。如：渠死的时候冇得料（棺材），用一床稿荐裹到就埋脱着；渠已屋里那个时候穷得连个稿荐都冇得一床；先在床上铺个稿荐，再垫铺盖，热和一啲。

"稿荐"见于中古、近代汉语文献。《老乞大谚解》："这般精土坑上怎的睡？有甚么稿荐，将几领来。大嫂，将稿荐席子来，与客人们铺，席子没，这的三个稿荐与你铺。"句中"稿荐"与"席子"连用，都是指铺床的物件。又："你去问主人家索几个席子稿荐来，……行李且休搬入去，等铺了席荐时，一发搬入去。"况周颐《眉庐丛话》："丐无长物，唯一稿荐，一日，忽弃之而去。久之，店偶乏薪，析荐以代，则燔炙香闻数十里，因以驰名。"句中"稿荐"后来代替柴火，可见，"稿荐"是由柴草等材料编织而成。

"稿荐"指稻草、麦秸等编成的用来铺床的草垫子，在今中原官话、西南官话、赣语等方言中沿用。

高头 [kau22tʰ₃u0] 上面、上头、顶端。如：你去把桌子高头有两包烟给我拿来一下；房子高头站着一个人，莫叫渠把瓦踩坏着哦；墙高头扒着一个蜂子。

"高头"指上面、上头、顶端，见于中古、近代汉语文献。白居易《登村东古冢》："独立最高头，悠哉此怀抱。"句中"最高头"即最上面、最顶端。《宋史·列传·张亢传》："赵瑜部马军间道先进，而赵振与王逵趋塞门，至高头平路，白马报敌张青盖驻山东，振麾兵掩袭，乃瑜也。"《醒世姻缘传》第二十四回："偶在高头下望：四合爨烟浓似雨，周遭灯火密于星。"《二刻拍案惊奇》卷三十四："忽闻有人咳嗽，仰面瞧处，正是如霞在树枝高头站着。"句中"树枝高头"即树枝上面。清杨湨皋《芝仙招游江心寺》："乍寻霞洞最高头，又泛江心画里舟。"清汪寄《海国春秋》第二十五回："子直走下竹笼，高头收动辘轳，须臾已到。"两句中"高头"都指上面。

"高头"指上面、上头、顶端，在今冀鲁官话、中原官话、晋语、江淮官话、西南官话、中原官话、徽语、吴语、湘语、赣语等南北方言中广泛沿用。1934年《井陉县志料》："名上边曰高头。"清范寅《越谚》："人望高头，水往低流。"

过恶 [ko31ŋo24] 错误、罪恶、罪过。如：小的时候冇叫渠念得书，这是你的过恶；你不论出着么事事，都说是渠的过恶嘛；那个人身上的过恶不少啊，现在报应着。

"过恶"指错误、罪恶、罪过，在上古汉语文献中就已经出现，历代文献沿用，是"过"与"恶"以同义连文的方式构成的双音词。《周礼·地官·司徒》："正月之吉，各属其州之民而读法，以考其德行、道艺而劝之，以纠其过恶而戒之。"疏曰："民有过恶，纠察，与之罪而惩戒之。"句中"过恶"是"纠察"与"惩戒"的对象，可见，"过恶"为错误、罪恶之义。《诗经·鄘风·蝃蝀》："蝃蝀在东，莫之敢指。"郑笺："妇人生而有适人之道，何忧于不嫁而为淫奔之过乎？"《毛传》："言女子有适人之道，当自远其父母兄弟，于理当嫁，何忧于不嫁而为淫奔之过恶乎？"郑笺言"过"，《毛传》注为"过恶"，意义相同。北宋沈括《梦溪笔谈·人事》卷十："有州医博士，多过恶，常惧为余庆所发，因其困，进利药以毒之。"南宋沈作喆《寓简》卷十："凡盗贼、奸淫、群饮为过恶者，白昼不敢显行也，必昏夜合徒窃发。"句中"过恶"指盗贼、奸淫、群饮等违法行为。北宋刘恕《自讼》："臧否品藻，不掩人过恶。"《金史》卷五："数海陵过恶：弑皇太后徒单氏，弑太宗及宗翰、宗弼子孙及宗本诸王，毁上京宫室，杀辽豫王、宋天水郡王、郡公子孙等数十事。"句中"过恶"包括弑皇太后、太宗等数十事，可见"过恶"指罪过、罪行。《朱子语类》卷三十四："徙义，是虽无过恶，然做得未恰好，便是不合义。"句中"过恶"与"未恰好""不合义"相关，只是"过恶"比"未恰好""不合义"程度深重。《水浒传》第三十一回："除宋江，卢俊义等大小人众所犯过恶，并与赦免。"句中"犯过恶"与"赦免"相关，"赦免"的对象是"过恶"，可见，"过恶"的词义是罪过之类。《警世通言》卷二十九："儿有过恶，玷辱家门，愿先启一言，然后请死！"明方汝浩《东渡记》第三十三回："此处愚夫，至死还有不悔不反自己过恶，甚且仇恨无端。"句中"过恶"为"悔""反"的支配对象，"过恶"为过错义无疑。清杜纲《南朝秘史》卷二十六："绎得书，全不动念，复书于纶，但陈河东过恶，罪在不赦。"句中"过恶"与"罪"构成互相解释关系。黄士恒《秦史演义》第十回："纵使毫无影响之事，亦必捏成过恶，编上罪名。"句中"捏过恶"与"编罪名"意义相关。

"过恶"在今中原官话、西南官话、赣语等方言中沿用。

茶饭［tʂʰa35fæn0］茶与饭，泛指饮食。如：给渠已做活路啊，就是一宗，渠己屋里茶饭不行（不好），吃得不行；渠己屋里的茶饭，冇得哪个能吃得下去，疬稀得很；来着好客，要准备好茶饭。

"茶饭"泛指饮食，见于中古、近代汉语文献。金佚名《刘知远诸宫调》："这茶饭猪不吃，狗不觑。"元佚名《醉花阴·思忆》："无一顿茶饭不萦牵，无一刻光阴不怅念，无一个更儿里将他不梦见。"《西游记》第一回:"货几文钱,籴几升米,自炊自造,安排些茶饭,供养老母,所以不能修行。"又第九十四回:"困压在五行山下,饥餐铁弹,渴饮铜汁,五百年未尝茶饭。"《续儿女英雄传》第十回:"两餐茶饭,止好吃些面食而已,有时候连荤腥都无,也止好充饥,那里还讲究钦差的供应?"《济公全传》第一百四十五回:"到了家中,茶思饭想,躺在炕上茶饭懒用,一闭眼就见章氏香娘在眼前,自己得了单思病。"《红楼梦》第六十九回:"那尤二姐原是个'花为肠肚,雪作肌肤'的人,如何经得这般磨折,不过受了一个月的暗气,便恹恹得了一病,四肢懒动,茶饭不进,渐次黄瘦下去。"

"茶饭"泛指饮食,在今西南官话、中原官话、赣语等方言中仍然广泛使用。

糊[xu35]牛蹄赣语中保留了两个古语词义项。

一是指用玉米、小麦、大米等磨成面粉做成的比较稠的粥,有"苞谷糊""麦子糊""米糊"等。"糊"在牛蹄赣语中指就菜吃的主食之一,不是通常所说的稀饭。牛蹄水田比较少,因此过去当地人每天至少要吃一顿糊,多以玉米面做成,一般配有炒菜。如:过去一年到头都是吃糊,到洋芋出来着搅洋芋糊,苕出来着搅苕糊;今昼晌午把哟碎米子煮到搅哟米儿糊吃一顿;渠已那个时候穷,吃苞谷糊连菜都冇得,吃白糊(没有下饭菜,只吃糊叫"吃白糊")。

"糊"指用玉米、小麦、大米等磨成面粉做成的比较稠的粥,始见于上古方言。清段玉裁《说文解字注·鬻部》:"鬻,今江苏俗粉米麦为粥曰糊。"《说文·五下·食部》:"饘,糜也。周谓之饘,宋谓之糊。"可见,"糊"属于宋地方言词。《尔雅·释言》:"糊,饘也。"郭璞注:"糊,糜也。"邢昺疏:"糊、饘、鬻、糜,相类之物,稠者为糜,淖者曰鬻,糊、饘是其别名。"《新方言·释器》:"蕲州谓粥曰糊。"

"糊"在今江淮官话、吴语、晋语等方言中仍有沿用,又作"餬"。中原官话中把用玉米粉做的稀饭叫"糊豆",也作"糊肚";冀鲁官话中把较稠的粥叫"糊突";西南官话中把玉米粥叫"糊都";东北官话中把用面粉、杂粮粉做的糊状食物叫"糊涂"。其中"糊豆""糊肚""糊突""糊都""糊涂"当为同一词语在不同方言中据音用字不同所致，是同一个词在不同方言中的音变。晋语中把玉米面煮的稀饭叫"糊粥"。

二是指用胶水、糨糊等黏性物把东西粘连在一起。如：过年着，你要把窗子糊一张新纸；书皮子烂着，你弄胶水把渠糊一下；渠把一整方墙都糊着一层报纸。

"糊"指用胶水、糨糊等黏性物把东西粘连在一起，始见于上古汉语文献，又作"黏"，也作"粘"。《说文·七上·黍部》："黏，相箸也。……黏，或从米作'粘'。"《玉篇·黍部》："黏，黏也。"《正字通·米部》："糊，黏也。"《龙龛手鉴·米部》："粘，正糊，今音胡，黏也。"白居易《竹窗》："开窗不糊纸，种竹不依行。"元张可久《醉太平·五题》："水晶环入麦糊盆，才沾粘便滚。文章糊了盛钱囤，门庭改做迷魂阵，清廉贬入睡馄饨，胡芦提倒稳！"

"糊"指用胶水、糨糊等黏性物把东西粘连在一起，在今方言中仍有沿用。江淮官话中把糨糊叫"糊浆"。西南官话中把粘连叫"糊"，亦作"黏"。《黔雅·释器用》："黏，黏也。今谓黏物亦曰黏。"

藻［pʰiau22］浮萍，牛蹄赣语中叫"浮藻"。如：田里水面上的浮藻长满着，把秧子（水稻苗）荒得有得用着；这个水井好久有得人挑水着，面上都有浮藻着；湖面上浮藻捂满着，绿茵茵的，还蛮好看的。

"藻"指浮萍，属于古方俗词语，见于上古早期汉语文献，后历代沿用。《方言》："江东谓浮萍为藻。"《尔雅·释草》："苹，萍。"郭璞注："水中浮萍，江东谓之藻，……今谓苏中浮萍为浮藻。"明王象晋《广群芳谱》："瓢：一名水花，一名水白，一名水廉，一名藻。"元仇远《新安郡圃》："古树巢空群鸟散，荒池沙满碎藻干。"

"藻"指浮萍，在今吴语、赣语、客家话、粤语、闽语等南方方言中广泛使用。1922年《福建新通志》："萍谓之藻。……今水上浮萍江东谓之藻，音飘。"客家话中把"浮萍"叫"藻子"。

二、动词

敹[liau35] 缝缀、缝补,主要指缝补穿烂、破损的衣服。如:我的衣裳扯烂着,你给我敹几针;裤子又扯着一个口子,再敹一下还能穿;那个女娃子一啲针线(女红活)都不会,衣裳、裤子烂着都不会敹一下的。

"敹"指缝缀、缝补,上古早期文献中就已出现。《尚书·费誓》:"徂兹淮夷、徐戎并兴。善敹乃甲胄,敿乃干,无敢不吊。"孔颖达疏:"郑云:'敹谓穿彻之。'谓甲绳有断绝,当使敹理穿治之。"句中"敹"指修补穿烂的衣甲。《尚书集注音疏》:"郑云穿彻,即谓缝缀之也。"《书集传》:"敹:缝完也。缝完其甲胄,勿使断毁。"《新方言·释器》:"凡非绽裂而粗率缝之亦曰敹。"《字汇》《正字通》皆释"敹"为缝缀。

"敹"出现在周初鲁侯伯禽出师征讨淮夷叛乱临行前的誓师语词中,初次出现就以口语的形式出现,目前在上古其他文献中还没有发现实际用例,在以后的正统文言文献中也很少出现,应该就是当时鲁地的方言词。故,"敹"始终以方言口语的形式沿用,今冀鲁官话、胶辽官话、中原官话、晋语、江淮官话、吴语、赣语、粤语等南北方言中广泛承继。如:清同治六年《河南府志》:"缝谓之敹。"1935年《萧山县志稿》:"衣缝脱绽略缀之曰敹。"《定海县志》:"俗谓粗略治衣曰敹。"1936年《牟平县志》:"细缝之曰敹。"1936年《盐城县志》:"缀衣曰敹。"陈启彤《广新方言》:"敝衣之缝曰敹。"清同治甲子年《广东通志》:"缝衣曰敹。"另外,今晋语中有"敹几针""敹一下"等说法,赣语区也有"敹衣""敹一下"等说法。虽然"敹"在各个方言区都有承继,但是在各方言区中的实际词义还是略有差异,主要有缝缀、精细缝缀、粗略缝缀、缝补破旧的衣服等义。

从牛蹄赣语中的实际使用情况看,"敹"一般指比较粗略地缝补破旧的衣服,制作新衣服叫"联衣裳"。把牛蹄赣语中的"敹"与其他方言进行对比不难发现,牛蹄赣语中"敕"的词义与吴语、江淮官话、古文献中的词义一致。

溅[tsæn31] 义同普通话的"溅",本指水溅出、溅洒,牛蹄赣语中不仅指水等液态的东西溅出,还可引申指粥状甚至固态颗粒状的东西溅出。如:石头打到水里头,打到水溅着渠一身;过车的时候,泥浆子溅着渠一裤脚;离火远一哟,小心火星子溅到身上。

"溅"指溅、溅洒,见于上古文献。《说文·十一上·水部》:"溅,污洒也;一曰水中人也。"句中"水中人"即水溅到人身上,"中"是命中、打到的意思。段注:"释玄应曰:'江南言溅,……山东言湔,……'《史记·廉蔺传》作'溅',……'中'读去声,此与上文无二义而别之者,此兼指不污者言也,上但言洒,则不中人。《三苍》:'溅,污洒也。'江南言溅,山东言湔,音子见反。音义俱合。"《类篇·水部》:"溅,水溅。"《字汇·水部》:"溅,音赞。《说文》:'污洒也。'亦作'溅'。"《正字通·水部》:"溅,通作'溅'。"《龙龛手鉴·水部》:"溅,水溅也,溅音。""溅"在历代文献中广泛使用。三国康僧会《六度集经》卷七:"诸食入口,与涕唾浇溅。……一其心得禅。"唐薛据《西陵口观海》:"地形失端倪,天色溅滉漾。"《朱子语类》卷二:"如人掷一团烂泥于地,泥必溅开,成棱瓣也。"《西游记》第四十四回:"祝罢,烹的望里一摔,溅了半衣襟臭水,走上殿来。行者道:'可藏得好么?'八戒道:'藏便藏得好;只是溅起些水来,污了衣服,有些腌脏臭气,你休恶心。'"《全唐文》卷十五:"岩悬溜带,溅石砌而飞珠。"

"溅"在古代属于南方方言词,现在在中原官话、江淮官话、西南官话、吴语、湘语、赣语、冀鲁官话、兰银官话等方言中广泛使用。如:《里语徵实》:"溅水上衣曰溅,音赞。"《甬言稽诂·释地》:"今谓激水飞洒曰溅,书面多用溅。"以上方言中,虽然"溅"有广泛使用,但是多指水溅出,少数方言中可指泥浆类粥状物溅出,没有发现类似牛蹄赣语中火星等小的颗粒状固态物飞溅用"溅"的实例。

嚭［sai35］吃，含有轻微戏谑或不满的情感色彩，同时从形象色彩看，含有吃得快又吃相不文雅的意思，语义上还有特别能吃的意思。如：那个伢儿才凶呢，几口就把一碗饭嚭完着；我煮着三个人的饭，渠一个人就嚭完着；一顿嚭那多，要是在困难年代都养不活。

"嚭"在上古文献中没有用例，字典、辞书中也未见收录，只是在中古、近代汉语口语色彩比较强的文献中用例比较多，当为中古出现的方俗词语。元无名氏《小尉迟》第二折："回来走在账房里，好酒好肉嚭一顿。"元关汉卿《状元堂陈母教子》第一折："觑我这任官，如同那碗里放着个带靶儿的蒸饼，我走将去拿起来一口嚭了，则是个容易。"明佚名《锁齐天大圣》第三折："细腰狗牵将过来，活腌在腊肉缸里，到正月慢慢的嚭他。"

牛蹄赣语中，"嚭"延续了元明以来文献中该词的理性意义及附加的色彩意义。"嚭"在今东北官话中有用例，有"能嚭""嚭得多"等说法，语义与牛蹄赣语中基本一致。

囥［kʰaŋ31］藏、隐藏，隐藏的对象既可以是物，也可以是人。如：渠经常爱囥人家的东西，害死人；渠又要来借背笼，你赶紧囥起来，就说人家借走着；又有人来找你，你赶紧囥起来，我就说你不在屋里。

"囥"指隐藏，在中古字典、辞书中就已收录，属于古方言词汇。《字汇·囗部》《正字通·囗部》："囥，音抗，藏囥。"《集韵·宕韵》："囥，藏也。"《大藏经》卷八十："且不用藏囥，且不用安排，盗贼偷他不得，水火坏他不得，生死埋沉他不得，凡圣增减不得。"以上句中"囥"与"藏"构成同义连文，都是隐藏之义。《中国歌谣集成·上海卷》："小姑嫌少心不愿，爷娘面前说长短。说的嫂嫂私底囥一碗，厨里不见一只红花碗。""囥"在明清以来的南方方言中广泛使用。如：《沪谚》："藏物曰囥。"《崇明县志》："囥，俗谓藏物也。"清乾隆十二年《苏州府志》："藏物曰囥。"《东台县志》："藏谓之囥。"清光绪二十二年《通州直隶州志》："囥，藏也。"

今西南官话、徽语、赣语、闽语、吴语、江淮官话等方言中都将把东西藏起来说成"把东西囥起来"。"囥"指隐藏，在闽语、吴语中使用尤其广泛：闽语中把藏起来了叫"囥了"、藏着叫"囥在"、把东西藏住或隐瞒起来叫"囥瞒"、把东西藏起来叫"囥囥瞒"，吴语中把藏起来叫"囥拢"、收藏好叫"囥好子"，江淮官话中把隐瞒自己的酒量叫"囥量"，等等。

蹬［tən22］儿语，指婴幼儿学站立，是学习走路的早期阶段，常叠用，很少单用，有"蹬蹬""打蹬蹬"等说法。"蹬蹬"指婴幼儿短时站立或学习短时站立，"打蹬蹬"指婴幼儿学习或坚持短时站立。如：来，蹬蹬，蹬蹬一个；你给我打个蹬蹬，我就抱你；五个月的伢儿就会打蹬蹬着。

"蹬"在上古文献中未发现用例，中古各字书、辞书中都有收录，但在文献中没有发现实际用例，属于方言儿语词。《类篇》《字汇》《集韵》："蹬：蹬蹬，立貌。"《正字通·立部》："蹬，音登，立貌。"

"蹬"在清代以来的北京官话、冀鲁官话、江淮官话、吴语区的方言文献中都有收录。清乾隆四十四年《宁河县志》："蹬，小儿学立也。"《东台县志》："小儿学步曰蹬蹬。"清光绪十年《畿辅县志·方言》："蹬，小儿学立也。"清光绪二十二年《通州直隶州志》："蹬：小儿学步也。"清道光十四年《象山县志》："蹬：小儿学步也。"孙锦标《南通方言疏证》："蹬蹬，儿学步也。俗以小儿甫能立而初学步者谓之打蹬蹬。"姜亮夫《昭通方言疏证·释词》："昭人谓小儿学步曰打蹬蹬。"

奓［tʂa22］张大、张开、裂开，多指一端固定另一端张开、裂开，形成类似人字形的开口，常见构词有"奓口""奓裂""奓开""翻奓裂口"等。如：今年冬天的天气好冷啊，把手都冻奓着好多裂子；八月瓜，九月奓；你倒是轻松咯，嘴巴一奓就行着，我己可是要忙活好几天。

"奓"始见于上古汉语文献，后历代沿用。《玉篇·大部》："奓，下大也。"句中"下大"即一端张开或一端大一端小。《广韵·麻韵》："奓，张也。"《龙龛手鉴·大部》："奓，张也、开也。"《庄子·知北游》："神农隐几阖户昼瞑，妸荷甘日中奓户而入。"东晋王嘉《拾遗记·然丘》："其国使者，皆拳头奓鼻，衣云霞之布，如今霞布也。"明陆容《菽园日记》卷十:"马尾裙始于朝鲜国,流入京师。……大抵服者下体虚奓,取观美耳。"

"奓"在今中原官话、晋语、江淮官话、西南官话、吴语、湘语等方言中都有使用。如:中原官话中有"这条裤子的裤脚儿有点奓";晋语中有"把胳膊奓起来,量量你的胸围";江淮官话中有"鞋子破了,奓大嘴了";西南官话中有"毛栗子熟了要奓开口,石榴熟了也要奓开口";吴语中有"手节头奓奓开";江淮官话、西南官话、赣语等方言中有"奓嘴""奓口""奓开";等等词语。

奓[kʰa35] 迈步、抬腿,大步跨过。如:你穿的裤子太小着,脚都奓不开;现在扶贫搬迁,农民都住到街上,冇得么事来钱的路,奓脚就要钱,么样生活哦;前头有一条沟,我能奓过去,你可能奓不过去。

"奓"属于古代沿用下来的古方言词,主要用于西南官话、赣语方言中,见于民间故事、县志、族谱等地方文献。西南官话:奓门喜(刚成婚过门,就怀上了小孩)。《蜀籁》:"没有奓过牛圈门……"《南瓜回娘家》:"眼见得毛三爸收工回来,才奓门槛。"陕西镇巴《定远县志》:"越占为奓。"1911年牛蹄赣语《杨氏宗谱》:"倘山一属他人,坟墓任其顶奓傍葬,祖山骨骸亦为有伤。"

摛[tʂʰʅ22] 伸出、舒展。如:你那大着,还跟个小伢儿样的,时刻摛脚动手的(伸腿动手打闹);都三十几岁的人着,还在摛手问老子要钱,丑不丑;楼负(楼层的横梁)从墙上摛出来着,弄锯子把渠锯脱渠,免得挡事。

"摛"在上古文献中就已出现,历代文献都有用例。《说文·十二上·手部》:"摛,舒也。"《龙龛手鉴·手部》:"摛,张也。"《集韵·支韵》:"摛,舒也。"东汉班固《西都赋》:"若摛锦布绣,烛耀乎其陂。"王禹偁《谪居感事》:"赓歌才不称,掌浩笔难摛。"南宋姜夔《清波引》词序:"竭来湘浦,岁晚凄然,步绕园梅,摛笔以赋。"清姚鼐《送张楎亭少詹》:"俯仰一古今,摛笔朱霞散。"明李东阳《兆先赴试三河,念之有作》:"摛毫出组制,把玩惊词林。"清陆以湉《冷庐杂识·内阁中书》:

"铩羽南宫，方笑中眉无勇；摛毫东掖，忽欣除目有名。"句中"摛毫"与"摛笔"义同，即拿出笔赋文。

"摛"在西南官话、中原官话等方言中承袭。《汉语方言大词典》："贵州清镇：手不要摛得太长/树枝摛得好远。"《陇右方言发微》："陇右通称展开曰摛开。"

尥［Øɥ214］（使）弯、曲。如：鸡窠里头有一根蛇尥到里头，老壳伸几长；那个山洞不是很大，人身体尥到才能进去。"尥"还引申指"折"（弯、断）、"撇"（弯、断），即使弯、使曲，有"尥断"、"尥弯"、"尥气"（腿、手臂等身体器官扭伤）等常用词语。如：那个棍棍直到放不下，你把渠尥弯不就行着。你的脚么样的呢，一走一跛？昨日不小心踩到坎边上，把腿杆尥气着。那个伢儿才蛮呢，几下就把铁丝尥断着。

"尥"在上古早期文献中就已广泛使用。《说文·十下·允部》："尥，股尥也，从允于声。"又："允，尬，曲胫也。从大，象偏曲之形。"可见，"尥"字从"允"，"允"有曲义。段注："尥之言纡也，纡者，诎也。"《玉篇·尢部》："尥，股尥也。"《广韵·虞韵》："尥，盘旋。"《龙龛手鉴·尢部》："尥，盘旋。"《集韵·虞韵》："尥，体屈曲。"

古文献中，"尥"即股尥，指身体器官弯曲，盘旋也有弯、曲之义。牛蹄赣语中，"尥"的词义与古文献中的词义一脉相承，只是词义在泛化的基础上有引申。

搣：在牛蹄赣语中有三个直接相关联的动词意义，都是通过手掌、手指发力使折断或使其与母体、整体分离，并通过读音声调的细微变化达到变音别义的构词效果。

"搣"在上古文献中已出现，词义皆指用手发力的动作。《说文·十二上·手部》："搣，批也。"《急就篇》："沐浴揃搣寡合同。"颜师古注："揃搣，谓剃除眉发也。盖去其不整齐者。"《广韵·薛韵》："搣，手拔也。批也。"《玉篇·手部》："搣，摩也。"《龙龛手鉴·手部》："搣，手拔也、摩搣也。"各种字书、辞书中的解释并不完全一致，

"扭""摩""批""手拔"等具体是什么样的动作行为和词义特征，似乎不好界定，但是可以肯定，都是用手发力的动作。从这个角度来看，牛蹄赣语中"㧟"的各个词义都与古代文献中的词义是一脉相承或者完全相同的。从牛蹄赣语中"㧟"的三个词义来看，似乎很难给出一个具体界定。

㧟［miε214］扭，主要通过拇指发力使颗粒状的东西与母体分离，最常见的词语是"㧟苞谷"，即主要通过拇指使玉米籽实与玉米穗分离。如：渠的手指拇的劲太小着，还㧟不下来苞谷籽籽；我对二爹的印象就是一天到晚都坐到屋里㧟苞谷。

㧟［miε55］折，即双手紧握将物体折断或折弯。如：这个棍棍太粗着，我㧟不断；那个铁丝太硬着，㧟不弯；这块铁片片有啲变形，你把渠稍微㧟一下，就能还原。

㧟［miε22］掰，以手裂物或分物。如：那个馍馍太大着，你一个人吃不完，给你四哥㧟一半；你把那个橘子㧟两瓣给我吃下嘛；我眼睛里头好像有个渣渣，你给我㧟开看下渠！

牛蹄赣语中，"㧟"的第三个意义"㧟"［miε22］在西南官话、湘语、赣语、粤语中广泛使用。《叙州府志》："手裂物曰㧟。"如：四川成都话有"把馒头㧟一半给我"，湖南长沙话有"把饼干㧟得稀碎的"，江西新余话有"㧟一块馍馍细人子吃"，广东广州话把掰开两半说成"㧟开两边"，等等。

颰［xa22］张口吐气，张口哈气，张口直对……吐气。如：窗子玻璃上沾着啲东西擦不掉，你颰一口气，再用个布布一擦就掉着；今昼天气直接把那个猪热得夥几个嘴巴颰气；手冻痛着，对到嘴巴颰几口气，能强啲（缓解一点）。

"颰"始见于上古文献。《集韵·麻韵》："风吹谓之颰。"《广韵·麻韵》："颰，吐气。"《龙龛手鉴·风部》："颰，吐气。"《字汇·风部》："颰，开口吐气貌。"东汉张衡《西京赋》："含利颰颰，化为仙车。"吕延济注："颰颰，开口貌。"明刘基《九叹九首》之四："虎豹颰颰兮为喜为瞋。"

"㕷"在今西南官话、中原官话、晋语、吴语中都有沿用,有"㕷点儿气""㕷㕷气""放到嘴边㕷了㕷""气㕷㕷"等说法。

淈[ku55] 水流以及其他液体在一定压力作用下喷涌而出的样子。如:这个地方适合挖一个水井,时刻几粗一股水往地面上淈;一个石头打到渠老壳上,血淈淈声往出流;昨日田里水关得太深着,水把田坎淈垮着。

"淈"指水流以及其他液体涌出的样子,始见于上古早期文献。《说文·十一上·水部》:"淈,水出貌。"《集韵·没韵》:"淈淈,流貌。"《广韵·没韵》:"淈,水出貌。"《史记·司马相如列传》:"湛湛隐隐,砰磅訇礚。濎濎淈淈,㳌潎鼎沸。"司马贞索隐:"濎淈㳌潎。郭璞云:'皆水微转细涌貌。'……《广雅》云:'淈淈,决流也。'"《史记·樗里子甘茂列传》:"樗里子滑稽多智,秦人号曰'智囊'。"张守节正义:"'滑'读为'淈',水流自出。稽,计也。言其智计宣吐如泉,流出无尽。"《江赋》:"潜演之所汨淈,奔溜之所碨错。"李善注:"淈,水通貌。"西晋陆机《文赋》:"思风发于胸臆,言泉流于唇齿。"注曰:"吾言濎淈而泉出。"

"淈"指水流以及其他液体涌出的样子,在今西南官话中仍然沿用。《黔雅·释宇象》:"《说文》:淈,一曰水出貌。……今状水流出亦曰淈。"西南官话中"淈渌"形容水流出的样子,其中的"淈"也是水涌出的意思。

㖃气[ku55tɕʰi31] 独自生别人的气、独自伤心并不主动与别人沟通、化解,可以扩展成"㖃……气""和……㖃气"等句式。如:事情都过去这多天着,你还不理我,还在㖃我的气啊;你现在莫理渠,渠正在㖃气,过一下就好着;一家人么事说出来,不要老㖃气,把一家人搞得生别别的。

古文献中有单音词"㖃",词义为忧伤或忧伤的样子。《类篇·口部》:"㖃,㖃㖃,忧也。"《字汇·口部》:"㖃,音骨,忧貌。"《玉篇·口部》:"㖃,忧也。"《集韵·没韵》:"㖃,忧貌。"忧伤或忧伤的样子与牛蹄赣语中"㖃气"的词素意义完全符合。

"㖃气"在今中原官话、西南官话中仍然广泛应用。

晾［laŋ33］把东西铺开、展开放在太阳下或阴凉通风处使干燥。如：我今昼把你的衣裳洗着，晾到晾衣杆上的，过一下就干着；你今昼把谷子弄一啲放到晒楼上稍微晾一下，明昼去打米；你那个旱烟叶子还冇干啊，还要晾几天。

"晾"在古文献中使用得非常广泛。《字汇·日部》："晾，晒晾。"《集韵·宕韵》："晾，暴也。"《正字通·日部》："晾，晒晾。"《类篇·日部》："晾，暴也。"陆游《春日》："迟日园林尝煮酒，和风庭院晾新丝。"明陶宗仪《南村辍耕录》："停三五日，待漆内外俱干，置阴处晾之。"《五灯会元》卷第十九："今年雨水多，各宜频晒晾。"注曰："晾，暴也。"元王祯《农书》："晒荔法，采下即用竹篱晾晒。"以上句中的"晾"与"晒"同义并列。

"晾"在今西南官话、江淮官话、徽语、湘语、粤语、闽语等方言中仍然使用。《蜀方言》："曝物曰晾曰晾。"清光绪年间《嘉定县志》："晾，俗呼晒也。"《越谚》："一日打鱼，三日晾网。"今江淮官话、徽语、湘语、粤语、闽语等方言中有"晾衣""晒晾""晾干""晾在……地方"等说法。

汨［mi33］屏住呼吸潜行游泳或把口鼻没入水，牛蹄赣语中叫"汨子"，有"扎汨子""打汨子""一个汨子"等说法。如：渠划水技术好，一个汨子就游到河对岸去着；我已今昼打个赌，看哪个在这盆水里打汨子打得久；北方人怕水，好多人都不敢把脑壳泡到水里头打汨子。

"汨"在上古文献中已出现，历代文献都有用例。《类篇》《字汇》《正字通》《集韵》："汨：潜藏也。"《玉篇·水部》："汨，没也。"句中的"潜藏""没"都是没入水、潜藏水中之义。战国屈原《楚辞·招隐士》："罔兮汨，憭兮栗，虎豹穴，丛薄深林兮人上栗。"洪兴祖注："汨，潜藏也。"《史记·屈原贾生列传》："袭九渊之神龙兮，汨深潜以自珍。"裴骃集解："汨，潜藏也。"司马贞索隐引张晏曰："汨，潜藏也。"《聊斋志异·陆判》："生五子：曰沉、曰潜、曰汨、曰浑、曰深。"不难发现，句中五子名字之中的"汤"也取潜藏之义。

"汤"在今西南官话、湘语、闽语中仍然沿用。西南官话、湘语中的"汤子"指潜泳，西南官话中把口鼻没入水叫"打汤子"，湘语中叫"揾汤子"，闽语中把潜泳叫"汤头泳"。

塳 [pʰoŋ22] 起尘、尘土随风扬起，牛蹄赣语中有"灰塳塳""塳灰"等常见词语，异体字作"烽"，或作"埲"。如：你扫地下浇啲水，免得塳灰；几个伢儿在火炉里炸苞谷花吃，把屋里整得灰塳塳的；汽车一过，后头灰直塳。

"塳"指起尘、尘土随风扬起，始见于中古文献。《字汇·土部》："塳，音'蓬'，尘随风气。"《正字通·土部》："塳，俗'烽'字。"明宋濂《篇海类编·地理类·土部》："烽，尘起。"《龙龛手鉴·土部》："烽，尘起也。"《康熙字典·土部》："塳，尘随风起。一曰俗'烽'字。"《汉语大字典·土部》："烽，同埲。按：《广韵·董韵》作'埲，尘起'。"

"塳"在今西南官话、江淮官话、中原官话、吴语等方言中广泛使用，在方言中或作"塳"，或作"烽"，或作"埲"。《昭通方言疏证·释地》："尘起曰塳，今昭人谓微物忽起曰塳。"《昭通方言疏证·释天》："昭人谓尘起曰烽。"《蜀方言》："尘起曰烽。"江淮官话中把灰尘扬起叫"灰烽烽的"。1915年《金华县志》："塳，《隋韵》：'尘也。一作烽。'又《广韵》：'尘起曰烽。'"中原官话中也有"埲了一身土"等说法。吴语中把扬起的灰尘叫"塳尘"。

揾 [Øuŋ31] 把东西按入水等液体，浸入，浸泡。如：你洗脑壳的时候，把头发放到水里头揾一下嘛；渠把鸡子弄到水里头揾死着；明昼要卖的菜，今昼晚上放到水里头揾到，明昼卖的时候看到嫩一啲。

"揾"见于上古早期，历代文献都有沿用。《说文·十二上·手部》："揾，没也。"段注："没者，湛也。谓湛浸于水中也。《集韵》引《字林》：揾抐，没也。"《广韵·慁韵》："揾，揾抐，按物水中也。"《玉篇》《集韵》等字书、韵书都沿袭《说文》的解释。唐李肇《唐国史补》："（张）旭饮酒辄草书，挥笔而大叫，以头揾水墨中而书之，天下呼为'张颠'。"北宋晏几道《采桑子》："泪痕揾遍鸳鸯枕，重绕回廊。"元佚名《鸳鸯被》第二折："此被人倒提入水揾死者也。"《西厢记》第三本："如今都废却成亲事，一个价糊突了胸中锦绣，一个价泪揾湿了脸上胭脂。"

"揾"在今中原官话、江淮官话、西南官话、吴语、湘语、闽语等方言中广泛沿用。方勇《续〈新方言〉》："今俗以衣布按入染料中曰揾。"李庆富《合肥方言考》："今合肥谓纳物水中曰揾。"《崇明县志》："俗谓以物强置水令水入曰揾。"《象山方言》："揾，纳物于水中。"西南官话、湘语、闽语中都有"放到水里一揾""河里揾死一个人"等说法。吴语区的"揾杀"指把小动物置于水中溺死。《甬言稽诂·释地》："俗毙猫犬，提入水中湛溺曰揾杀。"

嗍［so214］吸、吮吸、吸……入嘴巴。如：渠吃饭才快呢，一碗面两口就嗍到肚子里去着；渠从会场一出来，赶紧点一根烟，使起劲来嗍几口，简直香得不得了；那个伢儿才出世（出生、降生）吃奶，嗍的劲就大。

"嗍"的古文字写作"欶"，俗字写作"嗽"，异体字写作"㵖"。"嗍"指吮吸之义见于上古早期文献，后历代文献沿用。《说文·八下·欠部》："欶，吮也。"《说文·二上·口部》："吮，欶也。"段注："含吸曰欶。"段注指明"欶"指用唇舌裹食、吮吸。《集韵·觉韵》："欶、嗽、嗽、嗍，《说文》：'吮也。'或作嗽、嗽、嗍。"《正字通·口部》："嗽，与欶通，别作嗍。"又："嗍，俗嗽字。"《字汇·口部》："嗽，吸也、吮也。"《类篇·口部》："嗍，吮也。"又："嗽，吮也、吸也。"《康熙字典·口部》："嗍，因朔，吮也。本作欶，或作嗽、嗽。"北宋贾收《和沈君与送蟹》："嗍称吴儿牙似镤，劈惭湖女手如葱。"元杨维桢《周铁星》："刮民膏、嗍民髓，六郡赤骨填刍灵。齐云倚天一日倾，铁星亡国法当烹。"清邵长蘅《重赋》："刮膏嗍民髓，髓竭国亦僵。""嗍"的异体字写作"㵖"。《说文·十一上·水部》："㵖，饮歠也，一曰吮也。"《集韵·末韵》："潭，吮也。"可见，"嘬""欶""嗽""嗦""潭"五字所表词义相同，读音相近，属于同一个字在不同时空环境下的变体。

"嘬"指吮吸之义，在今东北官话、晋语、湘语、吴语、粤语、闽语等南北方言中广泛沿用，也可以写作"嗦"。东北方言中把吮吸说成"嘬唠"，闽语中把抽烟说成"嘬熏"，吴语中把吸水声说成"嘬噜"，安徽太湖方言中把喝汤说成"嘬汤"、抽烟说成"嘬烟"，湘方言中把喝汤说成"嘬"（你嘬一口汤看看咸不），中原官话中有"嘬手指""嘬一口"等说法。方言中也写作"潭"。《甬谚名谓籀记》："洒、潭，皆饮也。今俗谓小饮曰洒一些，狂饮曰潭一口。"

佮［ko214］性格相合、相投，关系和睦，常见"佮得好""不佮"等词语。如：渠己姊妹两个从来就不佮，从小吵到大、打到大；那两家人一啷都不佮，经常佮孽、打锤（打架）；渠两个人的性子不佮，说话就争（争吵）。

"佮"指性格相合、相投，关系和睦，见于上古早期文献。《说文·八上·人部》："佮，合也。"《说文解字系传》："佮，人相合也。"许慎释"佮"为合，徐锴将其进一步释为人与人相合，其意都是性格相合、关系和睦之义。《集韵》《类篇》都沿用许氏说解。

"佮"在今中原官话、西南官话、江淮官话、吴语、湘语、闽语、赣语等南北方言中都有沿用。西南官话中把（人与人）性格不合、关系不合叫"不佮"，把性情相投、关系融洽叫"佮得好"；西南官话、湘语、赣语中把能与人相处、团结人叫"佮人"；赣语中把（人与人性格）合不来、不相投叫"佮不得"，把合得来叫"佮得到"；客家话中把性情相投、合得来叫"佮得到"，把性格不合、合不来叫"佮唔来"；等等。

佮伙［ka24xo55］合伙、合作，联合完成某动作、行为或事项。如：明年我两个人佮伙去做生意，本钱一人一半；只有这啷啷饭，还叫我己佮伙吃，么样够吃；这个事情除必（除了）佮伙整，靠哪个一个人是冇得办法的。

"佮"由指人与人之间性格相合、相投或关系和睦引申指合伙、通力做事，读音由［ko214］变为［ka214］，后来与"伙"构成并列双音词。王筠

《说文解字释例》:"是合、佮义同音异。通力合作,合药及俗语合伙,皆佮之音义也。今无复用佮者。"《玉篇·人部》:"佮,合取也。"《广韵·合韵》:"佮,并佮、聚也,合也。"《龙龛手鉴·人部》:"佮,并、佮聚也。"《正字通·人部》:"佮,合取也,按合通作佮。"

"伙"的本义是同伴,后来引申出合伙义。在汉语双音化的驱动下,采用同义连文的方式构成并列式双音节词"佮伙"。

"佮伙"在冀鲁官话、胶辽官话、中原官话、西南官话、晋语、吴语等方言中即指"合伙"。1936年《寿光县志》:"有事合作曰佮伙。"1931年《胶志》:"合伙曰佮伙。"《歌王传》:"和村里的人佮伙,……上南岸岭去割草。"

揞[ŋaŋ55]用手捂住、覆盖、掩藏、按住。如:你把那个把戏(玩具)给我看下嘛,莫用手揞得那样严实嗻;渠逮着一个海子(螃蟹)放到罐桶瓶子里,时刻用手揞到,生怕跑脱着;渠扎金花,时刻都把牌揞到的,别个(别人)绝对看不到。

"揞"在上古就以方言词的形式出现。《方言》:"揞、掩、错、摩,藏也。荆楚曰揞,吴扬曰掩,周秦曰错,陈之东鄙曰摩。"《类篇·手部》:"揞,藏也、掩也。"《广雅·释诂四》:"揞,藏也。"清王念孙《广雅疏证》:"揞,犹掩也。"《字汇·手部》:"揞,藏也,手覆也。"《广韵》:"'揞,手覆也。'覆亦藏也,今俗语犹谓手覆物为揞矣。"《玉篇·手部》:"揞,藏也。"《康熙字典·手部》:"揞,藏也、手覆也、掩也。"元乔吉《〔南吕〕一枝花·私情》:"攒科,斗喊,风声儿惹起如何揞。"《何典》:"形容鬼忽觉一阵肚肠痛,放出一个热屁来,连忙揞住屁股道:'撒屁常防屎出。这里可有应急屎坑的么?'"

"揞"在今冀鲁官话、晋语、徽语、吴语、赣语、粤语、闽语、客家话等方言中都有沿用。《崇明县志》:"揞,音庵,俗谓以手覆物曰揞。"清光绪十八年《电白县志》:"以手覆物曰揞。"《客方言·释言》:"俗于物不欲人见者,以两手覆之曰揞。"清宣统年间《东莞县志》、清咸丰壬子年

《顺德县志》:"以手覆物曰揞。"《潮汕方言·释言》:"凡事物不欲明示于人,暗自藏匿曰揞。赌博者,反掩其牌曰'揞死牌'。"《广东新语》卷十一:"以手覆物曰揞。"陕北俗语:"长上千只手,揞不定万人口。"晋语、粤语、客家话等中把捂住叫"揞住"。闽语熟语"揞目骗鼻",意思相当于"掩耳盗铃"。

罨[ŋaŋ55]用器具捂、盖、覆盖、掩盖、封盖。如:帽子把伢儿眼睛罨到着,渠看不到急不过,就哭起来着;今昼的饭锅盖没有罨好啊,饭面上膴着一层皮;把院坝里的谷子用蒲篮罨到,免得鸡子吃。

"罨"见于上古早期文献。《说文·七下·网部》:"罨,覆也。"徐灏注:"此谓凡有所覆盖,故从网,非真网也。"《集韵·合韵》:"罨,罨覆也。"《广韵·合韵》:"罨,覆盖也。"《类篇·罒部》:"罨,罨覆也。"唐元稹《春六十韵》:"郁金垂嫩柳,罨画委高笼。"元稹《大云寺二十韵》:"果枝低罨罨,花雨泽霏霏。"白居易《池上小宴问程秀才》:"净淘红粒罨香饭,薄切紫鳞烹水葵。"

"罨"指用器具捂、盖、覆盖、掩盖、封盖,在今中原官话、吴语、湘语、赣语等方言中仍然沿用。中原官话中有"罨醋"、吴语中有"罨出汗来"、湘语中有"白菜罨黄了"、赣语中有"拿灰罨火"等说法。

喑[ŋaŋ22]小儿大哭(含有嫌弃的意思)或指极度悲痛泣不成声。如:你莫惹渠咯,一下又把渠惹喑着;为一啕啕事,渠能给你在那里喑半天,嫌人子;渠老子死的时候,渠硬是跪到灵(灵柩)前喑喑声哭啊。

"喑"始见于上古文献,属于古方言词汇。《说文·二上·口部》:"喑,宋齐谓儿泣不止曰喑。"《方言》:"平原谓啼极无声谓之唴哴,……宋齐之间谓之喑,或谓之惄。"东汉张仲景《金匮要略·脏腑经络》:"语声喑喑然不彻者,心膈间病。"《类篇·口部》:"啼泣无声谓之喑,叹伤谓之呜。"《广韵·侵韵》:"喑,极啼无声。"南宋戴侗《六书故》:"喑,失声不能言也。"《龙龛手鉴》《玉篇》:"啼泣无声也。"《集韵·覃韵》:"啼泣无声谓之喑。"唐罗隐《薛阳陶觱篥歌》:"勿惜喑呜更一吹,与君共下难逢泪。"北宋史温《钓矶立谈》："于是大雅驰还台城，辛勤冒矢石，才得潜入，君臣相持，喑呜泣下。"清邵廷采《思复堂文集·余陈陈三公传》："鲁王莅越，为兵部侍郎，伤二都沦没，哭泣至喑失声。"《旧唐书》卷一百八十二："处存家在京师，世受国恩，以贼寇未平，銮舆出狩，每言及时事，未尝不喑呜流涕，诸军义之。"以上句中"呜"是象声词，指啼哭哀伤之声，"喑"指啼哭，二词意义相关，"喑呜"整体指悲咽。元佚名《郑月莲秋夜云窗梦》第二折："教这厮一席风月无音信，千里关山劳梦魂。那厮使心机卖聪俊，不提防俺这一棍，教那厮醉里惊醒后昏，就里疼喑气忍。"

"喑"指婴儿啼哭不止或啼极无声，在今西南官话、中原官话、客家话等方言中沿用。清同治十三年《徐州府志》："哭极音绝谓之喑。"《客方言·释言》："泣而失声曰喑。"

科 [kʰo22] 砍、砍除、修剪（树枝）。如：你今昼下昼去科啲柏树毛子（柏树叶）回来，晚上熏夜蚊子；那一根树丫枝长到房子上头去着，怕把瓦顶坏着，你去把渠科脱渠；把路边上的树丫枝科一下，免得挡路。

"科"指砍、砍除、修剪（树枝），在上古文献中没有发现用例，但在唐代文献中尤其是诗歌中广泛使用。唐薛能《寄终南隐者》："扫坛花入篝，科竹露沾衣。"唐齐己《和孙支使惠示院中庭竹之什》："剪黄憎旧本，科绿惜新生。"唐无可《题崔驸马林亭》："宫花野药半相和，藤蔓参差惜不科。"白居易《偶吟二首》："晴教瞰药泥茶灶，闲看科松洗竹林。"《太平广记》卷五十一："一旦，道华执斧，科古松枝垂且尽，如削，院中人无喻其意。"

"科"在今中原官话、西南官话中仍有"科树""科树丫枝"等说法。

搛 [kæn22]（用筷子）夹取（菜）。如：坐到桌子上，要会招呼人，学会给客搛菜；我去重新拿一双筷子，把那个鱼给每个人搛一块；渠是个左撇子，用反手（左手）搛菜。

"搛"始见于中古文献。《集韵·沾韵》："搛，夹持也。"《字汇·手部》："搛，夹持也。"《汉语大字典·手部》："按：今人用筷子夹菜，亦谓搛菜。"《红楼梦》第四十一回："贾母笑道：'你把茄鲞搛些喂他。'凤姐儿听说，依言搛些茄鲞送入刘姥姥口中，因笑道：'你们天天吃茄子，也尝尝我们的茄子弄的可口不可口。'"

"搛"在今吴语、粤语、赣语中沿用，吴语中的"搛配""搛下饭""搛小菜""搛来吃""搛菜蔬"等词语的意义皆为夹菜，粤语中的"搛送"也是夹菜的意思。

落昫 [lo24kʰ3u22] 眼睛深陷、眼珠凹进眼眶（一般是生病、长期不进饮食等引起身体消瘦的表现）。如：那个伢儿反应才明显呢，跑（拉肚子）着一晚上肚子，眼睛就落昫着；那个老婆婆怕不行着哦，瘦得眼睛都落昫着；眼睛都落昫着，不敢再熬夜了。

"落昫"在古文献中以单音词"眍"的形式出现，与"昫"同，始见于上古文献。《康熙字典·目部》："昫，《埤苍》：'目深貌，或作晓眍。'"《字汇·目部》："眍，目深貌。"《类篇·目部》："眍，目深也。"《集韵·侯韵》："昫，晓昫，《埤苍》：'目深貌，或作晓眍。'""晓昫，目深貌。"元佚名《叨叨令过折桂令·驮背妓》："眼儿眍，鼻而凸，驱处走了猢狲怪。"《醒世恒言》卷一："萧雅一脸麻子，眼眍齿龅，好似飞天夜叉模样。"清醉月山人《狐狸缘全传》第四回："两个眼，往里眍，木儿耳相配着前廊后厦的奔娄。"

"落昫"在今西南官话中沿用，如四川成都有"连续几个晚上熬夜，熬得眼睛都落昫了"的说法。

硙 [ŋai35] 硙磨，使物细碎，使物粉碎，牛蹄赣语中有"硙墨""硙药""硙细"等常见词语。如：你把这几种药拿回去焙干，硙成面子，冲水喝，一天三顿；你把花椒、生姜合到一起，放到辣子砵砵里头硙几下，做调料；我给你己写对子，你给我打下手硙墨。

"硙"始见于上古文献。《说文·九下·石部》："硙，䃺（磨）也。"句中"磨"即研磨。《玉篇·石部》："硙，磨也。"古代字书、韵书中释"硙"为"磨"，其中"磨"兼有名词与动词两个意义：做名词时，指细物之器，即石磨；做动词时，指磨细、磨碎。《集韵·微韵》："硙，石磨。"《集韵·灰韵》："硙，磨也。"扬雄《太玄·疑》："阴阳相硙，物咸雕离。"宋衷注："物相切磨称硙。"《齐民要术·法酒》："大州白堕曲方饼法：谷二石，蒸两石，生一石，别硙之，令细，然后合和之也。"《资治通鉴》卷二百八十一："皆命发其骨，硙而飏之。"胡三省注："硙，礳也，今人谓之磨。"唐牛僧孺《玄怪录·杜子春》："于是镕铜、铁杖、碓捣、硙磨、火坑、镬汤、刀山、剑林之苦，无不备尝。"句中"硙"与"磨"构成同义连文。陆游《蜗庐》："有书懒读吾堪愧，睡起何妨自硙茶。"

"硙"在今西南官话、江淮官话、赣语中都有"硙磨""硙药"等常见词语。

剴 [ŋai35] 磨砺、磨刀，一般指在用刀的过程中，刀不锋利，来不及磨，只能应急式地在锅、水缸等器物边沿来回快速拉磨使其锋利，这样磨的刀赶不上在磨刀石上慢慢磨出来的刀耐用，只能应急。如：刀子实在切不动，就在锅沿上来回剴几下，先将就一下；菜刀太钝着，给我拿到缸沿上剴下；刀子还是要在磨刀石上磨，经常在锅边边上剴几下、缸边边上剴几下，刀子都整坏着。

"剴"指磨砺、磨刀，始见于上古文献。《说文·四下·刀部》："剴，一曰摩也。"《说文解字系传》："摩，通作磨。""摩，谓摩刀也。"段注："刀不利，于瓦石上刉之，剴、刉音义皆同也。"《玉篇·刀部》："剴，摩也。"《集韵·微韵》："剴，摩也。"《广雅·释诂三》："剴，磨也。"《易经·系辞上》："是故刚柔相剴，八卦相荡。"注曰："相硙切也。"

齾 [ŋɛ33] 磨牙，吃力地咀嚼，牛蹄赣语中有"齾牙齿""齾不动""慢慢齾"等常见词语。如：渠晚上一睏着就齾牙齿；我现在牙齿不行着，连苞谷花都齾不动着；渠牙齿早都不行着，吃么事嗽不动，只能慢慢齾。

"齾"见于上古早期文献，又作"齺"。《说文·二下·齿部》："齾，齺牙也。""齺，齿差也。"《说文通训定声·履部》："谓齿相磨切。"段注:"齼牙犹差齿也,引申为摩器之名。刀部曰:'剀,一曰摩。'皆于豈声知之。""齺"字下注曰:"谓齿相摩切也,齿与齿相切,必参差上下之。差即今磋磨字也。"《说文解字句读》:"段氏据《刀部》'剀',一曰摩也,从'豈'声,疑'齼'以磋摩之义,或是。"《说文解字句读》认为,"剀"与"齼"都从"豈",都有磋摩的意思,揭示了从"豈"之字的同源关系及同源意义。《字汇》《正字通》《集韵》皆注"齼"为"齺牙也"。

澄[tʂʰən33]使液体中的杂质沉淀,使液体变得清澈纯净。如:昨日才下的雨,今昼水井里的水有哨混,挑回来倒到水缸里澄一下才能用;药熬好,滗出来,再把药里头的渣渣澄一下才喝;你把甜酒澄一下,米就都沉到碗底下着。

"澄"在先秦文献中已经出现,历代文献都有用例。《说文·十一上·水部》:"澂,清也。"段注:"澂之言持也,持之而后清。《方言》曰:'澂,清也。'澂、澄古今字。"《类篇·水部》:"澄,……清浊分也。"《集韵·蹬韵》:"澄,清浊分也。"《礼记·礼运》:"玄酒在室,醴盏在户,粢醍在堂,澄酒在下。"《淮南子·精神训》:"肉凝而不食,酒澄而不饮。"《宝藏论:广照空有品第一》:"夫入道之径,内虚外净。如水凝澄,万象光映。其意不沈,其心不浮。不出不入,湛寂自如。"《昭明文选·碑文上二》:"叔度汪汪若万顷之陂,澄之不清,挠之不浊,不可量也。"《敦煌变文集·降魔变文》:"如来涅而不死,槃而不生;搅之不浊,澄之即清。"陆游《入蜀记》:"江水浑浊,每汲用,皆以杏仁澄之,过夕乃可饮。"《朱子语类》卷十七:"在圣贤,则如置在清水中,其辉光自然发见;在愚不肖者,如置在浊水中,须是澄去泥沙,则光方可见。"《金史》卷十一:"欲流之清,必澄其源。"

"澄"在今晋语、东北官话中有沉淀的意思。东北官话中的"澄浆土"指沉淀在河床底的淤泥,晋语中的"澄汤舀水"指稀饭上稀下稠的样子,其中的"澄"是沉淀之义。

忺［tɕʰien31］牵挂、惦念、想。如：你儿子走着半年着，你心里忺不忺咯；伢儿忺渠娘，一直哭；好久冇有吃苞谷糊着，还有啲忺。

"忺"属于古方俗词语。《康熙字典·心部》："忺，意所欲也。扬子《方言》：'青齐呼意所好为忺。'"《正字通·心部》："忺。《篇海》：'青齐呼意所好为忺。'又贪欲亦曰忺，皆方俗语也。一说从欠，音歉，意所欲未遂，会欠，义亦通。"南宋赵汝茪《梅花引》："对花时节不曾忺，见花残，任花残。小约帘栊，一面受春寒。"元曾瑞《斗鹌鹑·风情》："新人物冤家忺，早起无钱晚夕厌。"元贯云石《〔越调〕凭栏人·题情》："懒对菱花不欲拈，愁理晨妆不甚忺。"明刘兑《娇红记》："你愁得来不忺装扮，我害得来不思茶饭。"明孙仁孺《东郭记·为衣服》："朝来饮食都不忺，问刀环应也难占。""忺"在古文献中也作"欠"。《警世通言》卷二十四："爹爹！大娘欠你，送辣面与你吃。""我心上也欠挂着玉姐，所以急急而来。"句中"欠"与"挂"同义连文。

"忺"在中原官话、湘语、赣语、西南官话、江淮官话、吴语等方言中沿用，方言又作"欠"。《蜀方言》："心有所恋曰忺。"1930年《嘉定县续志》："忺，言意所欲也。"西南官话中的"忺挂"属于同义连文构词，意思是挂念、想念。徐嘉瑞《金元戏曲方言考·补遗》："昆明俗语，挂念人曰'忺挂'，谢人存问曰'谢谢你忺挂'。"

砑［ŋa33］碾压、挤压。如：渠的手砑到磨子里去着，差一啲砑绒（细碎）着；关门的时候，渠的手指拇子砑到门缝子里，砑得极乌；渠的脚不小心砑到门缝缝里去着。

"砑"始见于中古文献。《字汇》《正字通》《类篇》《集韵》皆释"砑"为"碾也"。《广韵·祃韵》："砑，碾砑。"郑廷玉《布袋和尚忍字记》第二折："我将这稀刺刺斑竹帘儿下，俺这里人静悄不喧哗，那堪独扇门儿砑。"明方以智《物理小识·饮食类·菠稜》："种时须砑开其子，浸胀，过月朔乃生。"《西游记》第七十四回："往山南一滚，滚杀五千；山北一滚，滚杀五千；从东往西一滚，只怕四五万砑做肉泥烂酱。"清李调元《南越笔记》卷十三："广中产漆,售行他省,皆称广漆。粤中工人制造几、匣、器皿,无不精雅。髹器中,磨研最细者,退光为上次之。"句中"磨"与"研"意义相关,都指制造器具时的打磨工序。

"研"在今江淮官话、西南官话、吴语、湘语、赣语、客家话中有"研成末子""研成粉""研棉花""研胡椒""研面机""研平""研车"等词语。

掁［tən31］用力拉、拉紧、牵引。如:你帮忙把绳子再掁一下;捆柴的绳子冇掁紧,背到走一下就要散;渠在窗子外头安空调,你在屋里要把保险绳掁到。

"掁"在中古文献中广泛使用,属于古吴语方言词。《字汇·手部》:"掁,急引也。"《正字通·手部》:"《广韵》:'急引也。'……吴楚俗谓牵引前却为掁格。"《玉篇·手部》:"掁,挽也。"《集韵·很韵》:"掁,牵也。"《康熙字典·手部》:"掁,急引也。"《广雅疏证》:"掁,引也。"《汉书·灌夫传》:"魏其侯失势,亦欲倚夫引绳排掁生平慕之后弃之者。"颜师古注:"今吴楚俗犹谓牵引前却为掁格也。"

"掁"在今江淮官话、粤语、客家话、中原官话、西南官话等方言中沿用,常见词语有"掁住"。清光绪十二年《泰兴县志》:"掁,引也。"

菢［pʰau33］鸟禽孵卵。如:你莫去逮鸡崽崽,小心菢母鸡啄你;屋后头的鸦鹊菢着一窠鸦鹊儿;渠爹埋的那个地方是个好地方,是个天鹅菢蛋的地形。

由于方言音转,"菢"是"孚"的后期分化字,属于古方言词。《说文·三下·爪部》:"孚,卵孚也。"《蕲春语》:"后出字为孵,为菢。《广韵》上平声十虞:'孵,卵化;芳无切。'玄应《成实论音义》引《通俗文》:'鸡伏卵,北燕谓之菢。'《广韵》去声三十七号:'菢,鸟伏卵。薄报切。'今吾乡谓鸟伏卵曰'菢',正同《广韵》音。亦曰'匍',读若捕,皆一声之转也。"《字汇》《正字通》《玉篇》《广韵》等皆释"菢"为"鸟孵卵"。《汉语大字典·艹部》:"唐玄应《一切经音义》卷五引《方言》:'北燕、洌水之间谓伏鸡曰菢。'"韩愈《荐士》:"鹤翎不天生,变化在啄菢。"《农政全书·牧养·六畜》:"养鸡不菢法:母鸡下卵时,日逐食内夹以麻子喂之,则常生卵不菢。"

"菢"在今方言中广泛使用,粤语中有"菢斗"(雌鸡孵卵)、"菢犊",闽语中有"菢卵",西南官话中有"菢蛋""菢鸡婆",赣语中有"菢鸡子",中原官话中有"菢鸡仔""菢鸡娃""菢鸡婆",江淮官话中有"菢母鸡",湘语中有"菢鸡崽子",等等词语,谚语"鸡菢鸡二十一,鸭菢鸭二十八"在各方言区广泛流传。四川民歌《投靠红军能出头》:"胆大骑龙又骑虎,胆小只骑菢母鸡。"

过房[ko31faŋ35]无子嗣而以兄弟或同宗兄弟之子为后嗣,也可以指以异姓之子为子,还可以指把自己的儿子送给别人做儿子,即过继。如:渠脚下无嗣,渠的儿子是过房的;过去各人有得儿子,从兄弟那里过房个儿子是很正常的;渠本来有五个儿子,过房过出去着两个。

"过房"始见于隋唐文献,后历代文献中都有用例。北宋欧阳修《答曾舍人书》之二:"父子三纲,人道之大,学者久废而不讲。缙绅士大夫安于习见,闾阎俚巷过房养子、乞丐异姓之类,遂欲讳其父母。"《大元圣政国朝典章·户部·家财》:"周桂发本无嗣,将嫡侄周自思自幼过房为子。"武汉臣《玉壶春》第一折:"他自身姓张,幼小间过房与我做义女,如今十八岁了,诗词歌赋,针指女工,无不通晓,生得十分大有颜色。"《初刻拍案惊奇》卷三十五:"周秀才道:'小生本处人氏,姓周名荣祖,因家业凋零,无钱使用,将自己亲儿情愿过房与人为子。先生你敢是要么?'"《三国演义》第七回:"坚又过房俞氏一子,名韶,字公礼。"《水浒传》第二十一回:"只因我两口儿无人养老,因此不过房与他。"《老残游记》第十八回:"问:'是死者贾志的亲生,还是承继?'答称:'本是嫡堂的侄儿,过房承继的。'"

"过房"在今东北官话、北京官话、冀鲁官话、胶辽官话、晋语、西南官话、吴语、闽语等方言中沿用。1936年《寿光县志》:"出继入继曰过房。"1931年《胶志》:"嗣族人者曰过房,亦曰过继。"1935年《云阳县志》:"兄弟之子为后曰过房。"

睖［ŋa22］（眼睛）张开、睁开。如：你把眼睛睖开，我给你看一下，么样好像你眼睛仁仁上有血丝；屋里烟子把人眼睛都熏得睖不开；几天一直昏迷不醒的，眼睛都冇睖过一下。

"睖"本义指眼角边，中古引申指睁眼，即举目。《类篇·目部》："睖，一曰举目也。"《集韵·佳韵》："睖，举目也。"《玉篇·目部》："睖，裂也。"《广雅·释诂二》："睖，裂也。"唐戴孚《广异记·燕凤祥》："呼其侣数百头，悉从隙中入，皆长二尺余，著豹皮犊鼻裈，鼓唇睖目，貌甚丑恶。"明袁宏道《殇政·六之侯》："饮流以目睖者为狂花，目睡者为病叶。"

㧐［soŋ55］瞬间发力向外推。如：渠酒喝醉着，你莫故意一拉一㧐的，一下就把渠摇呕着；渠两个人搞么经，推推㧐㧐的，好像要打起来着；你慢慢挡，莫使劲猛然一㧐，那样容易滚（摔倒）。

"㧐"见于中古文献，又作"㧐"。《集韵·肿韵》："㧐，推也。"《字汇·手部》："㧐，推也。"《正字通·手部》："㧐，俗㧐字。《六书故》：㧐，作揀、㧐，旧注'鬆'上声，推也。"《集韵·董韵》："㧐，推也。"罗贯中、冯梦龙《平妖传》第四回："一头说，一头帮着老管家，将手劈㧐那婆子。那婆子发赖起来，大叫一声，把拐杖抛在一边，蓦然倒地。"《醒世恒言》卷一："你一推，我一㧐，㧐他出了大门。"《二刻拍案惊奇》卷二："便叫两个徒弟，把小道人㧐了出来，不容观看。"

"㧐"在今东北官话、北京官话、中原官话、客家话、冀鲁官话、胶辽官话、江淮官话、西南官话、吴语、湘语、赣语、粤语、闽语等各大方言中仍然沿用，在方言志书中多作"㧐"，古旧地方志书中往往有收录。1928年《胶澳志》："推人曰㧐。"1936年《牟平县志》："推送曰㧐。"1935年《麻城县志续编》："推之曰㧐。"《蜀语》："推之曰㧐。"《蜀方言》："以手前推曰㧐曰攮。"清光绪二十一年《徐州府志》："推之曰㧐，音耸。"《里语徵实》："推之曰㧐。"

"㧐"在古文献和现代方言中，都是"㧐"与"㧐"并用，古字书、韵书中多作"搸",少作"抋",方言文献中也是"搸"多"抋"少,从汉语词语形、音、义统一原则,当统一为"搸"。

扽 [tʰən31] 突然发力猛拉使伸直、平整或均匀。如:绳子冇有扯直,你把那一头拉到扽一下;铺盖单子(床单)冇有铺平,你把两个角角扯到扽一下,扽抻;几根绳子长短不一样,你把渠拉到扽匀,让几根绳子均匀受力。

"扽"见于上古文献,古字也作"顿",后分化字作"扽"。《字汇·手部》:"扽,音顿,引也、撼也。"《类篇·手部》:"扽,引也。"《广韵·恩韵》:"扽,撼扽。"《广雅·释诂一》:"扽,引也。"《广雅疏证》:"扽……古通作'顿'。《荀子·劝学篇》云:'若挈裘领,诎五指而顿之,顺者不可胜数也。'杨倞注云:'顿,挈也。'案:顿者振引也,言挈裘领者,诎五指而振引之,则全裘之毛皆顺也。……今江、淮间犹谓引绳曰'顿'矣。"三国曹丕《校猎赋》:"扽冲天之素旍兮,靡格泽之修旖。"

噍 [tɕʰiau33] 咀嚼,多指用臼齿用力多次咀嚼。如:这个苞谷花好硬啊,噍都噍不动;渠一天话多得要死,就跟噍腮帮子样的;现在牙齿也不行着,锅巴也噍不动着。

"噍"在上古文献中常见。《说文·二下·齿部》:"噍:齧也。"段注:"古噍、嚼同部同音。"《玉篇·口部》:"噍,嚼也。"《集韵·笑韵》:"噍,齧也,或作嚼。"《礼记·少仪》:"燕侍食于君子,则先饭而后已。毋放饭,毋流歠。小饭而亟之,数噍,毋为口容。"孔颖达疏曰:"数噍,数数嚼之,不得弄口以为容。"陆德明释文:"噍,字又作嚼。"《荀子·荣辱》:"今是人之口腹,安知礼义?安知辞让?安知廉耻隅积?亦呥呥而噍,乡乡而饱已矣。"杨倞注:"噍,嚼也。"《史记·司马相如列传》:"呼吸沆瀣餐朝霞,噍咀芝英兮叽琼华。"《论衡·道虚》:"故形上有口齿,形下有孔窍。口齿以噍食,孔窍以注泻。"

今赣语、西南官话、客家话等方言中有"噍蛆"(胡扯,骂人的话)、"噍不动"、"噍舌头"(瞎说,骂人的话)、"噍唔烂"(嚼不动)、"噍唔郁"等惯用词语。

煁 [ɕin31] 烧炙、烧热、炙烤，一般指用文火慢慢烧炙、焖、烤或非直射太阳的烘烤。如：锅里的饭已经干水着，把明火熄脱再在锅里煁一下，饭香些；你把冷蒸苕放到火边上煁到，过一下就热着；外头红火大太阳的，你坐到太阳跟前煁人子。

"煁"始见于上古早期文献。《字汇·火部》："煁，炙也。"《正字通·火部》："煁，火气薄炙也。"《龙龛手鉴·火部》："煁，火气也。"《集韵·煁韵》："煁，炙也；一曰热也。"《左传·昭公十八年》："商成公儆司宫，出旧宫人，置诸火所不及。司马、司寇列居火道，行火所煁。"杜预注："煁，炙也。"孔疏："行火所炙。"杜甫《火》："势俗焚昆仑，光弥煁洲渚。"《金史》卷十三："阁南刹竿下石罅中火自出，人近之即灭，俄复出，如是者复旬日，中都火煁民居。"《农政全书·制造·营室》："通用法制灰泥朽墁之，务要匀厚固密，勿有罅隙，可免焚煁之患，名曰'法制长生物'。"南宋范成大《大热泊乐温有怀商卿德称》："瘴风如火煁，岚月似烟昏。"

"煁"在今西南官话、江淮官话、湘语、赣语中沿用。江淮官话中有"煁饭"，西南官话中有"小心不要把饭煁糊了""把湿鞋放到火边煁一下"，湘语中有"把饭煁热"，赣语中有"煁粑"，等等用例。

渥 [Øuo214] 把东西密封存放一定的时间使之更加润泽或使之发酵变得醇厚。如：把面接好着用个湿布布盖到渥一阵，吃起来味道好一些；把苞谷煮好晾冷，把酒酿子拌进去，渥六七天酒就来着，就能烤着；夏天做酸菜，渥两三天就行着。以上句中"渥"使东西润泽或发酵，是人有意为之，是人为想得到的结果。"渥"在牛蹄赣语中还可以指沤泡、浸泡，即潮湿的东西长时间沤泡、浸泡变腐、变臭，这个意义往往不是有意为之，甚至不是想要的结果。如：前几天下雨弄湿的衣裳冇有及时洗，也忘记晾干，今昼拿起来一闻，都渥臭着；阳沟后头一堆柴泡到水坑坑里，哈渥烂着。

"渥"始见于上古文献，又作"浽"。《说文·十一上·水部》："渥，沾也。"段注："《小雅》：'既优既渥。'《考工记》：'欲其柔滑而腥脂之。'注：腥，读如沾渥之渥。按'渥'之言厚也，濡之深厚也。《邶风》传曰：'渥，厚渍也。'"《字汇·水部》："渥，与'沤'同。"《类篇·水部》："渥，久渍也，'沤'或作'渥'。"《集韵·侯韵》："沤，渥，《说文》：'久渍也。'或作渥。"《广雅·释诂二》："渥，久渍也。"《周礼·冬官·考工记》："湅帛，以栏为灰，渥淳其帛，实诸泽器，淫之以蜃。"陆德明释文："渥，与'沤'同。"《墨子·杂守》："重五斤已上诸林木，渥水中，无过一茇。"孙怡让注："渥，久渍也。""渥"，也可作"㳆"。《类篇·水部》："㳆，沤也。"《集韵·侯韵》："㳆，沤也。"《周礼·冬官·考工记》："慌氏湅丝，以涗水沤其丝，七日，去地尺，暴之。"郑玄注："'沤'，渐也。楚人曰'沤'，齐人曰'㳆'。"

今中原官话中有"渥面"，西南官话中有"渥粪""渥酸菜"，等等词语。

倩 [tɕʰiaŋ22] 借，暂时借用别人的财物，等等。如：这两天手头宽裕啵，给我倩啲钱应个急；平时不讲信用，到紧急的时候倩借无门；渠那个人冇得良心，你最好莫把钱倩给渠。

"倩"始见于上古文献，属于方俗词汇，后历代字书、辞书都有收录。《方言》："倩，借也。"《类篇·人部》："倩，假也。""假"即借。《正字通·人部》："倩，凡假代既暂雇使令亦曰倩。"《龙龛手鉴·人部》："倩，借也。"《玉篇·人部》："倩，假倩也。""假倩"即假借。《集韵·劲韵》："倩，假也。"《慧琳音义》卷十五："假借他人力，名为借倩。"句中"借"与"倩"同义连文。《史记·滑稽列传》："乳母上书曰：'某所有公田，愿得假倩之。'"句中"假"与"倩"同义连文。《梁书·王筠传》："余经及《周官》《仪礼》《国语》《尔雅》《山海经》《本草》并再钞，子史诸集皆一遍，未尝倩人假手，并躬自抄录，大小百余卷，不足传之好事，盖以备遗忘而已。"句中"倩"与"假"前后对文同义。《警世通言》卷三十二："次早，择了出行吉日，雇倩轿马停当。"句中"雇倩"即租借。《醒世恒言》卷三十五："那牛马每年耕种雇倩，不过有得数两利息，还要赔个人去喂养跟随。"《清史稿》卷一一二："初考职例行，各省监生或惮远道跋涉，或因文理不通，多倩代顶冒者。"句中"倩代"即借人替代。《资治通鉴》卷二百九十一："倩人书者，必书所倩姓名、居处。"

"倩"在今西南官话、徽语、闽语中都有用例。《蜀语》："假借曰倩。"徽语中把"雇人"（做事）说成"倩人"，闽语中把"雇工"叫作"倩工"，把"佣工""仆人"叫作"倩的"，其中的"倩"都还保留着借、租借之义。

漉［lзu214］用器皿或手从水中捞取东西。如：你把洗好的衣裳从盆里漉起来眼到晒衣杆上嘛；用笊篱子把磨缸里洗的洋芋漉起来；渠甩着一个雷管到乌滩（河沟深潭）里，炸死的鱼一下漂起来，直管往起漉啊！

"漉"始见于上古早期文献，后历代沿用。《说文·十一上·水部》："漉，浚也。""浚，抒也。"段注："抒者，挹也，取诸水中也。"《广雅疏证》："谓漉取之也。"《字汇·水部》："漉，捞也。"《礼记·月令》："是月也，毋竭川泽，毋漉陂池，毋焚山林。"《淮南子·时则训》："毋竭川泽，毋漉陂池，毋焚山林，毋作大事，以妨农功。"元稹《江边四十韵》："池清漉螃蟹，瓜蠹拾蟹螯。"曹植《七步诗》："煮豆持作羹，漉豉以为汁。"刘禹锡《浪淘沙》："千淘万漉虽辛苦，吹尽黄沙始到金。"清钱泳《履园丛话·收藏·五代》："又岸上渔人布网漉鱼者，盖取谢宣城诗'洞庭张乐地，潇湘帝子游'二语以为境耳。"

"漉"指捞取，在今方言中广泛使用。江淮官话区有"东西掉到河里漉不到了"，西南官话中有"在沟里漉了半天没有漉到东西"，湘语中有"把菜从缸里漉起来"，闽语中有"漉面""漉饭"，等等用法。

让［ʐaŋ55］责备、责骂、训斥。如：你把屋里整得乱七八糟，还不赶紧收拾，小心妈回来让你；渠今昼上课说话，叫老师狠狠地让着一顿；你不听话，小心挨让。

"让"表示责备、责骂、训斥，历代文献沿用，应用广泛。《说文·三上·言部》："让，相责让。"《正字通·言部》："让，相责也。"《玉篇·言部》:"让,责让。"《广韵·漾韵》:"让,责让。"《周礼·地官·司徒》:"司救掌万民之邪恶过失而诛让之,以礼防禁而救之。"句中"诛"与"让"同义连文,早期"诛"也有谴责、责备之义。《左传·僖公二十四年》:"寺人披请见,公使让之,且辞焉。"《史记·齐太公世家》:"桓公下车则死矣。鲁人以为让,而齐襄公杀彭生以谢鲁。"司马贞索隐:"让,犹责也。"《汉书·韩彭英卢吴传》:"梁王称病,使使将兵诣邯郸。高帝怒,使人让梁王。"颜师古注:"让,责也。"《晋书·列传第七·安平献王孚》:"不可以嫌疑责让,恐伤怀远之义。"句中"责"与"让"同义。《聊斋志异·仇大娘》:"岳父母诮让良切,大娘叱使长跪,然后请见姜女。"句中"诮"与"让"同义连文,都指责备。

"让"在中原官话、晋语、江淮官话、西南官话中一直沿用。清李绿园《歧路灯》第十九回:"你隆吉哥来,我还要让他哩。"清光绪九年《文水县志》:"责人曰数说,一曰让。"《广新方言》:"(江苏)泰州谓诃责小儿曰让。"

《现代汉语词典》注"嚷"为"〈方〉责备、训斥",即"嚷"在方言中有责备、训斥义。按照古文献语例,现代方言中的"嚷"的责备、训斥的本字当记作"让"。

剨[tʂʰʅ214]刨开、划开,即一般用剪刀等刀具通过划的方式使物破开。如:我用剪子把那一截布剨成着两截;把鸡食包剨开,把里头的东西倒脱,再把鸡食包洗干净;一剪子就把鱼肚子剨开着。

"剨"指刨开、划开,始见于中古文献。《字汇·刀部》:"剨,伤皮也。"《类篇·刀部》:"创也。"《玉篇·刀部》:"剨,创皮也。"明宋应星《天工开物·膏液·法具》:"以宛凿入中,削圆上下,下沿凿一小孔,剨一小槽。"

"剨"在今江南官话、西南官话、冀鲁官话中主要指破鱼,比牛蹄赣语中词义单一,但是词义所指的动作性质是相同的。1925年《威县志》:"破鱼曰剨。"《蜀语》:"破鱼曰剨。"

熛［pʰiau55］火苗掠烧，即与迸飞的火苗瞬间接触并受到轻度燎烧。如：才将风一吹，把火苗子吹到渠那个方向把渠头发熛脱着一哨；你坐的那里正对到风头上的，火苗子熛人；把鸡烫（杀鸡时去毛、内脏等环节叫"烫"）好以后，用火把鸡身上的酰毛子熛一下。

"熛"指火苗掠烧，始见于上古文献，后历代沿用。《说文·十上·火部》："熛，火飞也。"段注："玄应引《三仓》云：'熛，迸火也。'"《龙龛手鉴·火部》："熛，火星飞也。"《玉篇·火部》："熛，火飞也。"《广韵·宵韵》："熛，飞火。"以上文献中把"熛"释为火飞、飞火、迸火等，意义基本相通，借指飞火燎烧。战国吕不韦《吕氏春秋·慎小》："巨防容蝼，而漂邑杀人；突泄一熛，而焚宫烧积。"左思《吴都赋》："钲鼓叠山，火烈熛林。飞焰浮烟，载霞载阴。"唐贯休《寄静林别墅胡进士兄弟》："烧熛汀岛境，月色弟兄吟。"《新唐书·高丽传》："会南风急，士纵火焚西南，熛延城中，屋几尽，人死于燎者万余。"

"熛"在今西南官话中普遍沿用。四川成都歇后语："火熛竹林盘——一片光棍。"刘建成、杨镜吾、胡廉泉《大众川菜》："有的地区，带皮猪肉使用前，还要将肉皮用火熛，待熛至皮呈棕黄色时，再行刮洗。"

趖［so22］牛蹄赣语中保留了"趖"的两个意义。

一是滑行，多指坐在地上或蹲下身子滑行，也可以指别的东西从高处往低处滑下。如：那个伢儿一天时刻坐在地上趖，冇得几天就把裤子趖烂着；那个坡太陡着，根本不敢抬脚，只好跹到（蹲下）往下趖；那个大石头是从那个石岩上趖下来的。

二是悄悄地溜走。如：正在开会的时候，渠悄悄地趖走着；你就在这里等一下，莫一下趖到跑脱着。

"趖"始见于上古文献。《说文·二上·走部》："趖，走意。"句中"走意"当为"走貌"之误，即行走的样子。从字形结构看，"趖"属于形声兼会意，从走坐声，坐又兼表走的状态，即坐在地上或蹲下行走。《龙龛手鉴·走部》："趖，趖疾也。"《玉篇·走部》："趖，走貌。"陈志岁《载敬堂集·江南靖士诗稿·玉甑岩》:"不信君趀西岭望,到今蒸汽入云岚。"

"趀"主要在今西南官话、闽语中沿用。贵州、云南的一些地方把儿童滑梯叫"趀""趀板"。《昭通方言疏证·释人》:"今昭人谓徐行或隐行曰趀。"句中"隐行",即悄悄溜走。

瘯 [tɕiɜu31] 缩、收缩,多指人或动物身体受寒和受到突然刺激而产生的身体反应。如:天冷的时候,你莫瘯头瘯脑的,越瘯越冷;屋后头有一个猫儿瘯到那里;这种虫虫,你把渠身上哪里一碰,渠一下瘯到一坨。

"瘯"指缩、收缩,始见于中古文献。《字汇》《玉篇》《集韵》:"瘯,缩也。"《广韵·宥韵》:"瘯,缩小。"《广雅·释诂三》:"瘯,缩也。"王念孙疏证:"今俗语犹谓物不伸曰瘯矣。"《酉阳杂俎》卷十七:"蚌当雷声则瘯。"

今西南官话中形容人特别矮叫"矮瘯瘯",中原官话中把人缩着脖子叫"瘯头爽脑"。

噇 [tʰoŋ22] 詈语,无节制、无形象地大口吃喝。如:渠硬是噇衣禄样的,一顿噇几碗;渠一顿噇的饭,我已要吃几天;渠噇饭噇得饿捞得,噇得满嘴巴都是油。

"噇"在古文献中或作"饈",属于民间俗字,始见于中古文献。《正字通·口部》:"噇,俗字。"《龙龛手鉴·口部》:"噇,俗幢、童二音,又赤勇反。"可见,"噇"在古代有 [tʂɥaŋ31] [tʰoŋ22] 二音。《字汇·口部》:"噇,同饈。"《字汇·食部》:"饈,食无廉也。《广韵》:'吃貌。'"《类篇·口部》:"噇,食无廉也。"《广韵·江韵》:"噇,吃貌。"《集韵·江韵》:"饈、噇,食无廉也,或从口。"唐寒山《寒山诗集·不行真正道》:"背后噇鱼肉,人前念佛陀。"《朝野佥载》卷五:"将一楪馈饼与之曰:'噇却!作个饱死鬼去。'都督从此舍之。"北宋惠洪《禅林僧宝传》卷二:"是汝每日把钵盂噇饭,唤什么作饭!"《水浒传》第四回:"鲁智深看看来到山门下,两个门子远远地望见,擒着竹篦来到山门下,拦住鲁智深便喝道:'你是佛家弟子,如何噇得烂醉了上山来!'"

《儒林外史》第十一回："老六已是噇得烂醉了，问道：'老叔，叫我做甚么？'"《景德传灯录》卷十九："体你屋里老邪老娘噇却饭了，只管说梦，便道我会佛法了也。"

"噇"在今中原官话、江淮官话、西南官话、赣语、闽语等方言中广泛沿用，有"噇饭""噇牢食""噇酒""噇食""噇倒头""噇脖子""快噇"等词语，都含有詈骂语义。

㧬 [tsʰ3u22] 在牛蹄赣语中，"㧬"有三个意义，并且三个意义之间具有内在的相互引申关系。

其一指用手向上推举，由具体的向上推举可引申指抽象的推举。如：那个老汉滚脱着（摔跤），你把渠㧬起来嘛；渠在说话的时候，时常把眼镜子往上㧬一㧬；渠目前是最困难的时候，需要有人把渠㧬一把，帮渠过着这个难关。

其二指扶、搀扶。如：渠一啲力气都有得，坐不稳，你把渠㧬到坐到；把楼梯㧬倒，莫叫倒脱着；渠踩到一摘，不是我㧬渠一把，渠就滚到岩底下去着。

其三指推、推翻。如：我站到渠前头，渠在后头一㧬，差一啲把我㧬滚着；把桌子都㧬倒；墙倒众人㧬。

"㧬"在古文献中的意义以扶、搀扶为主。《康熙字典·手部》："㧬，持也。"《集韵·有韵》："㧬，持也。"句中"持"即扶持。明沈榜《宛署杂记·民风·方言》："扶曰㧬。"元杨梓《敬德不伏老》第三折："你便恼番了尉迟，性起，一双手㧬住他头髻，纵虎躯轻舒猿臂，我便革支支挣得你分碎，一会儿教你死。"《金瓶梅》第二十一回："这个李大姐，只相个瞎子，行动一磨趄子就倒了。我㧬你去，倒把我一只脚蹀在雪里。"句中"㧬"为扶持之义。《绿野仙踪》第八十四回："说着，拉不住的叩下头去，慌的庞氏扶㧬不迭。"句中"㧬"与"扶"同义。《西游记》第四十回："行者大惊，走近前，把唐僧㧬着脚，推下马来。"《醒世姻缘传》第四回："珍哥此时腹胀更觉好了许多，下面觉得似小解光景，㧬扶起来，坐在净桶上面，夹尿夹血下了有四五升。"

"挡"的三个意义在今东北官话、北京官话、冀鲁官话、胶辽官话、中原官话、晋语、兰银官话、江淮官话、西南官话、赣语、粤语等方言中都广泛沿用。四川俗语:"头天当神,二天当人,三天当鬼,四天就挡你下水。"今西南官话中有"挡抬""挡起""挡捧",冀鲁官话中有"挡扶",中原官话中有"挡着",湘语中有"挡屁股",等等词语,都保留了"挡"的扶持、托举等意思。

揎[ʂʯæn22]使出全身力量推,"挡"也有推义,但是"揎"与"挡"是有差异的:"揎"指依靠全身力量,往往身体由于用力的需要向所推揎的物体倾斜,"挡"往往只是用手或加上手臂的力量推,即"挡"用力小,"揎"用力大。如:这个石头太重着,我已一起往下揎;渠已几个人一起把一面墙揎倒着;车子陷到烂泥坑着,找几个人帮忙揎一下。

"揎"指推,属于方言词汇,始见于中古文献。《正字通·手部》:"揎,或是揎攮之意。"句中"攮"即推。《说文·十二上·手部》:"揎攮,推也。"句中"揎攮"即推揎。《敦煌变文集·燕子赋》:"男儿丈夫,事有错误,脊被揎破,更何怕惧。"《文明小史》第十三回:"怕的是谣言太多,内而政府,外而同寅,不晓得要排揎我到那步田地?"句中"排"与"揎"都是推义,同义连文。

"揎"在今中原官话、西南官话、湘语、赣语中沿用,有"揎倒""莫揎""揎……"等词语。

屙[Øuo22]排泄。如:渠啊是屙不出屎来怪茅厕;那个伢儿么事东西吃得不对啊,有哟屙痢疾;渠硬是酒喝很(过度)着,喝得屙血。

"屙"指排泄,始见于中古文献。《正字通》《字汇》《康熙字典》等皆释"屙"为"上厕也"。《龙龛手鉴·尸部》:"屙,大便也。""屙"为方言俗语,《广韵》《集韵》等韵书都未收录。南宋赜藏主《古尊宿语录》卷四:"道流,佛法无用功处,只是平常无事,屙屎送尿,著衣吃饭,困来即卧。"《五灯会元》卷第十九:"悟呵云:'本是净地,屙屎作么?'"《金瓶梅》第三十二回:"常言道:'养儿不要屙金溺银,只要见景生情。'"句中"屙"与"溺"（尿）义近相关。《儒林外史》第四回："才出得县衙，那鸡屁股里嘟喇的一声，屙出一泡稀屎来，从头颅上淌到鼻子上，胡子沾成一片，两边看的人都笑。"

"屙"在今北京官话、中原官话、晋语、江淮官话、西南官话、徽语、湘语、粤语等方言中都有沿用，常见的词语有"屙屎""屙尿""屙血""屙屁屁""屙痢""屙到＋（处所词语）"等。

齁［xɜu22］指呼吸道有痰、发炎、异物堵塞或呼吸困难等情况下的呼吸声，可以指人，也可以指动物，用于人时，多指哮喘。如：那个伢儿有啲齁，培治（治疗）一下；渠一路来是个齁包子，又不是才得的病；那个鸡子在哪里吃着痨药（毒药），扎齁着，快不行（要死）着啦。

"齁"在上古文献中就已经出现。《字汇·鼻部》："齁，齁䶎，鼻息也。"《正字通·鼻部》："齁，吼平声，齁谓鼻息大声。"《玉篇·鼻部》："齁，鼽齁。""鼽"同"䶎"，"鼽齁"与"齁䶎"意义相同，即鼻息大声。《集韵·侯韵》："齁，齁䶎，鼻息。"东汉王延寿《王孙赋》："鼻䶎齁以䶎鼽，耳聿役以适知。"章樵注："䶎、齁、䶎、鼽，皆鼻息声。"苏轼《欧阳晦夫惠琴枕》："孤鸾别鹄谁复闻，鼻息齁齁自成曲。"元刘时中《红绣鞋·歌姬米氏小字耍耍》："卧在被单学打令，坐着豆枕演提齁。"《水浒传》第二十六回："看那土兵时，齁齁的却似死人一般挺着。"《聊斋志异·孙生》："一夜孙卧移时，视妻犹寂坐，孙故作齁声，妻乃下榻，取酒煨炉上。"《札朴·乡里旧闻》："鼻息曰齁。"

"齁"在今胶辽官话、江淮官话、西南官话、吴语中都有沿用。《蜀籁》："齁，哮喘声。"江苏淮阴方言有"齁得气都喘不过来"，四川成都方言有"老王齁得直不起腰"，等等说法。

鼾［xæn22］睡觉时粗重的呼吸，俗称"呼噜"。打鼾，即打呼噜。如：渠一睏着就打鼾；渠那个打鼾的声气跟打雷样的，别人跟渠睏瞌睡根本睏不着。

"鼾"在上古文献中已广泛使用，《说文》中已收录。《说文·四上·鼻部》:"鼾,卧息也。"段注:"息,鼻息也。"《字汇·鼻部》:"鼾,睡卧息也。"《正字通·鼻部》:"鼾,卧息粗也。"《龙龛手鉴·鼻部》:"鼾,眠中有声也。"《广韵·寒韵》:"鼾,卧气激声。"张仲景《伤寒论·辨温病脉证》:"风温为病,脉阴阳俱浮,自汗出,身重多眠睡,鼻息必鼾,语言难出。"《南史·梁纪下·元帝》:"(帝)常眠熟大鼾,左右有睡,读失次第,或偷卷度纸,帝必惊觉,更令追读,加以檟楚。"《资治通鉴》卷二百六十九:"众犹疑惧,可求阖户而寝,鼾息闻于外,府中稍安。"《续资治通鉴》卷三百一十三:"尝夜卧军帐中,前部遇敌,矢石交下,呼声振山谷,侍旁者往往股栗,而韶鼾息自若。"

"鼾"在今湘语、闽语、晋语、吴语等方言中仍然沿用。闽语中的"鼾眠""鼾瞑""鼾鼾吼""鼾鼾睏",晋语中的"鼾鼱",都是打呼噜之义。

皴[tsʰən22]皮肤因受冻而坼裂。如:冬天早上热水洗脸,一定要抹啲护肤品,不是的话出去风一吹,手、脸都要皴;今年冬天还热和,我的手、脸一啲都冇皴;渠的手皴得跟树皮一样的。

"皴"始见于上古文献。《说文·三下·皮部》:"皴,皮细起也。"《类篇·皮部》:"皴,皵也。"句中"皵"即粗糙坼裂。《齐民要术·种红蓝花、栀子》:"夜煮细糠汤净洗面,拭干,以药涂之,令手软滑,冬不皴。"《南史·梁本纪中·武帝下》:"每冬月四更竟,即敕把烛看事,执笔触寒,手为皴裂。"句中"皴"与"裂"同义连文。唐薛逢《老去也》:"朝巾暮栉不自省,老皮皴皱文纵横。"《聊斋志异·云翠仙》:"初近我,熏熏作汗腥,肤垢欲倾塌,足手皴一寸厚,使人终夜恶。"

"皴"在今东北官话、北京官话、冀鲁官话、胶辽官话、中原官话、江淮官话、西南官话、吴语等方言中都有沿用。《新方言·释形体》:"浙江谓中寒肿核者为冻瘃。……《埤苍》曰皴,皮皴皵也。……江、浙皆谓天寒皮坼为'皴'。"1925年《威县志》:"皮裂曰皴。"1935年《麻城县志续编》:"皮裂曰皴,音村。"1935年《云阳县志》:"皮裂曰皴。"1930年《嘉定县续志》:"皴,俗谓皮肤不润也。"清嘉庆十三年《如皋县志》:"皴皮,肉冻裂也。"《甬谚名谓籀记》："皱,皮细起也。俗称皱坼。"1915年《象山县志》："皮细裂曰皱皴。"

悄[sau22] 捆绑、捆缚,一般指捆绑体积比较大的物件且不需要捆绑得过于结实或紧实。如：你把陪嫁（嫁妆）箱子上头的铺盖再横到悄一遍,免得走路上掉脱着；你一背篓柴太多着,要多悄几道,免得路上抖散着；苞谷秆不重,路又近便,稍微悄一下就背回去着。

"悄"指捆缚,始见于中古文献。《字汇·巾部》："悄,缚。"《类篇·巾部》："悄,缚也。"《广韵·笑韵》："悄,悄缚。"《集韵·笑韵》："悄,缚也。"

"悄"在今吴语中仍然沿用。1930年《嘉定县续志》："俗言紧缚曰悄。"清翟灏《通俗编·杂字》："《越语肯綮录》：'缚物为绞,悄,音峭。'"

薅[xau22] 除去农田里的杂草,牛蹄赣语中把除草称作"薅草"。如：地里的麦子都叫草捂严着,赶紧薅一下；今昼喊着几个活路（雇工）薅苞谷草；现在种庄稼不需要薅草,除草剂一洒就行着,地里一咧草都不长。

"薅"始见于上古早期文献,历代都有沿用。《说文·一下·艸部》："薅,拔去田草也。"段注："大徐作'拔去田草',《众经音义》作'除田草',《经典释文》《玉篇》《五经文字》作'拔田草',惟《系传》旧本作'披',不误。披者,迫地削去也。"《龙龛手鉴·艸部》："薅,耘也、去田草也。"《玉篇·艸部》："薅,拔田草也。"《广韵·豪韵》："薅,除田草也。"《诗经·周颂·良耜》："其饟伊黍,其笠伊纠。其镈斯赵,以薅荼蓼。"孔颖达疏："以田器刺地,薅去荼蓼之草。"《国语·晋语五》："臼季使,舍于冀野。冀缺薅,其妻馌之。敬,相待如宾。"陆龟蒙《彼农二章》："以负以载,悉薅悉鉏。我慕圣道,我耽古书。"《西游记》第十四回："对三藏拜了四拜,急起身,与伯钦唱个大喏道:有劳大哥送我师父,又承大哥替我脸上薅草。"

今粤语、北京官话、东北官话、闽语、西南官话等方言中分别有"薅禾""薅苗""薅草""薅垡""薅秧"等词语，都是薅除田地里杂草之义。

敨 [tʰ3u55] 牛蹄赣语中保留了"敨"的两个意义。

一是通过抖动把包裹着、卷着或聚在一起的东西打开、散开。如：把背笼里的猪草敨奓，免得压得太实在着猪草发烧；你把铺盖敨一下，看里头有冇有裹你的书；你把包包里头的东西都敨出来，看下里头有些么事东西。

"敨"始见于中古文献。《字汇·攴部》："敨，偷上声，展也。"《类篇·攴部》："敨，展也。"《集韵·厚韵》："敨，展也。"以上句中"展"即打开、散开之义。

今江淮官话、西南官话、徽语、吴语、湘语、闽语、粤语等方言中都有"敨开"一词，都是打开、散开之义。1935年《萧山县志稿》："以手振物使展曰敨。"《定海县志》："俗谓舒展曰敨开。"

二是通过抖动使附着的东西掉落，即抖落、敨掉。如：你把衣裳敨一下，把衣裳上粘的灰敨掉；口袋里头的谷子还有冇倒干净，再敨几下；把包包倒过来敨几下，把里头的渣渣敨干净。牛蹄赣语中"敨"的两个意义之间具有明显的引申关系，都含有共有义素抖动，一是通过抖动使展开，一是通过抖动使掉落。

"敨"指抖落，在今冀鲁官话、西南官话、吴语、湘语等方言中仍有沿用，有"敨落""敨脱""敨干净""敨一敨"等词语。

嗛 [xæn35] 口中衔物，用口含。如：你把糖嗛到嘴巴里莫嚼，慢慢抿；吃饭的时候，不要把饭嗛在嘴巴里说话，这样的习惯是不好的；渠说话说不清，就跟嘴巴里嗛的有东西样的。

"嗛"始见于上古文献，后假借作"衔"。"嗛"本指口衔物，"衔"本专指马口衔物，后借"衔"表"嗛"。从字形的系统性和表义的直观性看，以"嗛"代"衔"既失去系统性，也缺乏直观性。"嗛"，从口兼声，"兼"还有表意功能。因为从"兼"的字都含有成双、夹持等义。《说文》："慊，疑也。"即心有怀疑。《说文》："嫌，不平于心也。"即心怀不平。《尔雅·释兽》："鼸鼠，以颊里藏食。"即一种面颊里能藏食物的鼠。以上句中所有从"兼"的字都有"含持"的意思。《说文·二上·口部》："嗛，口有所衔也。"以上句中"慊""嫌""鼸""嗛"等字具有明显的系统性和表义的直观性。

王筠《说文句读》："'衔'乃马口所嗛之物，且与'嗛'同音，故以况之，今即借'衔'为'嗛'。"《玉篇·口部》："口有所衔也。《淮南》：'至味不嗛。'嗛，衔也。"《史记·大宛列传》："闻乌孙王号昆莫，……匈奴攻杀其父，而昆莫生弃于野。乌嗛肉蜚其上，狼往乳之。"裴骃集解："读'嗛'与'衔'同。"《旧唐书》卷三十七："十四年秋，有鸟色青，类鸠鹊，息于宋郊，所止之处，群鸟翼卫，朝夕嗛稻粱以哺之。"《西游记》第八十七回："直等那鸡嗛米尽，狗舐面尽，灯燫断锁梃，他这里方才该下雨哩。"

埿[ŋi33] 用泥浆、石灰浆、水泥浆涂抹、粉刷，又写作"泥"。如：你去和啲稀泥巴，把墙缝缝埿到；油漆之前，先要用桐油、石灰埿子把缝子埿严，才能上油漆；木头上有灰尘，埿子埿不稳。

"埿"指涂抹、粉刷，始见于上古文献，也作"泥"。《尔雅·释宫室》："泥，迩也；迩，近也。以水沃土，使相黏近也。"《字汇·土部》："埿，涂也、污也。"《字汇·水部》："泥，污也。"《玉篇·土部》《广韵·齐韵》《集韵·齐韵》："埿，涂也。通作'泥'。"东晋王羲之《问慰诸帖上》："此人须当令埿，想足下可为停之。"《大唐西域记》卷二："室宇台观，板屋平头，泥以石灰。"《世说新语·汰侈》："君夫作紫丝布步障碧绫里四十里，石崇作锦步障五十里以敌之。石以椒为泥，王以赤石脂泥壁。"《田家留客》："不嫌田家破门户，蚕房新泥无风土。"

"埿"指用灰砂、泥土涂抹，今吴语、中原官话中仍然沿用。

猭[Øien33] 在物体表面撒粉末状或颗粒状的东西。如：你在门板凌上头猭一层沙，免得车走到上头打滑；把冬瓜煮好，再在上头猭一啲芝麻，吃起来香一些；人死头七，在渠住过的房子猭一层灰，然后所有人都离开，死人回来就会在灰上留下脚印，看是么事脚印，就晓得渠下一辈子投胎转世变成么事着。

"攲"指撒，始见于中古文献。《字汇·支部》："攲，音艳，以手撒物也。"《类篇·支部》："攲，以手撒物。"《集韵·艳韵》："攲，以手撒物。"

"攲"在今西南官话、江淮官话、徽语、湘语、客家话等方言中有"地下潮气重，攲点石灰""止血粉攲到伤口上""路太滑、攲点煤灰"等说法。

刕 [pʰi22] 去表皮或取表皮，一般是双手拿着刀具等朝自己身体所在的方向用力拉，使物体的表皮剥离，与"刮""剥"意义有相通之处。如：你把肉皮刕下来，剩下的肉剁成包心（饺子馅）；把树皮刕脱，树就会死；把兔娃子毛烫脱，再把皮刕脱，剩下的都是瘦肉。

"刕"指去或取表皮，始见于中古文献。《康熙字典·刀部》："刕，音披，刀析也、剥也。"《字汇·刀部》："刕，音披，刀析也。"《类篇·刀部》："刕，刀析也。"《集韵·埤韵》："刕，剥也。"《集韵·支韵》："刕，刀析也。"东汉牟融《理惑论》："豫让吞炭漆身，聂政刕面自刑，伯姬蹈火，高行截容，君子以为勇而死义，不闻讥其自毁没也。"《金史》卷一百一十七："会移兵攻徐，用安投水死，求得其尸，刕面系马尾。"

虽然"刕"在今晋语、西南官话、吴语、湘语、粤语、闽语等方言中仍有沿用，但这些方言中"刕"的意义为析、削、切薄片等。如：清光绪三年《黄岩县志》："削物曰刕。"《定海县志》："俗谓薄切鱼肉等曰刕。"可见，这些方言中"刕"的意义与牛蹄赣语中"刕"的意义相近，但是不完全相同。

刷：牛蹄赣语中保留了"刷"的两音两义。

一个意义为刮取表皮或刮去表皮，读作[pʰien55]。如：你今早上把这一块朳的土皮子（树林表层肥土）刷脱，把这一堆火粪烧到；你今昼把这一块苞谷草刷脱；你用刷鉋（木匠用的斧子）把树皮刷脱。

另一个意义为削去表面薄层或切薄片，主要用于处理肉食，读作[pʰien31]。如：你把那一块肉高头的瘦肉刷下来，今早上炒到；你把这个上头的肥肉刷脱，剩下的瘦肉用来包饺子；在那一坨肉高头刷啲片片。

"刟"的两个意义直接相关，具有引申关系，通过削或刮、取或去表层或薄层。

"刟"始见于中古文献。《类篇·刀部》："刟，削也。"《集韵·仙韵》："刟，削也。"《康熙字典·刀部》："刟，音偏，削也。"

剡[tsʰæn35]用针轻扎、轻挑。如：遇到这种情况，用针把中指拇剡破，挤啲血出来就好了；用针剡两下，那个刺就可以从肉里头挑出来；那个伢儿昏迷不醒着，赶紧用针把渠人中穴剡破。

"剡"指用针轻扎、轻挑，始见于上古文献。《说文·四下·刀部》："剡，一曰剽也。"段注："砭刺也。""剽，砭刺也。"段注："谓砭之、刺之皆曰剽也。砭者，以石刺病也；刺者，直伤也。砭刺必用其器之末。"《广韵·狝韵》："剡，刺也。"曹丕《酒诲》："又设大针于杖端，客有醉酒寝地者，辄以剡刺之，验其醉醒。"《新唐书·西域传下》："多象牙及阿末香，波斯贾人欲往市，比数千人纳毦剡血誓，乃交易。"

"剡"在今粤语中仍沿用。广州话有"玻璃剡损手掌"（玻璃扎破了手掌）、"畀簕剡亲只脚"（给刺扎了脚）等说法。

斗[tɜu31]牛蹄赣语中保留了"斗"的两个古义。

一是斗接、拼合，即把几个物件和物件的几个部分对接、拼合在一起。如：木匠斗榫头是最基础的功夫；渠用电焊把几根钢筋斗到一起着；渠娘用那些坨坨布给渠斗着一件新衣裳。

"斗"指斗接、拼合，始见于上古文献。《说文·三下·鬥部》："斗，遇也。"段注："凡今人斗接者，是遇之理也。《周语》：'谷洛斗，将毁王宫。'谓二水本异道而忽相接合为一也。古凡斗接用'鬬'字，斗争用鬥字。"唐独孤霖《书宣州叠嶂楼》："因命植栋斗梁，出城屋之脊。"韦庄《和郑拾遗秋日感事》："八珍罗膳府，五彩斗筐床。"《敦煌变文集·维摩诘经讲经文》："白玉斗成龙凤巧，黄金缕出象牙边。"

"斗"指斗接、拼合，在今汉语方言中广泛使用。客家话中有"斗柄"（给锄头安装柄把。《客方言·释服用》："锄头之受柄曰斗柄。"），粤语、吴语、江淮官话、西南官话中有"斗榫"(把榫头纳入卯眼,清宣统年间《东莞县志》:"莞谓两木接合曰斗榫。"《定海县志》:"脱卯曰脱榫,接卯曰斗榫。"),闽语中有"斗接"(接头),中原官话、西南官话、江淮官话中有"斗嘴"(接吻),中原官话中有"斗凑"(接合,《陇右方言发微》:"陇南通称接合曰斗,或曰斗凑。"),粤语、客家话中用"斗木工""斗木佬"指"木匠",清宣统年间《东莞县志》:"木匠曰斗木佬。"

二是指凑集。如:牛太贵着,我已几家斗钱买一条;渠已过喜事,我已得斗个份子;粮食不够的话,我已一家给你斗一啲就够了。

"斗"指凑集,始见于中古文献。《水浒传》第二十三回:"众邻舍斗分子来与武松人情。"《喻世明言》卷三:"我们斗分银子,与你作贺。"《醒世恒言》卷二十九:"二年前,生了个儿子,那些一般做工的,同卢家几个家人斗分子与他贺喜。"

"斗"指凑集,在今方言中广泛使用。赣语中把凑集本钱合伙叫"斗本"、把凑钱叫"斗钱",闽语中把凑份子叫"斗份"、把合伙叫"斗股",粤语中把拼字叫"斗字",闽语中把凑数叫"斗拄数",等等,以上词语中的"斗"都保留了古语词中的凑集之义。

挞 [tʂʮa214] 击、打、敲击。如:你再不听话,我挞你两个爆栗子(用食指和中指的骨关节敲击人);你把烟袋砵砵在哪里挞两下,把里头的烟屎(抽烟留下的油垢)挞掉;渠就是一碰挞啊,直接挞到脚上。

"挞"指击、敲击,始见于上古文献,后历代文献广泛使用。《字汇》《正字通》《类篇》《集韵》皆释:"挞"为"击也"。《龙龛手鉴·手部》:"挞,捶也。"《论衡·齐世篇》:"会稽孟章父英为郡决曹掾,郡将挞杀非辜,事至覆考,英引罪自予,卒代将死。"句中"挞杀"即捶杀。《隋书·燕荣传》:"及后犯细过,将挞之,人曰:'前日被杖,使君许有罪宥之。'"《北史·列传第四十二·斛律光》:"有罪者,唯大杖挞背,未尝妄杀。"《旧唐书》卷一百一十八:"神乌令李大简尝因醉辱炎,至是与炎同幕，率左右反接之，铁棒挝之二百，流血被地，几死。"《元史·八刺、不兰奚传》："逼令跪，不屈，以铁挝碎其膝，终不跪，与弟不兰奚同被害。"

"挝"指击、打、敲击，在今兰银官话、西南官话、闽语中仍沿用。

赵 [tʂʮɛ31] 尾部、臀部翘起或尾部、臀部翘起奔跑。如：渠赵起尻子跑，喊也喊不答应；站要有站像，坐要有坐像，莫站到你把尻子赵到，一呥都不文雅；牛发起舞来，尾巴赵起来跑。

"赵"属于方言词，或作"趆""趣"。《集韵·迄韵》："赵，走貌，或作趆。"《字汇·走部》："趣，行疾曰趣。"《龙龛手鉴·走部》："趆，走貌。"《篇海类编·人事类·走部》："赵，举尾走也。"

"赵"在今冀鲁官话、西南官话中仍沿用。《蜀语》："赵，举尾走曰赵。"《邱县志·方言》："赵，举尾也。"

趟 [tʰaŋ33] 往复、悠闲、漫无目的地走。如：渠今昼在那个路上趟着一天；你能不能安宁一下，莫在人前头趟来趟去的咯；那呥呥远的路，你硬是趟半天才趟回来。

"趟"在中古以来的字书、辞书、韵书中都有收录，在近代西南官话中广泛使用。《字汇》《正字通》《类篇》《集韵》《康熙字典》："趟，走貌。"《龙龛手鉴·走部》："趟，走貌。……跳貌。"《蜀方言》："往复闲步曰趟。"《昭通方言疏证·释人》："昭人言缓行小步曰趟趟。"

"趟"在牛蹄赣语中由往复、悠闲、漫无目的地走引申为无所事事消磨时光之义。如：你找呥么事做一下嘛，一趟一年一趟一年；渠毕业已经在外头趟几个月着，还冇找到工作；你都大人着，不能再闲趟着。

躴 [xa22] 身体略微弯曲、弓着腰，今方言俗字借用"哈"表示，非其本字。如：点头躴腰；你进门的时候，把腰杆稍微往下躴一呥，门矮，免得碰到脑壳着；你把腰杆伸直嘛，时刻腰杆一躴到，就跟个驼背子样的。

"躴"指腰略微弯曲，始见于中古文献。《字汇》《正字通》《类篇》《集韵》："躴，身曲貌。"

"躀"在今东北官话、冀鲁官话、中原官话、江淮官话、赣语、晋语、西南官话等方言中广泛使用。如：东北官话中有"逢人便躀腰"，冀鲁官话中有"点头躀腰"，中原官话中有"躀腰拾东西"，西南官话中有"躀点腰"，闽语中有"躀背"，胶辽官话中有"躀趴"，等等，其中的"躀"都是腰弯曲、弓腰的意思。

揾 [tʂæn55] 擦、拭。如：你找个揾布子把桌子上的灰揾一下；要来客着，把板凳上的灰揾干净；你把窗子玻璃上的水揾脱。

"揾"指擦、拭，始见于中古文献。《类篇·手部》："揾，拭也。"《集韵·线韵》："揾，拭也。"北宋李诫《营造法式·彩画制作度·炼桐油》："如施之于彩画之上者，以乱线揩揾用之。"句中"揩""揾"同义。《七侠五义》第四十三回："他便将小人捆了，又撕了一块揾布，给小人塞在口内。"《狄公案》第五十一回："说着，将怪物抓在手中细望了一会，又用手揾了几下，复又代他抹上抹下的弄了一会。"《雍正剑侠图》："他左手的掌奔面门，海川岔左步，一伸右手，'金丝缠腕'一拿他，伸左手往前一揾，跟着就像双手拧麻花。"

"揾"在今江淮官话、冀鲁官话、胶辽官话、中原官话等方言中仍有沿用。《南通方言疏证》："揾，拭也。"冀鲁官话中有"揾布"，江淮官话中有"揾脸""揾桌布"，胶辽官话、中原官话中有"揾布子"，等等说法。

冚 [kʰaŋ55] 盖、覆盖。如：底下太阳落，上头乌云冚；你把锅盖冚到，好生烧一下，莫过一下揭一下的；把灶上的菜找个碗冚到，免得虫虫飞进去着。

"冚"属于中古时期的方言词语。清佚名《抵制美国》："要冚金山洋毡，唔冚大布被。"《中山方言记》："冚盅，有盖的盅。"

"冚"在今客家话、粤语中仍然沿用。常见"冚住""冚盖""冚被""冚盅"等词语。1916年《番禺县续志》："广州言'靸盅'俗作'冚盅'。……靸盅，盖浅而盅深，以盖覆盅，适相合而不差，故曰靸盅。"西南官话中"冚鱼"指罩鱼。

劁［tɕiau22］阉割猪。"劁"在很多方言中泛指阉割，在东北官话中还指妇女结扎，但是牛蹄赣语中一般只指阉割猪，偶尔作为詈词或逗骗恐吓小孩的话，说把某人"劁脱"。如：那个猪都那大着，要赶紧找个劁猪匠把渠劁脱渠；你要是再骂人，我找个小刀刀把你劁脱；现在找个劁猪的人都找不到着。

"劁"指阉割，始见于中古文献。《类篇·刀部》："劁，断也、刈也。"《集韵·宵韵》："劁，断也、刈也。"《汉语大字典·刀部》："劁，阉割。"

今中原官话中"劁豚"指阉割过的老母猪，其中"劁"仍然保留着阉割之义。

住［tʂʰʯ33］停止、止歇。如：今昼不住点（雨停止），明昼晒破脸；去看下，么样今昼一天天气一直不住雨啊；你今昼晚上不住嘴地吃，招呼（小心）吃哈着！

"住"指停止、止歇，始见于中古文献，后历代沿用。《字汇》《正字通》："住，停也、止也。"《类篇·人部》："住，止也。"《齐民要术·养羊》："任羊绕栅抽食，竟日通夜，口常不住。"李白《早发白帝城》："两岸猿声啼不住，轻舟已过万重山。"南宋辛弃疾《贺新郎》："更那堪、鹧鸪声住，杜鹃声切。"唐李艺《唐故颖川郡陈府君墓志铭》："逝水难住，何新不故，既享黄发之期，万皆尽度乃已。"

"住"指停止、止歇，在今东北官话、西南官话、冀鲁官话、中原官话等方言中广泛沿用。王家男《跑秧歌》（吉林）："为啥喇叭锣鼓声一住，满镇子的人冰冷冷的眼光瞅着他呢？"东北方言中有"住风"，中原官话中有"住点"，西南官话中有"住嗒"，胶辽官话中有"风住了"，冀鲁官话中有"住雨儿"，北京官话中有"住点儿"，等等说法。

跮［Øuo214］扭伤，包括骨折，也可能只是肌肉、筋脉扭伤。如：渠昨日走路踩到一摘，把脚颈颈跮着；渠打篮球，把手指拇子跮着；今昼么样搞的，把颈脖子跮着。

“踒”在上古文献中就已经出现，后历代沿用。《说文·二下·足部》：“踒，足跌也。”段注：“跌，当为‘胅’字之误也。肉部曰：‘胅，骨差也。’踒者，骨委屈失其常，故曰胅，亦曰差跌。”《字汇·足部》：“踒，足跌。”《类篇·足部》：“踒，足折也。”《集韵·过韵》：“踒，折也。”《易林·小畜之艮》：“折臂踒足，不能进酒。”《焦氏易林·讼之》：“猿堕高木，不踒手足。”韩愈《祭马仆射文》：“颠而不踒，乃得其地。”《韩非子·说林下》：“此其为马也，踒肩而肿膝。”葛洪《抱朴子·疾谬》：“至使有伤于流血，踒折肢体者，可叹者也。”

“踒”在今吴语、中原官话、客家话、西南官话等方言中广泛使用。《甬谚名谓籀记》：“侧跌曰踒。”中原官话中把落枕叫“踒枕了”，客家话中把扭伤了脚脖子叫“踒到了”，西南官话中把扭伤了手、脚等说成“脚踒了”“手踒了”，等等。

搕［kʰo22］用小棍、小锤、指关节等敲、轻打。如：你再不听话，小心我搕你两下；渠拿个棍棍几下就把树上的毛栗子哈（全部）搕下来着；渠就跟搕木鱼子样的，把那个盆盆搕着一下昼。

“搕”指敲击，始见于中古文献，后历代沿用。《字汇·手部》：“搕，打也、击也。”《正字通·手部》：“搕，击也。”《玉篇·手部》：“搕，打也。”《康熙字典·手部》：“搕，击也。”《西游记》第五十六回：“搕着的骨折，擦着的皮伤。”杨慎《升庵诗话·吕将军貂蝉》：“搕搕银龟摇白马，傅粉女郎大旗下。”

“搕”在今江淮官话、中原官话、西南官话中仍然沿用。

挶［tʂʒu55］向上举、托，以托举的方式拿物，一般托、举的高度都比较高。不一定是用手举，也可能借助工具朝上托、举。如：吃饭就坐到桌子上吃，莫挶一碗饭到处跑；渠今昼买一袋子米，用手挶回来的；你找个棍棍把那个板子往上挶到。

“挶”表示向上举、托、拿的意思，见于中古及以后文献。《字汇·手部》：“挶，音帚，执持也。”《正字通·手部》：“挶，执持也。”《集韵·有韵》："捵，执也。"《康熙字典·手部》："捵，音寻，执也。又上声，与挡同，持也。"

"捵"在今中原官话、西南官话中仍沿用。陕西鄠邑：他手上捵咧个馍，旋走旋吃；身体虚弱支撑不了叫"捵不住筒子"。陕西紫阳：你莫把那个东西捵到脑壳上嗒。

落 [lo214] 得到、捞取。如：渠在那个工地上白做着半年，最后一分钱都冇有落到；搞那个事情不只是冇落到钱，最后还落一脑壳包（很多抱怨）；吃着喝着，实落着。

"落"指得到、捞取，是中古、近代汉语中广泛使用的一个词。郑光祖《倩女离魂》第三折："将往事从头思忆，百年情，只落得一口长吁气。"元佚名《射柳捶丸》第一折："俺若是一心行正，落一个万古名扬。"《三宝太监西洋记》第三十九回："这决对是件宝贝，这决是个战胜攻取的家伙。待我且挂将起来，却不落得一个赢家常在手？"《越谚》："裁缝弗落布，死得勿得过。"《红楼梦》第三十四回："便是我们做下人的服侍一场，大家落个平安，也算造化了。"《水浒传》第九回："原来差拨落了五两银子，只将五两银子并书来见管营。"

"落"在今北京官话、冀鲁官话、江淮官话、西南官话、吴语、湘语、客家话等方言中广泛使用。《客方言·释言》："落者，捞取也。"《何典》："娘儿们商议将银子落起一大半，拿小一半来送与饿杀鬼。"湖南长沙谚语："打铁落铁，打铜落铜，杀猪落血。"西南地区谚语："听人劝，落一半。""吃了喝了，实落了。"

蹁 [piɛ31] 跳。如：哪个把渠惹很着啊，渠在那里蹁蹁地吵；那个伢儿才灵活呢，渠轻轻地在地下一踮就蹁几高（很高）；那个伢儿精神才好呢，时刻蹁蹁跳跳的。

"蹁"始见于中古汉语文献。《集韵·宵韵》："蹁，跳也。"《康熙字典·足部》："蹁，跳也。"

"蹁"在今关中方言中仍然沿用，有"蹁不动""蹁蹁跳跳"等词语。

寐［mi22］小睡、小憩，也作"寐"。如：我长时间形成的习惯，每天上昼（中午）都要寐一下，不寐一下，整天脑壳都是昏昏沉沉的；渠昨晚上一晚上都没有睏瞌睡，你就叫渠安安然然地寐一觉；太累着，倒到那里就寐着着。

"寐"始见于上古文献。《说文·七下·宀部》："寐，寐而未厌也。从寢省米声。"段注："考《广雅》作'寐'，《玉篇》《广韵》皆作'寐'，不载'寐'字，可知古本《说文》作'寐'也。若《集韵》云：'寐或作寐'。"《说文》中的"寐而未厌"就是睡觉没有睡够的意思。《类篇·宀部》："寐，寐而未厌。"《玉篇·宀部》："寐而不觉曰寐。"《集韵·纸韵》："寐，熟寐也。"《字汇·宀部》："寐，迷而未厌。"《正字通·宀部》："寐，迷而未厌。本作寐。"

"寐"在今关中方言、北京官话、西南官话、吴语等方言中仍沿用。关中方言："他太乏咧，教他寐一下。"北京官话："太困了，先寐一会儿。"西南官话："时间再紧，中午都要寐一小下。"吴语："日中晌里只要寐着几分钟就够唡。"

嘶［ʂl22］拟声词，驱赶鸡的声音。

"嘶"作为驱赶鸡的拟声词，见于中古文献。《字汇·口部》："嘶，声也，音施。"《正字通·口部》："嘶，俗字，今俗驱鸡声。"《类篇》《集韵》："嘶，声也。"

"嘶"在今关中方言、西南官话、赣语等方言中一直沿用。

諰［sai22］喉咙沙哑、声音沙哑。如：莫在那里使劲吼着咯，喉咙都吼諰着；昨日冻凉（风寒感冒）着，今昼喉咙都諰着，说不出话来；好久冇上课着，昨日上着一早上的课，喉咙諰着。

"諰"指喉咙沙哑，始见于中古文献。《正字通·言部》："諰，一曰语失也。"《广韵》《集韵》《类篇》："諰，语失也。"

今中原官话中还把沙哑的声音叫作"諰諰声"。

络［lau22］用绳索、藤条之类的东西随意、不过度用力地缠绕或捆绑。如：那个柴秒秒夅得太开着，不好往回背，你再在秒秒上络一道；你绑书要多

— 131 —

络几道,不是的话,容易散;把稻谷草架到背篓上,用绳子稍微一络就背回去着。

"络"指随意、不用力地捆绑、缠绕的意思,在上古汉语文献中已经出现。《广雅·释诂四》:"络,缠也。"《玉篇·糸部》:"络,绕也、缚也。"《楚辞·招魂》:"秦筝齐缕,郑绵络些。"王逸注:"络,缚也。……郑国之工缠而缚之,坚而且好也。"陆游《山园书触目》:"瘦篁穿石窍,古蔓络松身。"《西都赋》:"罘罔连纮,笼山络野。列卒周币,星罗云布。"注云:"络,绕也。"《汉书·杨王孙传》:"裹以币帛,鬲以棺椁,支体络束,口含玉石。"句中"络"与"束"同义。韩愈《示儿》:"有藤娄络之,春华夏阴敷。"《水浒传》第五十回:"李应把条白绢搭胳膊络着手,出来迎迓,邀请进庄里前厅。"

"络"在今中原官话、西南官话中仍沿用。中原官话中把随便捆绑叫作"络住",西南官话中把稍微捆一下叫作"络一下"。

疢[fæn22]胃里不舒服,恶心想吐,恶心将吐,常见词语有"作疢""发疢"。如:今昼早饭么事东西吃得不对(有问题)啊,上昼心里一直作疢;今昼一天肚子始终不好过,时刻都发疢;那一回菌子吃坏肚子着,以后看到菌子心里就疢。

"疢"指恶心想吐、恶心将吐,始见于上古汉语文献,后历代字书、辞书都有收录。《方言》:"疢,恶也。"郭璞注:"疢怪,恶腹也。"《字汇·疒部》:"疢,心恶吐疾也。"《正字通·疒部》:"疢,心恶吐也。"《龙龛手鉴·疒部》:"疢,吐疢也。"《玉篇·疒部》:"疢,恶也、吐疢也。"《集韵·愿韵》:"疢,心恶病。"《康熙字典·疒部》:"疢,反上声,心恶吐疾也。"

"疢"在今晋语、江淮官话、西南官话、徽语、吴语、赣语等方言中仍然使用。《昭通方言疏证·释人》:"疢,翻胃。"1930年《嘉定县续志》:"疢,俗谓心中作恶而欲吐也。"《定海县志》:"俗谓吐曰疢。"

攒［tsæn55］蓄积、积累。如：你把压岁钱都攒起来，到时候好交学费；赶紧攒啲好柴，过年好烧；我已修房子的钱，都是一啲一啲地攒起来的。

"攒"指蓄积、积累，常见于中古文献，"攒"的蓄积、积累义是由上古的聚集、族聚引申而来的。《龙龛手鉴》《广韵》《集韵》："攒，聚也。"《陈州粜米》第一折："庄院里攒零合整，收拾的这几两银子籴米，走一遭去来。"《全元散曲·梧叶儿·嘲贪汉》："看儿女如衔泥燕，爱钱财似竟血蝇。无明夜攒金银，都做充饥画饼。"《红楼梦》第三十九回："他的公费月例又使不着，十两八两零碎攒了，又放出去。"《西游记》第七十六回："我前日曾闻得沙僧说，他攒了些私房，不知可有否。""攒"在古文献中又作"趱"。《全元曲·散曲》："趱下些家缘家计，做不着盘缠费。"《西游记》第六十八回："哥哥，这遭我扰你，待下次趱钱，我也请你回席。"《朱子语类》卷七十一："上面趱得一分，下面便生一分。"《醒世恒言》卷三十三："我有些日前趱下的零碎钱，与你些，做盘缠回去了罢。"

"攒"在今方言中仍广泛沿用。中原官话中有"攒的"（存款积存的数目），北京官话中有"攒肥"（积粪），胶辽官话中有"攒积"（积聚、积蓄），东北官话中有"攒粪"（积粪），冀鲁官话中有"攒起来"，西南官话中有"攒钱罐"（存钱罐），等等方言词语。

趱［tsæn55］牛蹄赣语中保留有两个古语词义项。

一是指移动、挪动、搬动。如：你把桌子往咏边趱一啲，这边太窄了；渠腊月十八趱家，我已还是要送个礼；你把脚往回趱一下，莫放到人家前头。

"趱"指移动、挪动、搬动，始见于中古、近代汉语文献。《朱子语类》卷九十："自升曾子于殿上，上面趱一位，次序都乱了。"《醒世恒言》卷十八："施复趱步向前，拾起袖过，走到一个空处，打开看时，却是两锭银子，又有三四件小块，兼着一文太平钱儿。"南宋王致远《开禧德安守城录》："贼乃引步骑由南冈趱移洞子至炮前，分兵筑路，夜焚净明寺及远采林木，乘火以造攻具。"

"趱"在今部分方言中还有沿用，闽语中把挪动说成"趱"，中原官话

— 133 —

中有"趱个地方""趱一下"等说法。

一是指使劲、鼓劲。如：那个人做活路不趱劲；我己要是再趱啲劲今昼就能弄完；有劲趱不出来。

"趱"指使劲、鼓劲，始见于中古、近代文献。《儒林外史》第四十九回："他若是趱一个劲，哪怕几千斤的石块，打落在他头上、身上，他会丝毫不觉得。"《雍正剑侠图》："过了关厢，海川看了看四下无人，脚底下趱劲，'沙沙沙沙'，施展开飞行术，可就一直往正北下来了。"

瘶 [tɕʰiaŋ31] 喉咙、气管因为堵塞或进入异物而突然急性咳嗽，今作"呛"。如：我喂水的时候不小心喂急着，把伢儿瘶到着；渠正在喝水的时候，叫你惹到一笑，瘶到眼睛水都出来着；吃饭的时候，一个辣子皮皮跑到喉咙管去着，差啲啲把人瘶死着。

"瘶"指喉咙、气管因为堵塞或进入异物而突然急性咳嗽，始见于中古文献。《玉篇·疒部》："瘶，喉痫也。"痫，指异物阻碍喉咙下不去的疾病。《玉篇·疒部》："痫，物阻喉中。"《集韵·江韵》："瘶，喉痫也。"

"瘶"在今吴语、西南官话中还有用例。吴语中把食物窜入气管而咳嗽叫"瘶飐"，西南官话中有"瘶到了"等说法。

跐 [tsʰʅ22] 用脚踩住并转动、摩擦、踩踏。如：地下有一个虫，你用脚跐一下，把渠彻底踩死；地下哪个吐着一屁口水，你用脚把渠跐脱下；渠一脚踩到我手指拇子上还一跐，差一啲把皮都跐掉完着。

"跐"指用脚踩住并转动、摩擦、踩踏，始见于上古文献。《释名·释姿容》："跐，弭也，足践之使弭服也。"《正字通·足部》："跐，蹈也。"《类篇·足部》："跐，蹈也、履也、足践也。"《集韵·纸韵》："跐，蹈也、足践也、踏也。"《庄子·秋水》："且彼方跐黄泉而登大皇，无南无北，奭然四解，沦于不测。"《列子·天瑞》："若躇步跐蹈，终日在地上行止，奈何忧其坏？"殷敬顺注："四字皆践踏之貌。"《三侠五义》第五十一回："脚下一跐，也就溜下去了。"

"跐"在今西南官话、中原官话、冀鲁官话、东北官话等方言中仍然沿用。《蜀语》:"足踩曰跐。"清道光年间《遵义府志》:"足踩曰跐。"冀鲁官话中把用脚践踏叫"跐足",1932年《南皮县志》:"跐,足践也。"东北官话中把脚下踩着滑动叫"跐溜"。

痨[lau33] 药物等东西有毒或使人、畜中毒,常见词语有"痨人""痨药""痨死"等。如:去哪里整哟鱼塘精,下河痨哟鱼回来吃;那个猪嘴巴吐白醭子,怕是吃么事东西痨到着啊;蛇脬(一种野生草本植物的果实)痨人,吃不得。

"痨"指药物等东西有毒或使人、畜中毒的意思,始见于上古文献,属于方俗词语。《说文·七下·疒部》:"痨,朝鲜谓药毒曰痨。"《说文解字系传》:"朝鲜谓饮药毒曰痨。"《方言》:"凡饮药傅药而毒,南楚之外谓之瘌,北燕朝鲜之间谓之痨,东齐海岱之间谓之瞑,或谓之眩。自关而西谓之毒。"《红楼梦》第七十八回:"即刻送到外头焚化了罢。女儿痨死的,断不可留。"

"痨"在今南北方言中广泛沿用,常见"痨人""痨药""痨死"等词语。《蜀语》:"以毒药药人曰痨。"清光绪十二年《顺天府志》:"凡饮药傅药而毒,北燕谓之痨。"《陇右方言发微》:"《说文》云:'朝鲜谓药毒曰痨。'今陇右犹有此语。"清光绪二十一年《徐州府志》:"以毒药药人曰痨。"1931年《南川县志》:"食物毒人曰痨。"杨树达《长沙方言续考》:"今长沙以药毒鱼毒鼠曰痨鱼痨鼠。"

跦[tʂʅ22] 踩滑,即由于脚没有踩稳或地面湿滑,脚着地时滑动。如:哪个把地下洒着些水,溜滑的,渠踩到一跦,差哟哟跻一跤;才下雨,地下跦跦滑滑的,走路小心,莫跻到着;下雪,路上起着凌(结冰),踩到高头只紧(连续)跦。

"跦"在上古方言文献中就有用例,只是意思与今天略有区别。上古方言文献中解释其为"蹶""倒",而牛蹄赣语中指踩滑,不一定跌倒。二者是有明显关联的,至于上古方言中有无今牛蹄赣语中踩滑的意思,由于方言语料的缺失，无从考证。《方言》："跲，蹫也。"郭璞注："偃地也，江东言跲。"《类篇》《龙龛手鉴》："跲，倒也。"《广韵·泰韵》："跲，倒跲。"《集韵·太韵》："跲，倒也。"

今西南官话中还称踩滑为"跲"，经常出现"跲了一下""地上还有跲的印子"等说法。

蹨 [ȵien31] 反复踩踏，反复践踏，义近于现代汉语中的"践"。如：猫儿跳到桌子上，蹨着几多脚印；地里的苞谷叫猪儿蹨脱着一大块，蹨过的地方连一根苗都冇得着；地才犁的，你莫在地里蹨，蹨得绑结的，以后种子都下不成。

"蹨"始见于中古、近代文献。《字汇·足部》："蹨，踩蹨。"《类篇》《龙龛手鉴》："蹨，践也。"《玉篇·足部》："蹨，蹀迹也。"句中"蹀迹"即踩踏留下的印迹、痕迹。《广韵·狝韵》："蹨，踩蹨。""蹨，践也。"《集韵·跣韵》："蹨，蹈也。"《集韵·㺟韵》："蹨，践也。"《通俗编·杂字》："俗以不顾沾湿，随足乱践为蹨。"《越谚》："湿地燥鞋择而履之曰蹨两步。"

"蹨"在今冀鲁官话、胶辽官话、西南官话、吴语等方言中仍然沿用。1936年《牟平县志》："踩践曰蹨，音碾。"1930年《嘉定县续志》："蹨，俗谓踩也。如足蹨毒虫谓之蹨杀。"《南通方言疏证》："《通俗编》：'蹨，音撚。'《玉篇》：'踩也'。《类篇》：'蹈也'。《庄子·外物篇》注：'跈，相腾践也。'跈即蹨字。按：俗谓足蹨毒虫者，谓之蹨蹨（踏死）。如蹨杀蜈蚣之类是也。"

旋 [ʂyæn31] 回旋切削、砍削，牛蹄赣语中尤其指带着一定弧线挥刀等砍削工具，从下向上或水平方向快速地砍削。如：你拿个刀子把地边上的刺刺老老、草草老老的旋一下，免得把地里的庄稼荒到着；哪个人好短见（缺德、损德），把地里的苞谷杪杪旋脱着一大块；你把猪蹄子上的瘦肉旋啲下来煮到。

"旋"在上古指圆炉、转轴之类的物件，中古时期引申出转轴裁器，后泛指回旋着切削的意思，"旋"的词义核心特点是旋转。《龙龛手鉴》《玉篇》《广韵》："旋，转轴裁器也。"《一切经意义》卷九引三国周成《难字》："（旋）谓以绳转轴裁木为器者也。"今用车床切削或用刀子旋转砍削也称"旋"。《齐民要术·种榆、白杨》："梜者旋作独乐及盏也。"南宋周去非《岭外代答·桄榔》："其根皆细须，坚实如铁，旋以为器，悉成孔雀尾斑，世以为珍。"明薛论道《林石逸兴·俗语》："机儿不快梭儿快，旋的不圆砍的圆。"《金瓶梅》第七十三回："月娘道：'好六姐，常言道："好人不长寿，祸害一千年。"自古旋的不圆砍的圆，你我本等是迟货，应不上他的心，随他说去罢了。'"

今中原官话、西南官话、兰银官话中仍把转动、旋转切削叫"旋"。

蹴[tʂo214] 跳、跳行。"蹴"的跳、跳行之义作为构词语素保留在牛蹄赣语中的"蹴蚂子"一词中。"蹴蚂子"即蟋蟀的一种，俗称"蝈蝈"，是一种善于跳行的昆虫，故名，颜色有褐色与绿色之分。如：有一个蹴蚂子在草堆堆里叫；鸡子把几个蹴蚂子啄到吃脱着；猫子在地里逮蹴蚂子玩。

"蹴"指跳、跳行，始见于中古汉语文献。《类篇》《玉篇》《广韵》《集韵》："蹴，跳也。"《字汇》《正字通》："蹴，同趚。""趚，小跳也。"《直音篇·足部》："蹴，跳行。"刘基《诚意伯次子合门使刘仲璟长史传》："会天大雪，公夜半渡卢沟河，冰陷马毙，公蹴冰跻岸。"

今西南官话中也有"蹴蚂子"之称。

赵[tʂau31] 跳跃、腾跃。"赵"的跳跃、腾跃之义作为构词语素保留在牛蹄赣语中的"赵鸡子"一词中。"赵鸡子"在牛蹄赣语中又叫"赵蚂子"，学名"蛐蛐"，由于擅长跳跃、腾跃而得名。赵鸡子一般比蹴蚂子体形小，褐色。

"赵"指跳跃、腾跃，始见于上古文献，又作"踃"。《说文·二上·走部》："赵，趍赵也。"句中"趍赵"，即跳跃、疾行之义。《穆天子传》："天子北征，赵行□舍。"郭璞注："赵，犹超腾。"《说文通训定声·小部》："赵，字亦作'踃'。"《龙龛手鉴·足部》："踃，跳也。"

— 137 —

《玉篇》《广韵》:"踃,跳踃。"《集韵·宵韵》:"踃,跳踃、动也。"东汉傅毅《舞赋》:"简惰跳踃,般纷挐兮。"李善注:"踃,跳也。"

现今很多方言中都把"赵鸡"记作"灶鸡",并认为它主要活动于灶台,恐不确,因为这种昆虫并不仅仅活动于灶台,而主要活动于野外草丛。出现这一问题,是因为人们不明白"赵鸡"的命名理据是抓住了其擅长跳跃而以"赵"为命名的核心特征语素,造成用字不当,且附会活动于灶台为命名之由。

"赵"指跳跃、腾跃之义,还保留在"赵□"[pʰoŋ35]之中,"赵□"[pʰoŋ35]指四足动物四足同时腾跃奔跑或扑食。如:牛发舞(疯跑)的时候直接挖起赵□[pʰoŋ35]跑;狗子一个赵□[pʰoŋ35]扑过去就把兔娃子逮到着。

褰[tɕʰien22]牛蹄赣语中有两个古语词义项。

一是提、提着、提起、撩起。如:你搭把手把那一个床单角角褰到,莫叫掉到地下糊疠稀(抹脏)着;你把渠的衣裳褰到一下,莫掉到水里头打湿着;那啲啲深的水,裤脚都不用褊,稍微往起褰一下就过去着。

"褰"指提、提着、提起、撩起,始见于上古汉语文献,后历代沿用。《字汇·衣部》:"褰,又揭衣也。"《正字通·衣部》:"褰,又与'搴'通,抠衣也。"句中"抠"为提起、提携之义。《集韵·虞韵》:"抠,褰裳也。"《龙龛手鉴》《玉篇》:"褰,抠衣也。"《诗经·郑风·褰裳》:"子惠思我,褰裳涉溱。"郑笺:"我则揭衣渡溱水往告难也。"孔疏:"我则褰衣裳涉溱水往告难于子矣。"句中"揭",今读qì。"揭衣",即提起衣裳。《诗经·邶风·匏有苦叶》:"深则厉,浅则揭。"《毛传》:"揭,褰衣也。"《礼记·曲礼上》:"冠毋免,劳毋袒,暑毋褰裳。"郑玄注:"褰,揭也。"屈原《九叹·远游》:"回朕车俾西引兮,褰虹旗于玉门。"王逸注:"褰,袪也。"句中"袪"为撩起、举起之义。《淮南子·说林训》:"至冬而不知去,褰衣涉水。至陵而不知下,未可以应变。"《吕氏春秋·达郁》:"特会朝雨,袪步堂下。"高诱注:"袪步,举衣而步也。"唐孟浩然《题长安主人壁》："枕席琴书满，褰帷远岫连。"注："褰：揭起；帷：幔。"《警世通言》卷十："纤手紧褰绣袂，玉肌斜靠雕栏。"《二刻拍案惊奇》卷二十三："灯却明亮，见得明白，乃是十七八岁一个美貌女子立在门外，看见门开，即便褰起布帘走将进来。"

二是展开、散开、铺开。如：今昼要来人客，你提前把客屋的床褰好；床单洗好着，搭把手褰开抖展晒起来；我写对子（对联），你帮忙把纸褰到。

"褰"指展开、散开、铺开，始见于上古文献。西晋潘岳《射雉赋》："褰微罻以长眺，已跟踉而徐来。"李善注："褰，开也。"韩愈《酬裴十六功曹巡府西驿途中见寄》："哀鸿鸣清耳，宿雾褰高旻。"唐包融《和陈校书省中玩雪》："褰开明月下，校理落花中。"唐柳宗元《湘口馆潇湘二水所会》："兹辰始澄霁，纤云尽褰开。"欧阳修《玉楼春·夜来枕上争闲事》："夜来枕上争闲事，推倒屏山褰绣被。"

敲打［tɕʰiau22ta55］用言语讥讽，指不明确批评或不明确说出而旁敲侧击，使听话者知晓而达到提醒、批评、警示的目的。如：你有么事就直接说，我不爱听敲打话；那个人意志不坚定，要经常敲打敲打、提醒提醒；渠今昼早上说着一早上敲打话，你赶紧把东西还给人家，免得人家以为你忘记不给（还）着。

"敲打"指用言语讥讽、警示，是由敲击、击打引申而来，用棍棒等敲击、击打引申为拷打。"拷打"是一边用棍棒等敲击、击打，同时伴有语言拷问，后进一步引申，仅指用言语旁敲侧击，使之知晓，这个义项最早见于元代文献。元李行道《灰阑记》第一折："妹子，不必敲打我了。我也知道，多多亏了你也。"《儿女英雄传》第十六回："我再如此用话一敲打，一定要叫他自己说出这句报仇的话来才罢。"《施公案》第二百一十七回："我看准是施不全手下之人，倒要细细敲打他的底细才好呢！"清荻岸山人《平山冷燕》第十一回："待明日请他来，你我在席上慢慢敲打他，再以山小姐之名勾挑他，他自己心虚，自然要露出马脚来。"

"敲打"指用言语讥讽、警示，在今北京官话、冀鲁官话、中原官话、西南官话、晋语等方言中广泛沿用。1936年《寿光县志》："冷语讥人曰敲打。"

捵［tsʰən55］用手按，用手压。如：我把渠盖的铺盖捵着一下，捵都捵不动，绑结的，盖到一啲都不热和；你出门的时候，把门左边一个丁丁捵一下，门就开着；渠力气大，你根本捵不住渠。

"捵"指按、压，始见于中古文献，又作"揪"。《类篇》《字汇》《集韵》《康熙字典》："捵，按也。"《广韵·侵韵》："捵，今字揪。"《醒世恒言》卷二十："推至床上，除去簪钗，和衣衾在被里，下了帐幔，又吩咐丫鬟们照管火烛。"《醒世恒言》卷八："赶近前把手向刘公脸上一捵道：'老王八，羞也不羞。'"清袁于令《西楼记·空泊》："闰一更漏鼓还侥幸，捵不住两岸鸡鸣。"古文献中，"捵"也作"揪"。《二刻拍案惊奇》卷一："揭开经来，那经叶叶不粘连的了，正揭到头一板，怎当得湖中风大，忽然一阵旋风，搅到经边一揪，急得辨悟忙将两手揪住，早把一叶吹到船头上。"蔡东藩《宋史通俗演义》第七十一回："杨钦尚思分说，已被帐下健卒，七手八脚的牵了出去，揪倒地上，杖责了五十下。"

"捵"在今西南官话、江淮官话、中原官话、湘语、吴语等方言中仍广泛沿用。《蜀方言》："手按物使之不动曰揪。"《昭通方言疏证·释人》："昭人谓以手按之曰擎，或作揪。"清光绪年间《嘉定县志》："捵，俗言以手按住也。"《崇明县志》："按曰捵。"《定海县志》："俗谓用力按之使不移动曰揪。"清光绪五年《镇海县志》："捵，按物也。"1916年《浦江县志稿》："手按物曰捵。"清乾隆二十四年《象山县志》："捵，按物。"

体恤［tʰ55ɕi31］设身处地为别人着想，同情、关心别人。如：那个人一啲都不体恤人，随时都只想到各人；你也体恤下你老子的辛苦吧；渠彻底找不到么样体恤别人。

"体恤"指设身处地为别人着想，同情、关心别人，在中古、近代文献中广泛使用。《粉妆楼》第七十八回："咨尔众臣，忠义可嘉，合宜封功赐爵，以彰朕体恤功臣之意。"《醒世恒言》卷三十九："也该体恤下人，积点阴骘，偏生与和尚做尽对头，设立恁样不通理的律令！"《续资治通鉴》卷一百五十："朕于女真人未尝不体恤，然涉赃罪，虽朕子弟亦不能恕。"《清史稿》卷二："古良将体恤士卒，三军之士乐为致死。"《光绪朝东华录》："乃近来各府厅州县积习相沿，因循玩误，平日既未能联属教士，又不能体恤民情，遇有民教交涉，竟未能悉心考察，妥为为理，致使积怨已深，民教互仇。"蔡东藩《宋史演义》第四十回："诸州体恤民艰，青苗免役，权息追呼，方田保甲，并行罢除。"

搥 [tʂʰʯŋ31] 推击、冲击。如：水管子里头塞满着泥巴，找一个硬一啲的棍棍把渠搥出来；渠一脑搥上来，搥到我下巴子上，差啲啲把我牙齿都搥掉着；鉋子（斧子）把把断着，还有一截还在鉋子里头，找个棒棒把渠搥出来。

"搥"指推击、冲击，始见于上古文献。《类篇·手部》："搥，击也。"《字汇》《正字通》《康熙字典》："搥，音铳，推击也。"《集韵·用韵》："搥，推击也。"《里语徵实》："冲之曰搥，推击也。"

"搥"指推击，今北京官话、中原官话、赣语、闽语等方言中都有"搥开""搥伤""搥个眼"等词语。

澗 [mən22] 用充足的水把物品浸湿、使水分充盈。如：你洗脑壳，先把脑壳潫（完全浸入水盆）到水里头澗湿，再打洗头膏；地太干着，今晚上先想办法把渠澗透，明昼才能下种子；今昼穿着一天湿透着的鞋子，把脚澗得浓胀。

古代字书、辞书中一般解释"澗"为使水分充盈，牛蹄赣语中指使物品水分充盈。《类篇》《字汇》《正字通》《康熙字典》："澗，水盈貌。"《红楼梦》第六十三回："林之孝家的又向袭人等笑说：'该澗些普洱茶喝。'袭人、晴雯二人忙说：'澗了一缸子女儿茶，已经喝过两碗了。大娘也尝一碗，都是现成的。'"

"澗"在今西南官话中仍有沿用，有"用水把……澗透""大水澗灌"等说法。

暽［pʰiau55］斜视，偷偷一瞥。如：你莫以为渠冇看这边，其实渠眼睛一直暽到这边的；渠眼睛是个暽眼睛；我悄悄暽着一眼睛，看到渠已好像在吃饭。

"暽"指斜视，始见于上古汉语文献，中古、近代文献广泛使用。《说文·四上·目部》："暽，暽也。"段注："今江苏俗谓以目伺察曰暽。"《说文通训定声·小部》："今俗谓斜视曰暽白眼。"汤显祖《南柯记·决婿》："睃他外才，暽他内才，风流一种生来带。"《红楼梦》第二十八回："（宝玉）脸望着黛玉说，却拿眼睛暽着宝钗。"《二刻拍案惊奇》卷三："权翰林偶然一眼暽去，见就中有一个色样奇异些的盒儿，用手去取来一看，乃是个旧紫金钿盒儿，却只是盒盖。"清曾朴《孽海花》第四十五回："大家没留意，胜佛也吃了一惊！随着他的眼光，刚暽到门口，只见毡帘一掀，已跨进一个六尺来长、红颜白发、一部银髯的老头儿，直向立人处走来。"《汉代宫廷艳史》第一百一十五回："那妇人也脉脉含情，秋波流电地向他暽了一眼。曹操被她这星眸一暽，不禁神魂飘飘，身子早酥了半截，险一些儿撞下马来。"

"暽"在今西南官话、湘语、吴语中还有沿用。西南官话中的"暽眼""暽暽眼儿"指斜眼，吴语中的"暽一眼""暽下子"指斜视一眼，湘语中的"暽睃"指偷着斜视。《定海县志》："暽，斜视也，如俗言暽一眼。"

覮［pʰu22］水、汤、粥等因沸腾而溢出。如：锅里煮的米汤覮得灶上到处都是的；烧开以后，你把火弄小啲，免得覮出来着；熬的药哈覮脱着。

"覮"在上古文献中就已经出现，后历代沿用。《说文·三下·鬲部》："覮，吹声沸也。"有些《说文》版本释为"炊釜溢也"，或者"炊釜沸溢也"。段注："炊，各本作'吹'，今从《类篇》，釜沸溢，各本作'釜溢'。宋本作'声沸'。今参合定为'釜沸溢'。今江苏俗谓火盛水沸溢出为'铺出'，'覮'之转语也，正当作'覮'字。"《说文解字句读》："水不满釜，但沸而不覮。由米在中则覮矣，去其盖，自止耳。"《类篇·鬲部》：

"䬓，涫也。"句中"涫"即沸滚、滚沸之义。《字汇·鬲部》："䬓，炊釜溢也。"《龙龛手鉴·鬲部》："䬓，釜溢也。"《玉篇·鬲部》："䬓，釜汤溢也。"

"䬓"在今江淮官话、西南官话、徽语、湘语、吴语、赣语、闽语等南北方言中广泛使用，常见"锅䬓了""煮䬓了"等表述。《蜀语》："釜溢曰䬓。"《黔雅·释器用》："今亦谓火器沸出汤水曰䬓。"1922年《福建新通志》："谓汤溢曰䬓。"《长沙方言续考》："段君云：今江苏俗谓火盛水沸溢出为'铺出'，'䬓'之转语也，正当作'䬓'字。按：段说是也。今长沙亦言水铺出。"《蕲春语》：䬓，"今吾乡有此语，音转平，略如'蒲'"。《说文通训定声·鬲部》："䬓，炊釜溢也。今苏人俗语铺，语之转也。"

洰 [xu33] 闭塞、遮挡，多指被黏糊状的东西遮挡。如：眼睛叫眼屎都洰严着；一啲庄稼苗苗叫草给洰满着，外头看都看不到着；鼻子眼里洰满着鼻屎。

"洰"指闭塞、遮挡，多指被黏糊状的东西覆盖、蔽塞，始见于中古文献。《玉篇·水部》："洰，闭塞也。"《故训汇纂·水部》："洰，闭也。"《宋史演义》："宿雾渐消天欲霁，层阴复洰日重霾。"

"洰"在今方言中仍有沿用。西南官话中"洰"有粘的意思。成都方言中有"嘴上洰起油了"，陕北方言中有"眼睛洰住了""草把苗洰住了"，等等说法。

炕 [kʰaŋ31] 放在锅类等灶具中烘、烤使干或熟。被炕的东西不直接放在火上，要放在器皿中，这是"炕"与"烘"的区别，"烘"可以直接把待烘的东西放在火的上方或周围。"炕炕馍"就是放在铁锅中烘烤制熟的饼。如：你把这个药拿回去炕干，打成面子（粉末），冲水喝；把冇吃完的米饭放到锅里炕干，打成粉，做干粮；把海子（螃蟹）的脚放到锅里，用小火慢慢炕熟，下酒好得很。

"炕"指烘、烤使干或熟，始见于上古汉语文献，后历代沿用。《说文·十上·火部》："炕，干也。"段注："谓以火干之也。"《字汇·火部》："炕，火炕。""火炕"指以火烘、烤之义。《正字通》《龙龛手鉴》《集韵》："炕，干也。"说解同《说文》。《玉篇·火部》："炕，干极也，炙也。"句中"炙"即通过炙烤使完全失去水分。《诗经·小雅·瓠叶》："有兔斯首，燔之炙之。"《毛传》："炕火曰炙。"孔颖达疏："炕，举也，谓以物贯之而举于火上以炙之。"

"炕"指烘、烤使干或熟，在今南北方言中广泛沿用。《札朴·乡里旧闻》："炙物令干曰炕。"《合肥方言考》："今合肥谓以火干物曰炕。"《蜀方言》："干炙物曰炕。"《昭通方言疏证·释天》："今昭人谓以火干物曰炕。"王纶《新方言杂记》："今徽州谓以火干物犹曰炕。"杨树达《长沙方言考》："今长沙谓以火干物曰炕。"

从以上方言著作中对"炕"的解释可见，目前方言中"炕"多指烘、烤使干之义，但是牛蹄赣语中还可以指烘、烤使熟。

作酸［tso24son22］牛蹄赣语中保留了三个古语词义项。

一是肠胃反酸。如：今昼晌午吃的酸浆巴糊，下昼嘴巴一直作酸；你可能还是肚子有些毛病，吃东西蛮作酸。

"作酸"指肠胃反酸，始见于中古、近代汉语文献。《红楼梦》第七十五回："只因昨晚吃多了黄酒，又吃了几块月饼馅子，所以今日有些作酸呢。"清李汝珍《镜花缘》第六十一回："若脾胃虚弱之人，未有不患呕吐、作酸、胀满、腹痛等症。"

二是因劳累、长时间固定姿势或发烧引起的身体发酸。如：今昼怕是（可能）发烧哦，一身骨节、肉都作酸啊；这几天累很着，全身都作酸啊。

"作酸"指身体发酸，始见于中古、近代汉语文献。曹庭栋《养生随笔》卷二："见客必相揖，礼本不可废，但恐腰易作酸，此礼竟宜捐弃。"又卷三："骨节作酸，有按摩之具曰'太平车'。"又卷四："《释名》云：'枕，检也，所以检项也。'侧曰颈，后曰项，太低则项垂，阳气不达，未免头目昏眩；太高则项屈，或致作酸，不能转动。"

三是显得寒酸，不大气、不体面。如：你莫作酸着，说请客，就那一啲哨菜；渠是故意作酸，穿个旧衣裳，背个麻布口袋。

"作酸"指显得寒酸，不大气、不体面，始见于中古、近代文献。《醒世恒言》卷二十三："你是有功之人，夫人也要酬谢你的，定不作酸！"《肯綮录·俚俗字义》："以余观之，山谷《法帖》见于世者皆作酸。"

挋：牛蹄赣语中保留有两个古语词义项。

一是用手抓物、抓住物或用手快速抓取，读作［Øua22］。如：那个伢儿抓周的时候，首先一把挋一个馍，看来长大着是个好吃佬；渠又不会打篮球，在场上乱挋抓；渠一把挋下去，挋着一半走着。

"挋"指用手抓物、抓住物或用手快速抓取，见于中古、近代汉语文献，属于古代方俗词语。《类篇·手部》："吴俗谓手爬物曰挋。"《字汇·手部》："挋，手爬物。"《正字通·手部》："挋，蛙，上声，手爬物也。"《集韵·麻韵》："挋，手捉物。"《集韵·马韵》："吴俗谓手爬物曰挋。"《何典》："左手捏着入门诀，右手挋个送死拳头。"

"挋"指用手抓物或抓住物、用手快速抓取，在今晋语、吴语、湘语、赣语、粤语等方言中沿用，常见的表述结构有"挋一把……""挋个……"等。1935年《萧山县志稿》："吴俗谓手爬物曰挋。"清咸丰壬子年《顺德县志》："以手爬物曰挋。"

二是指用手或器皿舀取，读作［Øua55］。如：你从碗柜里拿个碗，给我挋两碗米来；各人拿个挑挑（勺子）挋到吃；渠弄个瓢瓢挋着一大堆沙子堆在路上。

"挋"指舀取，属于中古、近代的方俗词语。《陈州粜米》第一折："我量与你米，打个鸡窝，再挋了些。"蒲松龄《聊斋俚曲集·翻魇殃》："姜娘子做了饭，打发他婆婆吃了，才挋了升麦子，碾上掐了掐，烙了两个黑饼丢给他。"蒲松龄《日用俗字·饮食》："大瓢挋来酵子发，下手先扠二百拳。"

"挋"指舀取，在今北京官话、冀鲁官话、胶辽官话、中原官话、江淮官话、西南官话、湘语、赣语等方言中广泛使用，搭配方式基本相同，都是"挋＋（数量）对象或结果"，如"挋一升米""挋米""挋完了"等。

- 145

解手［kai55ṣ3u55］上厕所大小便，牛蹄赣语中有"解大手"与"解小手"之别，也可以说成"解个手"。如：半夜渠要解手，本身又胆小，不敢出去；你稍微等一下，让渠去解个手；解大手还是解小手啊？

"解手"始见于中古、近代汉语文献。戚继光《纪效新书》卷四："及行营，搀越前后，非令先行先歇，途中下路，一体连坐哨队长。若解手，许同队一人立在道傍候，毕，催上，不许过二里。"《醒世恒言》卷三："自怜红颜命薄，遭此强横。起来解手，穿了衣服，自在床边一个斑竹榻上朝着里壁睡了，暗暗垂泪。"《西游记》第八十一回："我半夜之间，起来解手，不曾戴得帽子，想是风吹了。"《二十年目睹之怪现状》第二十回："我以为他到外面解手，谁知一等他不回来，再等他也不回来，竟是溜之乎也的去了。"《九尾龟》第一百六十五回："耐就是肚里痛，要去解手末，为啥勿叫个人进来嗄？"《雍正剑侠图》："果然，老先生解手来了，拄着棍啊直哼哼，来到茅房，一看棍给埋好了，知道这是为自己准备的，就褪下中衣来解手。"古文献中也有大解、小解之分。《练兵实纪》卷七："每马军一旗，每车兵二车，各开厕坑一个于本地方，遇夜即于厕中大小解。"《续济公传》第八十五回："勇役不睬，那知再拖也拖不动身，只得把他送到毛厕上，站在旁边，候他解了大便，拖了再走。又走不上十数步，忽然又说道：'俺要小解了。'只得又让他解了小解。一路之间，大解小解，闹了七八次，好容易带到巡厅衙门。"

"解手"在今冀鲁官话、湘语、西南官话等方言中广泛使用。

绾［Øuæn55］牛蹄赣语中保留了三个古语义项。

一是系结、打结，这个义项指直接系结、打结，不一定盘绕、缠绕。如：你把绳子头头上要绾个疙瘩，免得绳子散着；你把口袋口口绾个疙瘩，免得里头的东西倒出来着；你简直笨得哪去找（找不到再笨的了）呢，连个疙瘩都不会绾！

"绾"指系结、打结，始见于上古汉语文献，后历代沿用。《字汇》《正字通》《集韵》："绾，系也。"《汉书·周勃传》："绛侯绾皇帝玺，将兵于北军，不以此时反，今居一小县，顾欲反邪！"颜师古注："绾，谓引结其组。"《梁书·任昉传》:"近世有乐安、任昉,海内髦杰,早绾银黄,夙昭民誉。"清魏秀仁《花月痕》第五十回:"韦痴珠不绾半绺,却相时度势,建策于颠沛流离,硕画老谋,寄意于文章诗酒,这才算个人哩!"《红楼梦》第七十一回:"空挂纤纤缕,徒垂络络丝。也难绾系也难羁,一任东西南北各分离。"《野叟曝言》第十五回:"其余等物,一并包在衣包,绾缚好了。"

二是把长条、绳状的东西盘绕起来,盘绕后可能打结,也可能不打结,牛蹄赣语中都叫"绾",词义核心是缠绕、盘绕。如:你把剩余的线都绾到线砣砣上,以后好用;渠把头发绾到脑壳顶上,有哟难看;你把绳子在那个树上绾几圈。

"绾"指把东西盘绕起来,多见于中古及以后的文献。《龙龛手鉴·糸部》:"绾,绾系也。"李贺《大堤曲》:"青云教绾头上髻,明月与作耳边珰。"《朴通事》:"先将那稀篦子篦了,将那挑针挑起来,用那密的篦子好生篦着,将风屑去的爽利着,梳了,绾起头发来。"明沈德符《万历野获编》卷五:"其末则云:'十好笑,驸马换个现世报。'盖谢秃少发,几不能绾髻,故有此讥。"《水浒传》第一回:"头绾两枚丫髻,身穿一领青衣,腰间绦结草来编,脚下芒鞋麻间隔。"《儿女英雄传》第二十八回:"早见华嬷嬷、戴嬷嬷两个手里牵着丈许长两匹结在一处的红绿彩绸,两头儿各绾着个同心彩结,递给两个喜娘儿。"

"绾"指把东西盘绕起来,在今西南官话、东北官话、冀鲁官话、吴语等方言中仍有沿用。冀鲁官话中把妇女绾发髻说成"绾纂儿",西南官话中将其说成"绾纂纂",东北官话中把说话绕圈子说成"绾角儿",吴语中把绾发髻的头饰叫"绾儿"。

三是控制、掌握。如:事情到最后,渠绾也绾不住着,只能来找我帮忙;伢儿要早哟管、早哟教育,不是到最后,小心绾不住着,想教育、想管来不及着;这个事情你各人做主,以你绾得住为原则。

"绾"指控制、掌握,始见于上古文献,后历代沿用。《史记·货殖列传》:"北邻乌桓、夫余,东绾秽貉、朝鲜、真番之利。"司马贞索隐:"绾者,绾统其要津。"句中"绾"与"统"同义连文。《史记·张仪列传》:"先王之时,奉阳君专权擅势,蔽欺先王,独擅绾事。"《唐代墓志汇编续集·唐故中大夫前洪州都督府司马上柱国清河张府君墓志铭并序》:"长庆初,……始命饶州余干主簿,俾绾要权。繇是经费有常,勾督无滞,颇达变通之略,深明利害之源。"《敦煌变文集新书》卷二:"四海丰登归圣德,万邦清泰荷宸聪。君王福即生灵福,绾摄乾坤在掌中。"句中"绾"与"摄"意义相同。北宋杜安世《玉楼春》:"纶命忽从天上至,便绾兵权辞漕计。"清吴梅村《茸城行》:"此地江湖绾锁钥,家擅陶朱户程卓。"

失落[ʂ121lo0]丢失、遗失。如:我么时候把钢笔搞失落着;你各人对事情要上心,把东西搞失落着,各人还找不到(没有察觉到);人不能经常失落东西,偶尔失落一个东西还可以原谅。

"失落"中,"失"与"落"在古代汉语中都有丢失、遗失的意思,"失落"在古代汉语中作为并列复音词,见于中古、近代汉语文献。明杨尔增《两晋秘史》第一百五十六回:"去得好远,失落此鞭在地,被我拾得。"《二刻拍案惊奇》卷三:"将到孺人房前,摸摸袖里,早不见了那丸药,正不知失落在那里了。"又卷五:"奴婢等昨晚随侍赏灯回来,在东华门外拾得一个失落的孩子,领进宫来,此乃万岁爷爷得子之兆,奴婢等不胜喜欢。"《醒世姻缘传》第二十六回:"生员所失的东西,不下千金,都是可舍得过的?若不急急追捕,只恐怕把许多藏书名画失落无存,不为小可。"《七侠五义》第二回:"说话间,从怀中掏出古镜交与王氏,便说是从暗中得来的。嫂嫂好好收藏,不可失落。"《施公案》第二百三十九回:"次日天明,施公醒来,见金牌失落,吓得魂不附体,面如土色。"田腾蛟《元代野史》第四十八回:"被犬吠一声,仅得罗帕一幅,汗衫一领惊逸,罗帕不知失落何处,惟盗得汗衫而已。"

"失落"在今赣语、西南官话等方言中广泛使用。在语言实际运用中,"失落"与"落"都可以单独使用,表示丢失、遗失之义。

填还［tʰien35xuæn0］在中古及以前的文献中主要是偿还的意思，在近代汉语文献中主要是报偿、补偿、报答的意思。"填还"指偿还的意思重在强调有借有还、按约定清偿债务；"填还"指报偿、补偿、报答，不是按照约定偿还，从得到报偿、补偿方而言，一般指达到预期或超出预期，主体可以是有生之物，也可以是无生之物，一般是指报偿、补偿方生长、运行顺利，迎合了预期或超出了预期。在中古和近代汉语中，"填还"的词义是一脉相承的。牛蹄赣语中的"填还"延续的是近代汉语的词义。如：今年这个猪还填还人，冇害过病，又会吃，又肯长；今年天气还填还人，要晴有晴天，要雨就下雨；今年的庄稼格外填还人，就薅着一道草，二道肥都冇有追（上肥料），年成比哪一年（任何一年）都好。

中古及以前文献中的"填还"更多地含有按约定偿还或等值偿还的意思。《全唐文》卷五十六："选人官成后，皆于城中举债，到任填还，致其贪求，罔不由此。"韩愈《论变盐法事宜状》："盐商利归于己，无物不取。或从赊贷升斗，约以时熟填还，用此取济，两得其便。"白居易《斋戒》："酒魔降伏终须尽，诗债填还亦欲平。"《敦煌变文集新书》卷六："相公遂于白庄边借钱五百贯文，是时贫道作保。后乃相公身亡，贫道欲拟填还，不幸亦死。"元顾德润《〔中吕〕醉高歌过喜春来》："名利难，诗酒债且填还。"《初刻拍案惊奇》卷三十："佛说戒杀，还说杀一物要填还一命。"

近代汉语文献中的"填还"主要是报偿、补偿、报答的意思。《三宝太监西洋记》第九十回："百里雁，你原是个飞天的光棍，勒骗良善财物，致有今日这一场火烧。你得人的财物，还要变下畜生填还人，可赴牲录司托生。"《东渡记》第二十五回："俗世说得好：欠债变驴变马填还。譬如店主家有驴马，甚至犬豕鸡鸭，应与你卖钱食用，都是负欠不还根因业障。"《七侠五义》第三十七回："这王八蛋好生可恶！他不亏我指引明路，教他发财。如今得了手，且不回家，又不知填还那个小妈儿去了。"郑廷玉《崔府君断冤家债主》："我偷了他这五个银子，不知这家儿姓甚么？今生今世，还不的他，那生那世，做驴做马填还你。"《红楼梦》第四十三回："你少胡说。一会子离了这里,我才和你算账!他们两个为什么苦呢?有了钱也是白填还别人,不如拘了来咱们乐。"

"填还"在今北京官话、冀鲁官话、晋语、西南官话、中原官话等方言中仍然沿用,常见的语言组合形式是"填还+指人代词或名词(报偿、补偿、报答的对象)"。1932年《景县志》:"雇工为主人格外卖力,或牲口格外驯服,皆谓之填还。"1934年《临清县志》:"得所酬报谓之填还。"

捡拾[tɕien55ʂʅ0] 收拾整理。如:要来客着,你把房子捡拾一下哦;快过年着,捡拾房子都得几天;你一啲都不爱捡拾,桌子上堆得乱七八糟。

"捡拾"指收拾整理,见于近代汉语文献。《曾国藩家书》:"诸弟不好收拾洁净,比我尤甚,此是败家气象!嗣后务宜细心收拾,即一纸一缕,竹头木屑,皆宜捡拾伶俐,以为儿侄之榜样。"句中"捡拾"与两个"收拾"相对。清梁恭辰《北东园笔录·续编》卷六:"福州惜字社最多,而缘此获报者,指不胜屈。其尤速效者,如介石社之首事林星航(锡赓),家甚贫,每质物雇人捡拾字纸,并力邀同志鸠集工赀,每日以收得百斤为率。不及数,必于次二三日力补足之。"

"捡拾"主要在今西南官话、湘语、赣语、客家话等南方方言中沿用,宾语一般为被收拾整理的处所或对象。

收捡[ʂɤu22tɕien55] 收集整理并保存。如:你这个人是有得收捡的,么事东西乱甩,要用又找不到;你把这本书收捡起来,放到外头整坏着;你把家谱无原则地乱发,有啲人又不重视、不收捡,最后还是糟脱着。

"收捡"指收集整理并保存,见于中古、近代汉语文献。《后汉书·张衡传》:"及为侍中,上疏请得专事东观,收捡遗文,毕力补缀。"《儿女英雄传》第一回:"一时饭罢,公子收捡笔砚,便在卷袋里找那三场的文章草稿。"《说唐全传》第九回:"为伯父的前往殡殓,打下箭来,一共有一百零七箭。我原想侄儿大来,好与父报仇,所以将这些箭头收捡在此,与你看的。"张恂子《隋代宫闱史》第二十五回:"尉迟贞在苑内收捡了一切,尚未舒齐,蓦见十多个人,撞进了里面,为首一个焦黄了脸儿,眉儿竖起,目儿圆睁,不是独孤皇后是谁!"

"收捡"在今江淮官话、西南官话、赣语等方言中仍然沿用。

跶[ta214] 跌倒、摔倒。如:你走路小心哟,莫跶到着;渠前几天上街的时候,在路上跶着一跤子;小伢儿走路跶跤子正常的。

"跶"指跌倒、摔倒,主要在中古、近代汉语文献中使用。《类篇》《集韵》:"跶,足跌。"《字汇·足部》:"跶,足跌也,或省作跶。"《龙龛手鉴》《玉篇》:"跶,足跌也。"《玄应音义》卷十五:"及地曰跶。"杨树达《积微居小学金石论丛》卷四:"今长沙言仆地为跶。"《水浒传》第六十回:"一齐跶了双脚,翻筋斗颠下陷马坑里去。"《金瓶梅》第六十一回:"起来穿裙子,忽然一阵眩晕的,向前一头跶倒在地,饶是迎春在旁挡扶着,还把额头磕伤了皮。"

"跶"在今江淮官话、西南官话、湘语、粤语等南方方言中仍然沿用,常见"跶跤""跶倒""跶伤"等词语。《长沙方言续考》:"今长沙言仆地为跶。"

揎[Øuæn22] 掐取、掏取。如:你拿铫铫(勺子)从油罐里揎啲猪油来;你再那样不认人,我把你眼睛子给你揎脱渠;渠一把揎到我荷包(衣、裤口袋)里,把我的葵花哈抓去着。

"揎"强调的是掐取、掏取的动作过程中有旋转的动作,始见于上古汉语文献,后历代沿用。《说文·十二上·手部》:"揎,搯取也。"段注:"今人'剜'字当作此。大徐附'剜'于刀部,非也。""剜"多指刀,主要词义为转削;"揎"的主要词义为掐取,工具是刀以外的东西,甚至包括手。《字汇·手部》:"揎,取也、援也。"《集韵·潸韵》:"揎,取也。"《龙龛手鉴·手部》:"揎,取也。"《一切经音义》卷七:"揎出曰掏。"《清稗类钞·动物类》:"'无所需,需银针一。'予之。乃持向龈腭间,掏揎久之,得大虫二,小虫六七。"

"揎"在今江淮官话、吴语、湘语、闽语等南方方言中广泛沿用。《南通方言疏证》:"揎,音挖,正合剜取之义。……今俗所云揎眼睛者。"《定

— 151 —

海县志》:"俗谓以指抉取曰掐,如抉目曰掐眼乌珠。"

沤 [ŋɜu31] 长时间浸泡、沤渥。如:鞋子打湿着,赶紧把渠晾干,不是的话很快就沤坏着;房屋后头沟里倒着一大堆柴,底下的哈沤坏着;把酒酿子拌进去,放到缸里沤几天,才能烤酒。

"沤"指长时间浸泡、沤渥,始见于上古早期汉语文献,后历代沿用。《说文·十一上·水部》:"沤,久渍也。"段注:"言久渍者,略别于渍也。……《陈风》:'可以沤麻。'传曰:'沤,柔也。'《考工记》:'沤其丝。'注曰:'沤,渐也。楚人曰沤,齐人曰涹。'或假渥字为之,如《左传》:'鄅人沤菅者。'《周礼》引作'鄅人渥菅'是也。"汉代以后历代字书、辞书多沿用许氏的解释。《广雅·释诂二》:"沤,渍也。"《诗经·陈风·东门之池》:"东门之池,可以沤麻。彼美淑姬,可与晤歌。"《毛传》:"然则'沤'是'渐渍'之名,此云'沤,柔'者,谓渐渍使之柔韧也。"《齐民要术·桶》:"桶,子大如鸡卵。三月花色,仍连著实;八九月熟。采取,盐酸沤之,其味酸酢;以蜜藏,滋味甜美。出交趾。"《汉书·扬雄传》:"棍申椒与菌桂兮,赴江湖而沤之。"颜师古注:"沤,渍也,今沤麻也。"《癸辛杂识·续集下·蜘蛛珠》:"蒙古歹之在福建省时,有村落小民家一妇人,以织麻为业,每夜沤麻于大水盎中。"

"沤"在今粤语、闽语、湘语、西南官话等南方方言中广泛使用。《蜀语》:"衣物溇烂曰沤。"今闽语中把霉烂叫"沤丢",湘语中把沤肥叫"沤凼",赣语中把积肥叫"沤淤",粤语中把发霉叫"沤坏",等等,其中的"沤"都保留着长时间浸泡、沤渥的意思。

睄 [ʂau35] 扫视、眼光略过、匆匆一看,义与"瞧""瞄"相近。如:你到院坝边上睄一眼,看大哥回来冇有;我只在门口睄着一眼,冇有大看清楚;要看就进去看,莫在门外头睄睄地。

"睄"指扫视、眼光略过、匆匆一看,始见于中古、近代汉语文献。《类篇·目部》:"睄,小视。"《正字通·目部》:"睄,同'瞧'。"《集韵·效韵》:"睄,小视。"明佚名《鸣凤记·陆姑救易》:"莫非在床底下，待我开窗眫眫看。"《红楼梦》第九十七回："黛玉眫了，撂在一边。"《留东外史》第六十一章："梅子眫了苏仲武一眼，黄文汉忍不住笑起来，笑得梅子更加不好意思，将脸藏在圆子肩后。"

"眫"在今西南官话、粤语中仍然沿用。

擩［Øȵ55］用力插、用力塞，有动作比较粗野、不太斯文的含义。如：渠要给我压岁钱，我不要，渠一下擩到我荷包（衣、裤口袋）里；衣裳、裤子折都不折一下，乱七八糟地擩到一个箱子里；装书的时候莫乱擩，小心把书擩烂着。

"擩"指用力插、用力塞，始见于中古、近代汉语文献。《类篇》《康熙字典》："擩，手进物也。"《广韵》《龙龛手鉴》："擩，擩荎，手进物也。"句中"手进物"即以手推、塞、插物使进入。擩荎，即用手把草递送进铡刀与刀座之间。

"擩"指用力插、用力塞，在今北京官话、冀鲁官话、中原官话、晋语、西南官话、吴语等南北方言中广泛使用。晋语中有"擩草""擩黑钱""擩把"，西南官话中有"擩门包""擩包袱"，东北官话中有"擩进去"，等等词语。

䋎［xaŋ35］一种线脚比较粗的缝纫法，即用针线将棉袄、被子等里子、面子及夹层物粗缝使之固定的缝纫方法。如：你今昼下街给我带一包䋎针，我䋎铺盖（棉被）用；你把袄子（棉袄）中间要䋎几路线，不是的话，穿几天，棉花就跑到一起去着；天气冷起来着，赶紧把厚铺盖䋎起来。

"䋎"始见于中古汉语文献，属于古代南方方俗词语。《玉篇·糸部》："䋎，缝纴也。"《广韵·映韵》："䋎，刺缝也。"《新方言·释器》："今淮南、吴、越谓粗缝曰䋎，音如行列之行。"《甬言稽诂·释衣》："䋎者，施于棉夹衣，使表里合着，以去针为之，针迹长短相间，露于表里者断，伏行隐贯于表里之中者长。……所用之针为䋎针。"

"䋎"在今南北方言中广泛沿用。吴语、客家话中把缝制棉衣、棉被的长而细的针叫"䋎针"，晋语中把做棉被的线叫"䋎线"，福建客家话中把做棉被、补被絮叫"絎被"，徽语中把做被子或棉衣叫"絎棉"，郑州中原官话中把做被子叫"絎盖底"，陕西汉中方言、重庆西南官话中把做被子叫"絎铺盖"。《吴方言词典》："絎，用针线固定面儿和里子及所填充的棉花等。"

绲［kuən55］牛蹄赣语中把缝边叫"绲边"，指制作衣服、鞋子等，在裁切的边缘缝上布条以包裹毛边，或把裁切的边缘卷折进行缝制，避免布料裁切的毛边边缘散脱，同时具有美观的效果。如：裤脚褊没有绲边的，散线着；鞋帮子上到鞋底子上之前，要结结实实地绲边，不是的话，很快就扯烂；衣裳脚褊没有绲边，毛毛分分的。

"绲"始见于上古汉语文献，后历代使用，古代汉语文献中将其又误作"滚"。《说文·十三上·糸部》："绲，织带也。"《字汇》《正字通》："绲，缝也。"《类篇》《集韵》："绲，织带也。"以上字书、辞书沿用《说文》。东汉《樊敏碑》："当穷台绲，松侨协轨。"东汉《高颐碑》："当登绲织，绶为时雍。"《新方言·释器》："凡织带皆可以为衣服缘边，故今称缘边为绲边，俗误书作'滚'。"《金瓶梅》第六十八回："上穿白绫对衿袄儿，妆花眉子，下着纱绿潞绸裙，羊皮金滚边。"

"绲"在今闽语、吴语、西南官话等方言中仍然沿用。闽语中把绲边叫作"绲沿"或"绲墘（边沿）"；上海吴语中把缝在鞋口或衣服边沿上的布条或缎带叫作"绲条"；西南官话中把沿着衣服等边缘缝上布条、带子叫"绲边"。

献芹［ɕien31tɕʰin35］指送给别人的东西价值微薄、提出的建议浅陋、提供的帮助微薄，等等，或指过分殷勤地提供给别人不需要的东西、不必要的帮助，含有向人讨好、献殷勤的意思，词义的核心是献殷勤。如：你莫献芹着，我不需要你给的这个东西。各人力气又不行，还要献芹去帮忙，你不是帮倒忙吗？渠说这些话，还是有啲献芹的意思。

"献芹"始现于上古早期汉语文献，后历代文献中都仍沿用。《列子·杨朱》："昔者宋国有田夫，……顾谓其妻曰：'负日之暄，人莫知者，以献吾君，将有重赏。'里之富室告之曰：'昔人有美戎菽、甘枲茎芹萍子者，对乡豪称之。乡豪取而尝之，蜇于口，惨于腹，众哂而怨之，其人大惭。'"此后就以"献芹"指赠送的东西微薄或提出的建议浅陋。李白《赠范金卿二首》："徒有献芹心，终流泣玉啼。"唐高适《自淇涉黄河途中作十三首》："尚有献芹心，无因见明主。"苏轼《集英殿春宴教坊词致词口号序》："虽《白雪阳春》，莫致天颜之一笑；而献芹负日，各尽野人之寸心。"《金瓶梅》第五十三回："常峙节从旁赞道：'应二哥一片献芹之心，哥自然鉴纳，决没有见却的理。'"《西游记》第九十六回："我家父、家母，各欲献芹者，正是各求得些因果，何必苦辞？"《幼学琼林》卷四："捐资济贫，当效尧夫之助麦；以物申敬，聊效野人之献芹。"

"献芹"在今西南官话中仍然沿用。

上灶［ṣaŋ33tsau31］下厨房做饭。如：旧社会男的是不上灶的；我已经好久都冇有上灶煮饭着；渠表现还好呢，虽然在外头工作忙，回来有时间还经常上灶呢。

"上灶"指下厨房做饭，始见于近代汉语文献。《醒世姻缘传》第七十六回："素姐待做，便叫小玉兰上灶做饭，做的半生半熟，齷齷的又不下口。"又第八十八回："实禀老爷：驿丞的两个家人，那个会上灶的家人病倒，没有做饭，徒夫中一个吕祥，原是个厨子，又是驿丞同府的人，是吕祥做的。"以上第一句中的"上灶"后紧接目的动作"做饭"，第二句中先说"会上灶的人病倒"，紧接着说"没有做饭"，可见"上灶"是下厨房做饭之义。《金瓶梅》第十一回："孙雪儿单管率领家人媳妇，在厨中上灶，打发各房饮食。"又第二十四回："俺天生是上灶的来？我这里又做大家伙里饭，又替大妗子炒素菜，几只手。"《红楼梦》第六十五回："跟的两个小厮都在厨下和鲍二饮酒，鲍二女人上灶。"

"上灶"指下厨房做饭，在今西南官话、吴语、赣语、中原官话等方言中仍然沿用。

不好［pu24xau55］讳称身体生病、不舒服，牛蹄赣语中也将其说成"不好过"。如：前几天听说你伯不好，现在好些冇咯？这几天不好的人多啊，不

— 155 —

是传染病吧？渠今昼不好过，连饭都冇有吃。

"不好"见于中古、近代汉语文献，多指生病，从词义内涵看，可以指一般的小病，也可以指比较严重的病。《金瓶梅》第十一回："俺妈从去岁不好了一场，至今腿脚半边通动不的，只扶着人走。"又第十七回："况且奴家这边没人，不好了一场，险不丧了性命。为今之计，不如把这位先生招他进来，有何不可？"以上两句中"不好"显然指比较严重的病。吴昌龄《张天师》第二折："净云：'你那病人不好几日了？'"《喻世明言》卷一："一夏不好，秋间转成水痢。每日请医切脉，服药调治，直延到秋尽，方得安痊。"《醒世姻缘传》第三回："过了元旦，初二早辰，只得又去请杨古月来看病。杨古月来到房内，笑说道：'二位害相思病哩！为甚么才子佳人一齐不好？'"《金瓶梅》第五十三回："这两日身子有些不好，坐净桶时常有些血水淋得慌。早晚要酬酬心愿，你又忙碌碌的，不得个闲空。"以上四句中"不好"都指生病，其中前三句不能判断病情的轻重，最后一句能够判断是比较轻的一般病。"不好"除了指生病外，也可以指身体不舒服、不适，即还不能算作一种病。《二十年目睹之怪现状》第三十五回："我推说身子不好，不能去。玉生道：'我进门就听见你说笑了，身子何尝不好？不过你不赏脸罢了。'"又第八十五回："阁下身子不好，何必又宴客？"《红楼梦》第五十三回："至下半天，说身上不好，就回来了。"又第八十三回："好妹妹，你到老太太那里，只说我请安，身上略有点不好，不是什么大病，也不用老太太烦心的。"又第九十三回："凤姐因那一夜不好，恹恹的总没精神，正是惦记铁槛寺的事情。""不好"在古代文献中既可以指生病，也可以指身体不舒服。在牛蹄赣语中，"不好"作为生病的委婉说法一直沿用，既可以指重病，也可以指一般的小病。

"不好"指生病、身体不舒服，在今北京官话、中原官话、江淮官话、西南官话等官话区以及晋语、湘语等方言中广泛沿用。1924年《介休县志》："有病曰不好。"

耖［tʂʰau22］对已经翻耕的土地再次进行浅耕，使泥土变得更细、更松，土面变得平整，适于下种。如：今年苞谷一收，赶紧把地犁脱，好让冬天上冻，明年开春简单一耖就下籽种；那块地犁以后又下着一场雨，下种之前还得耖一下；地要犁一遍、耖一遍，庄稼才长得好。

"耖"始见于中古后期汉语文献，属于民间方俗语词。《类篇·耒部》《集韵·效韵》："耖，覆耕也。"句中"覆"即"复"，"覆耕"即重复、再次翻耕土地。《字汇·耒部》《广韵·效韵》："耖，重耕田也。"句中"田"即田地，"重"即"复"。《正字通·耒部》："耖，重耕田也。……今俗犁田后复用耙柔土使平。"《农政全书·农器》："盖犁以起土，惟深为功，耙以破块，惟细为功。耙之后又用耖用耢。"《蕲春语》："今吾乡耕皆三次：始耕发土用犁，曰耕；次耕，曰耙；最后耕，曰耖。"

"耖"在今西南官话、江淮官话、吴语、客家话等方言中仍然沿用。西南官话中有"耖土""耖田"等说法，吴语、江淮官话中有"耖地"的说法，客家话中的"耖水子"指用于耖田地的较小的犁。四川谚语："田要犁，地要耖，棉花无草也要薅。"

磋磨［tsʰo22mo35］折磨、虐待。如：你可是提前要把人户看好，免得女娃子嫁过去受磋磨；渠的病啊，把人磋磨很着；你这是故意磋磨人吗?

"磋磨"指折磨、虐待，始见于中古汉语文献，也作"挫磨"。明李贽《三日风》："莫以行人心事恶，故将风色苦磋磨。"《跻春台》卷二："艳姑大大不爱，夜哭枕边，说婆婆磋磨了他。"《三宝太监西洋记》第六十五回："这一阵虽不曾进得关，却也打破了关门，番王吃了老大一吓，三太子老大受挫磨。"《红楼梦》第七十一回："论理我不该讨情，我想老太太好日子，发狠的还要舍钱舍米，周贫济老，咱们先倒挫磨起老奴才来了？"又第一百一回："一面说，一面咬牙便向那孩子身上拧了一把。那孩子哇的一声大哭起来了。凤姐听见，说：'了不得！你听听，他该挫磨孩子了。你过去把那黑心的养汉老婆下死劲的打他几下子，把妞妞抱过来。'平儿笑道：'奶奶别生气，他那里敢挫磨姐儿，……倒说三更半夜打人。'"明末清初刘淑英《天雨花》第二十回："且他昨夜被你那般挫磨而去，难道今夜还要看灯不成？"

"磋磨"在今东北官话、北京官话、西南官话等方言中仍然沿用。

打眼 [ta55ŋæn55] 牛蹄赣语中保留了两个古语词义项。

一是比喻目光一接触事物就能看出结果，不用费力就能看出结果，即强调目光所及就能看出结果。如：虽然几年有有见过你着，可是我一打眼就认到你着；虽然我已有有见过面，我一打眼就断定是你；打眼一看哦，我就认出真假着哦。

《汉语大词典》中解释"打眼"为"睁眼"，与古文献中实际语言环境中的意思不相符，也和牛蹄赣语中的意思不相符。牛蹄赣语中和古汉语文献中实际语例的意思是相同的，即比喻不用费力就能看出结果，始见于中古汉语文献。《三宝太监西洋记》第四回："云寂刚刚的接了他的包儿，打眼一霎，早已不见了这个和尚。"《二刻拍案惊奇》卷八："郑十打眼一看，果然李三与群女在里头混赌。"《初刻拍案惊奇》卷三十六："到得天色亮了，打眼一看，认得是昨夜攀墙的女子。"

"打眼"的这个义项在今东北官话、北京官话、西南官话中仍然沿用。

二是指显眼、突出、容易引人注意。如：你白日去，怕有啲打眼哦；你穿这个衣裳，怕有啲打眼哦；你个子（身高）高，打眼得很。

"打眼"指显眼、突出、容易引人注意，始见于中古汉语文献。王实甫《吕蒙正风雪破窑记》："挤眉弄眼，俐齿伶牙，攀高接贵，顺水推船，小则小偏和咱厮强。不尘俗模样，穿着些打眼目衣裳。"《二刻拍案惊奇》卷五："只头上一顶帽子，多是黄豆来大不打眼的洋珠，穿成双凤穿牡丹花样，当面前一粒猫儿眼宝石，睛光闪烁，四围又是五色宝石镶着，乃是鸦青、祖母绿之类，只这顶帽，也值千来贯钱。"清俞万春《荡寇志》第八十四回："如用上将去，姨丈与麟甥的面貌，谁不认识；范将军亦是本地人，恐防打眼。"《宋史演义》第十回："希崇深恐军中藏着女子，容易打眼，倘若漏了风声，不是玩的，便叫月娥改了男装，充作自己贴身的跟随，免得被人疑心。"

"打眼"指显眼、突出、容易引人注意，在今东北官话、北京官话、晋语、江淮官话、西南官话、湘语等方言中仍然沿用。

打照面［ta55tʂau31mien33］短暂的相见、碰面、露面就分开。牛蹄赣语中，经常在"打"与"照面"之间加"着""个""着个"等助词，构成"打个照面""打着照面""打着个照面"等词语。如：渠的长相我说不准，当时只是打着个照面；渠已经好久都冇来打照面着，怕是已经出门着哦；你好坏来打个照面嘛。

"打照面"始见于中古汉语文献，以"打照面""打了照面""打个照面"三种形式出现。如：元佚名《水仙子·喻镜》："打照面关情意，急回头不见他，好姻缘暗里消磨。"《二刻拍案惊奇》卷十四："那官人急闪了出来，已与大汉打了照面。"《施公案》第四百五十七回："计全也不动声色，命他与徐德升打了照面，众人入座，吃饱酒饭，仍然出门而出。"田腾蛟《元史演义》第四十二回："却说泰、定二妃，与燕帖木儿打了照面，一笑传情，这时候的燕帖木儿，心痒难搔，恨不得将两个丽姝，吞下肚去。"《西厢记》第一本："刚刚的打个照面，风魔了张解元。似神仙归洞天，空余下杨柳烟，只阙得鸟雀喧。"《二刻拍案惊奇》卷九："新妆方罢，等龙香采花不来，开窗叫他，恰好与凤生打个照面。"《醒世姻缘传》第十八回："就到监里看了珍哥，以后白日只在爹娘跟前打个照面就往监里去了，晚上老早的推往前头来睡觉，就溜进监去与珍哥宿歇。"《野叟曝言》第十回："双人一心倾听素臣的议论，竟毫不知小尼在后偷觑，直至素臣把嘴一呶，双人回过脸来，却好打个照面。"

"打照面"在今冀鲁官话、西南官话、湘语等方言中广泛沿用。《湘乡方言·人事》："湘乡语谓邂逅一瞥，未交一语，旋即分手曰打照面。"

筛酒［sai22tɕiɜu55］斟酒，牛蹄赣语中还可以在中间插入量词，构成"筛杯酒""筛个酒""筛几杯酒"等。如：这个桌子上由我负责筛酒，你己都放心，我会主持公道。你那个做服务员的，连个筛酒都不会，做么事服务员哦？你各人不喝酒，你可以给每个人筛一杯酒吗？

"筛"指斟酒，属于古代方言俗语，普通字典、辞书、韵书中未见收录，仅见于记录日常口语的中古、近代文献之中，最早见于宋话本。明李翊《戒庵老人漫笔》卷五："泻酒谓之筛。"《喻世明言》卷三十六："赵正和宋四公叙了间阔就坐，教酒保添只盏来筛酒，吃了一杯。"《全元曲·李逵负荆》："老王将酒来。（王林云）有酒，有酒（做筛酒科）。"《喻世明言》卷三："三人坐定，八老筛酒，吃过几杯，主管会意，只推要收铺中，脱身出来。"《水浒传》第八回："只见那店里有几处座头，三五个筛酒的酒保，都手忙脚乱，搬东搬西。"《金瓶梅》第三十回："于是将手帕包袱停当，递与来保。一面教春香看菜儿筛酒。妇人连忙丢下生活，就放桌儿。"

冇[mau33] 无、没有。如：你有钱冇得咯，给我借一哟，赶个急（应个急）；我叫你赶紧去，你还冇去啊；渠今昼么样全身冇力啊，是不是发烧着啊。

"冇"指无、没有，属于古方言词汇，在普通文献中很少出现，最早的字形一般以同音字"毛"替代，后来去掉"有"的中间两横，形成专门的字形"冇"。清郝懿行引《后汉书·冯衍传》："饥者毛食。"李贤注："衍集'毛'字作无，今俗语犹然。"明田艺蘅《留青日札》卷三十八："两广之音虽难通晓，……无曰毛，音如耄。晋人有毳饭之戏，言三物俱无，故以三毛为毳。"明陈士元《俚语解》卷二："楚蜀呼无曰毛。"《新方言·释词》："今湖南闽广皆谓无为毛。"《民国演义》第一二四回："广东人深恨桂人，把'莫有派'三字，代表桂派，又特制一个'冇'字，即将'有'字中间，缺其两划，作为'莫有'二字。冇派者，即莫有派也。这原是一种轻薄之义，后来大家传说，竟把这个'冇'字成为广东一种特别字儿。"

古方言中"冇"也多作"毛"。《通雅》卷一："《佩觿集》曰：'河北谓无曰毛。'……而江、楚、广东则呼无曰毛。"又卷四十九："湖广、江西、广东则谓无曰毛，此盖'没'字之转耳。"《蜀方言》："谓无曰毛。"清光绪十二年《顺天府志》："燕语呼亡为无，呼毛为无。"清道光二年《黄安县志》："谓无曰毛。"清乾隆二十四年《象山县志》："今俗语犹谓无为耗，音毛。"

"冇"在今中原官话、江淮官话、西南官话、吴语、湘语、赣语、客家话、粤语等南北方言中广泛沿用。西南官话中把没有多少叫"冇几",粤语中把没有什么叫"冇乜",客家话中把没有利润、无利可图叫"冇化",客家话中有"冇有""冇让""冇打"等说法,赣语中把未受精的蛋叫"冇公",湘语中把年龄不大叫"冇年纪",等等。

躎[ȵi22] 踩、踏、践踩,伴随有转动、磨压。如:地下有一坨痰,用脚躎一下;渠一脚踩到腿肚子肉高头,还躎一下;这个虫踩几脚都冇踩死,用脚躎才躎死。

"躎"指踩、踏、践踩,始见于中古汉语文献。石君宝《诸宫调风月紫云庭》:"厌地转过秉墙,携手儿相将,轻躎践残芳,直望着厅堂,将蛾眉涩道登,到绣楼软门外,你却则未得慌张?"句中"躎"与"践"同义连文,有践踩之义。明许仲琳《封神演义》第六十一回:"把武荣抓在空中,望下一摔,一脚躎住大腿,两只手端定一只腿,一撕两块,血滴滴取出心来,……嚼在肚里。"又第八十七回:"这一小县,今损无限大将,请元帅着人马四面攻打,此县可以躎为平地。"句中"躎为平地"即践踩为平地。《警世通言》卷一:"那时不慌不忙,将蓑衣、斗笠、尖担、板斧,俱安放舱门之外,脱下芒鞋,躎去泥水,重复穿上,步入舱来。"又卷三:"唤丫鬟开了卧房,点上银釭,也不卸头,也不解带,躎脱了绣鞋,和衣上床,倒身而卧。"以上两句中的"躎"指踩踏并转动使去掉。

"躎"在今西南官话、江淮官话、赣语等方言中广泛沿用。《蜀语》《里语徵实》:"足踏曰躎。"

沥[li214] 漉滤、滤水,即把有水分的东西装在竹制等可以漏水的器皿中使水分慢慢流出,常见词语是"沥干"。如:你把麦子淘(洗)干净,装到箩筐里沥下水,再弄出去晒到;你先把菜洗好,把水沥干;你在河坝里捞的东西,先把水沥一下,再往回挑,轻巧啲。

"沥"指滤水、漉滤,始见于上古汉语文献。《说文·十一上·水部》:"沥,水下滴沥。"段注:"滴沥,则为自上而下言之。"《字汇·水部》："漉去水也。"《正字通·水部》："今俗谓水将尽余滴曰沥，又漉去水也。"《龙龛手鉴·水部》："沥，滴也。"《玉篇·水部》："沥，漉也，滴沥水下。"《太平广记》卷二百三十四："取啖之时，并出干鲙，以布裹，大瓮盛水渍之，三刻久出，带布沥却水，则皭然。"又："收鲈鱼三尺以下者作干鲙。浸渍讫，布裹沥水令尽，散置盘内。"《云笈七签》卷四："都向夹绢袋盛之，悬于空处，沥水尽，即以瓷钵收之。"

"沥"在今江淮官话、西南官话、吴语等方言中广泛应用。1935年《麻城县志续编》："漉去水曰沥。"《广新方言》："《说文》：'渿，浚干渍米也。'泰州谓浚干渍米曰渿，芜湖曰沥。"《蜀语》："沥，漉去水也。"《定海县志》："今俗谓去汁曰沥，如言'沥干'。"

散［sæn31］分发、散发，即把钱、财、物分发予人。如：屋里来着人客，你要晓得散烟、倒茶；你把这些水果糖拿到院坝里去给每个小伢儿都散一啮；渠已那个时候家事好，渠娘死上坡（把死者灵柩抬到墓地埋葬、出殡）的时候，直接散海孝（只要参与送葬的人，无论有无姻亲血缘关系，都散发孝布）。

"散"指分发、散发，在上古文献中已广泛使用，后历代沿用，在现代汉语中被"分发""散发""散布"等词语取代。《字汇·攴部》："散，布也。"句中"布"，即分发之义。《集韵·换韵》："散，分也。"《尚书·武成》："散鹿台之财，发钜桥之粟，大赉于四海，而万姓悦服。"句中"散"与"发"对文同义。《吕氏春秋·孟秋纪》："分府库之金，散仓廪之粟，以镇抚其众，不私其财。"句中"分"与"散"对文同义。《管子·小问》："毁其备，散其积，夺之食，则无固城矣。"句中"散"与"夺""毁"意义相关。《韩非子·八奸》："为人臣者散公财以说民人，行小惠以取百姓，使朝廷市井皆劝誉己，以塞其主而成其所欲，此之谓'民萌'。"贾谊《过秦论》："虚囹圄而免刑戮，去收孥污秽之罪，使各反其乡里；发仓廪，散财币，以振孤独穷困之士。"《抱朴子·汉过》："当涂端右阉官之徒，……吞财多藏，不知纪极，而不能散锱铢之薄，施振清廉之穷俭焉。"李白《赠崔司户文昆季》："千金散义士,四坐无凡宾。"《大唐故泰州诸军事泰州刺史侯使君夫人窦氏墓志》："分彻家产,散给宗亲。奉上虔恭,接下慈惠。"宋佚名《大宋宣和遗事》："一日,奏行青苗法,差李常、孙觉等往河北诸路,俵散青苗钱。"句中"俵"是方言词,指给人分发东西。句中"俵"与"散"连文同义。清无名氏《秦并六国》："取出衣甲器械,分俵散与诸军,会使枪底枪在手,能射弓者弓便射。"句中"分""俵"与"散"三个字连文同义。《红楼梦》第四十一回："王夫人打发文官等出去,将攒盒散与众丫鬟们吃去,自己便也乘空歇着。"《跻春台》卷一："看见了亲丈夫羞耻不顾,散了烟又倒了茶跑进跑出。"

"散"在今晋语、西南官话、赣语、湘语等方言中仍然沿用。晋语中有"散孝",即给参与送葬的人散发孝布;湘语、西南官话、赣语中有"散糖""散烟""散钱"等说法。

散饷 [sæn31ɕiaŋ55] 给在场的人不计回报地散发东西。如:我今昼散饷哦,每人一份,只要在这里的人个个都有;我不是散饷,来的人不一定都有;渠一向大方,吃么事东西爱(喜欢、容易做到)散饷。

"散饷"在古代文献中本指给兵丁发放饷银。今广东非物质文化遗产"屯兵舞"中有启师、清水、颁兵、颁符、分粮、散饷等环节,其中散饷就是给兵丁发放饷银。京剧《双尽忠》:"周义王(内白):'散饷一事奏来。'李广(白):'臣边外散饷,干戈宁靖,特来交旨。'周义王(内白):'好!卿家散饷有功,免一月不朝王见驾。'"《清史稿》卷二九二:"毓珣请提镇各营贮谷借兵,散饷时买还,概免加息,上特允之。"清黄宗羲《行朝录》:"寻遣金都御史陆清源解饷十万给东浙。清源散饷不平,兵哗而遁。"清郭柏荫《蔡江门先生墨迹》:"推官虽少能爱民,裹创散饷同艰辛。民恋推官不忍去,死守孤城撄贼怒。""散饷"本指给所有兵丁发放饷银,在民间引申为给在场的所有人免费发放东西。

"散饷"在今西南官话、赣语等方言中仍有沿用。

伤脸［ʂaŋ22lien55］伤及别人情面、尊严、颜面，多指拒绝别人的善意或赠物使其感到难堪。牛蹄赣语中，可以在"伤脸"的中间插入受动对象，构成"伤……的脸"结构。如：这是我己各人（自己）的一啲土货（自家产的货物），你一定要收到，莫伤我的脸；渠心里喜欢得不得了地来接你，结果你冇有理识（关注、主动打招呼）渠，渠觉得伤脸着；行事一般莫伤人家的脸，人怕伤脸，树怕伤皮。

"伤脸"指伤及别人情面、尊严、颜面，主要见于明清小说文献。但是除了具有牛蹄赣语中伤及别人情面或尊严之义以外，明清小说中往往还具有自己没有把某事做好、使自己丢脸之义。《红楼梦》第六十九回："幸而琏二爷不在家，没曾圆房，这还无妨。只是人已来了，怎好送回去，岂不伤脸？"《施公案》第一百一十二回："且说刘虎与关小西战约食顷，把刘虎累得筋疲力竭，声如牛喘，急得两眼都红咧！又怕伤脸，虽然气力不济，还不肯认输，喊叫如雷，勉强着拧枪上撞。"《绿野仙踪》第四十三回："我固贫穷，宁死不做伤脸的事。"以上句中的第一例与现今牛蹄赣语中"伤脸"的词义、用法完全一致，其他句中"伤脸"含有丢脸之义。

"伤脸"在今中原官话、西南官话、赣语等方言中仍然沿用。1936年《镇原县志》："伤脸，谓伤颜面也。"今西南官话中常见"莫伤脸""莫伤……的脸""伤……的脸"等结构。

赏脸［ʂaŋ55lien55］给某人面子，顾及某人颜面，主要谦指对方接受自己的善意、赠物或以某种方式对待自己。牛蹄赣语中也可以构成"赏个脸""给……赏个脸"。如：你给我赏个脸把这啲东西收下，下次再不这样了；渠能见你，就已经算赏脸着；我不当众揭穿你的丑事，就是赏脸着。

"赏脸"指给某人面子、顾及某人颜面，见于近代汉语文献。《七侠五义》第十七回："有劳管家引路。我说咱家既来了，没有不赏脸的。素来的交情，焉有不赏见之理呢。"句中意思是对方能接见自己就是赏脸。《七剑十三侠》第九十六回："若大王不赏脸，以后小老几便不敢再叫他送野味来了，便请大王向别人再买。若大王赏脸，今日以过，随后送来的，皆领大王的赏就是了。"句中之意是以对方接受自己送的野味为赏脸。《济公全传》第一百五十八回:"先生哪时到了临安,可千万赏脸来找我。"句中以对方能到自己家为赏脸。《红楼梦》第十一回:"但是这个时候,天气正凉爽,满园的菊花又盛开,请老祖宗过来散散闷,看着众儿孙热闹热闹,是这个意思,谁知老祖宗又不肯赏脸。"句中以老太太能接受邀请来自己花园赏花、散闷为赏脸。《留东外史》第一百五十章:"日期虽不曾定,但那时一定接孟姐来。只求孟姐赏脸肯来,即是万幸。"句中以孟姐接受邀请为赏脸。由清代到民国的文献用例可以看出,牛蹄赣语方言中完整延续了古文献"赏脸"的词义及用法。

"赏脸"在今各方言中都有沿用,词义、用法保持古文献的意思。西南官话、粤语等方言中也说成"赏面"。

赏鉴［ṣaŋ55tɕien31］欣赏、喜欢、看重、重视。如:渠一直得不到上级的赏鉴;渠赏鉴的人就不是这一类人;想得到你的赏鉴可是不容易啊。

"赏鉴"指欣赏、看重、重视,见于中古、近代汉语文献。明谢肇淛《五杂俎·地部》:"以余耳目所及之泉,……东山之圣泉,金陵蒋山之八功德泉,摄山之珍珠泉,皆甘冽异常,其他难以枚举,但在穷乡遐僻,无人赏鉴耳。"《警世通言》卷十七:"德称写作俱佳,争奈时运未利,不能讨得文人墨士赏鉴,不过村坊野店胡乱买几张糊壁,此辈晓得什么好歹,那肯出钱。"《儿女英雄传》第三十二回:"我不知这史虾米是谁,他说那个黑旦,是这位状元公最赏鉴的,所以称作状元夫人。……他可去不去呢?"《儒林外史》第四回:"我这老师看文章是法眼,既然赏鉴令郎,一定是英才可贺!"蔡东藩《唐史演义》第八十二回:"李德裕素奇牧才,很为赏鉴,牧因得累迁左补阙,及史馆修撰,并改膳部员外郎,惟素性好游,更兼渔色。"

上算［ṣaŋ33son31］牛蹄赣语中保留了三个古语词义项,且都见于近代汉语文献。

一是划算、合算、值得、不吃亏。这个义项在语言使用中多与否定词连用,构成否定结构"不上算",表示不划算、吃亏等义。如:你拿钱买东西送人，实在有哟不上算；现在喂猪卖钱不上算，饲料都要靠买，不像过去喂各人自产的洋芋、苕，还可以在地里打哟猪草；现在种庄稼不上算，不如出去打工挣钱买到吃。

"上算"指划算、合算、值得、不吃亏，见于近代汉语文献。清佚名《乾隆南巡记》第六十三回："今番我命定然休矣！前后总是一死，不若拼他们几个。我便死了，也还上算！"《二十年目睹之怪现状》第九十三回："那么一来，费用更大了，恐怕不上算，到底不过是点土罢了。"《八仙全传》第五十一回："又怕他真个用力相拉，白白吃些苦痛，真不上算。"《官场现形记》第五十六回："到那时候，你自己想想，上算不上算？"《施公案》第二百七十八回："后来大家齐心，暗暗的进去行刺，只要将他刺死了，送出一人抵偿，都是上算的。"

"上算"指划算、合算、值得、不吃亏，在今吴语、西南官话、赣语等方言中仍然沿用。

二是指包括、计算在内，这个义项在使用时也常构成否定结构。如：渠把东西抢脱着还不上算，渠还把人给打着；这个东西不上算，还有五样东西；渠吃着还不上算，走的时候还要拿。

"上算"指包括、计算在内，见于近代汉语文献。《跻春台》卷一："哥与嫂他把儿万般嫌贱，无非想磨死我好占田园，做活路搓磨我都不上算，为甚么要把我赶出外边？"又卷二："在家不通耍，出门当狗剐；使钱不上算，还要挨饱打。"

"上算"指计算在内，在今西南官话、赣语中仍然沿用。

三是指说话算数、讲诚信。如：你说话可是要上算嗷，莫跟上次一样，害到渠白忙活半个月；你可是要靠好（约定好），渠说话经常不上算；说话不上算的人，最好少跟渠打私交（私人交往或利益交往）。

"上算"指说话算数、讲诚信，见于民国时期汉语文献。《留东外史》第一百三十七章："话就是这么说了上算，昨日是六点多钟到本乡座的，今日也是那时候，我同你乘电车去。你若变卦怎么说？"

"上算"指说话算数、讲诚信，在今西南官话、湘语、赣语、中原官话中仍然沿用。《四川曲艺选》："泼着银元不上算，打穿半边有半边。"

吃烟 [tɕʰi24Øien22] 抽烟、吸烟。如：旧社会吃水烟的人多；过去吃旱烟，现在都吃纸烟；现在女的吃烟的还不少，尤其一二十岁的姑娘一天跟男伢儿混到一起，经常看到渠已吃烟。

把抽烟、吸烟叫"吃烟"，见于清代及以后汉语文献，现今的辞书中没有收本词条，只收录了"吃"的吸、抽义。《九尾龟》第一百一十五回："里面又赶出一个洋人来，对他连连摇手，叫他不要吃烟，不由分说把他手中的纸烟抢了过去，往地下一掼。"《二十年目睹之怪现状》第十九回："借轩叫人到家去取了烟具来，在书房里开灯吃烟。"《儿女英雄传》第三十七回："原来凡是师老爷吃烟，不大懂得从烟袋荷包里望外装，都是从那个口袋里捏出一撮子来，塞在烟袋锅儿里。"《官场现形记》第三回："胡理也不吃烟，不吃茶，取了信一直去找钱典史。"清陈其元《庸闲斋笔记》卷三："圣祖不饮酒，尤恶吃烟。"清梁章钜《归田琐记》卷六："《芝音阁杂记》云：'公善吃烟，其烟枪甚巨，烟锅又绝大，能装烟三四两，每装一次，可自家至圆明园吸之不尽也，都中人称为纪大锅。'"

中华书局1992年版的《汉语方言大词典》在"吃"下收录了"吃茶""吃酒"等词条，没有收录"吃烟"，但是江淮官话、西南官话、徽语、吴语、湘语、赣语、粤语等方言中都有"吃烟""吃……烟"等说法。

省俭 [sən55tɕien0] 节约、节俭。如：渠那个儿媳妇还好啦，过日子又省俭；一啲细粮（米、面等粮食）要省俭到吃，莫一气（一阵）吃完着来客着拿不出来；过日子，再有（富有）都要省俭一啲。

"省俭"指节约、节俭，始见于中古汉语文献。北宋范仲淹《与中舍书》："如今易得谤议，但固穷而前，不销预图，须过得惟省俭是妙。"《东渡记》第九十回："还幸平日省俭聚了这些钱钞贴人。若是不曾聚得，此时少不得卖田变产救命。"《醒世恒言》卷十七："他虽然是个富翁，一生省俭做家，从没有穿一件新鲜衣服，吃一味可口东西。"《红楼梦》第六十二回：

"我虽不管事,心里每常闲了,替你们一算计,出的多进的少,如今若不省俭,必致后手不接。"《明史·林俊传》:"乞循宁、襄、德府故事,一切省俭,勿用琉璃及白石雕阑,请著为例。"清沈复《浮生六记·闲情记趣》:"贫士起居服食以及器皿房舍,宜省俭而雅洁,省俭之法曰'就事论事'。"

"省俭"在今冀鲁官话、西南官话、吴语、湘语、客家话、闽语等方言中仍然广泛使用。

使口 [ʂ₁55kʰ3u55] 使唤别人做事,支使别人做事,一般指年长的使唤年幼的,地位高的使唤地位低的。如:伢儿长得快啊,现在能使口着啦;各人不动(不做事),就晓得使口;都走着,跟前连个使口的都有得,到时候渠连水都喝不到嘴。

"使口"见于近代汉语文献,文献用例较少,《汉语大词典》等辞书都无收录。《醒世姻缘传》第五十八回:"巧姐自己也会动手,调羹又极是体贴,老狄婆子不过是使口而已,倒也不甚操心。"《增广贤文》:"使口不如自走,求人不如求己。"《跻春台》卷一:"妹妹温和人能干,拿来使口当丫鬟。"

使绊子 [ʂ₁55pʰæn31tsʅ0] 暗地里使手段阻扰、破坏别人的事,暗地里使手段坑害别人。如:渠那个人良心一向不好,爱给人使绊子;经常给别人使绊子的人,最终落不到好下场;人啊,莫总想使绊子整别人,害人终害己。

"使绊子"指暗地里使手段坑害人,见于中古、近代汉语文献。《红楼梦》第六十五回:"嘴甜心苦,两面三刀,上头一脸笑,脚下使绊子,明是一盆火,暗是一把刀:都占全了。"句中"一脸笑""一盆火"分别与"使绊子""一把刀"相对,说明"使绊子"是坑害别人的手段。《雍正剑侠图》:"胡二爷心说:'你老了,你这个老头,表面说好话,脚底下使绊子!'"端木蕻良《曹雪芹》:"小五爷这种当面笑眯眯,背后使绊子,诬陷人的人,将来定不会有好下场!"

"使绊子"在今北京官话、西南官话等方言中仍然沿用,在东北官话、冀鲁官话中叫"使绊儿"。

使气［ʂ55tɕʰi31］赌气、使性子、生闷气。如：渠还在使气不吃饭。你今昼到底为么事嘛，一直使气不说话？为一啪小事，渠使气跑脱着（离家出走），到现在都冇有回来。

"使气"指赌气、使性子、生闷气，见于明清小说、笔记等俗白文献。《喻世明言》卷四十："严世蕃这厮，被我使气逼他饮酒，他必然记恨来暗算我。一不做，二不休，有心只是一怪，不如先下手为强。"《二十年目睹之怪现状》第一百八回："伯母道：'这不是使气的事，不过和少爷商量办法罢了。'我道：'侄儿并不是使气，所说的都是真事。'"《狄公案》第十七回："人家不来寻你，已是难得的事件，你做错了，还不晓得，为何拿个过路的使气？"清佚名《咸同将相琐闻》："惟燥急，与人论事不合，当面斥之，酒后使气，尝统亲兵百人，带刀直闯吴漕帅署，大门闭，拔刀劈门，吴漕帅调兵御之，陈兵溃散。"

"使气"指赌气、使性子、生闷气，在今中原官话、西南官话、闽语等方言中广泛沿用。

嚃［tʰau22］、**映**［tʂʅɛ31］两个词的意思都是骂，但是二者存在一定的差异，其中"嚃"含有长时间地骂的意思，"映"含有大声地、肆无忌惮地骂的意思，长辈骂晚辈也可以用"映"。从使用频率而言，"映"更为常用，"嚃"使用较少。如：渠今昼在那里映哪个啊，娘上娘下地嚃；你还想么样的，你今昼嚃也嚃着、映也映着；渠今昼硬是在那里嚃着一早上，你都冇还腔（回话）啊。

"嚃"和"映"指骂，见于明清及以后俗白汉语文献。《跻春台》卷一："债主见天恩得病，朝夕追讨，一嚃二映，骂得何车夫腔都不敢开，头也不能抬。"句中先有"一嚃二映"，下文就有"骂得何车夫腔都不敢开，头也不能抬"，可见骂正是解释"嚃"和"映"的。又："公婆讲他一句，要还十句，丈夫说他，他就乱嚃乱映。"句中的"乱嚃乱映"即乱咒乱骂。

"嚃"和"映"指骂，在今西南官话、江淮官话中都有沿用。

弹驳 [tʰæn35po0] 指摘、批评、挑剔、吹毛求疵,多指无中生有地找别人的缺点或不足。如:渠一路来就爱弹驳人;一啲小事情叫渠弹驳半天;渠弹驳别人是好的,可是渠各人确实一身的毛病。

"弹驳"的指摘、批评、挑剔义,始见于中古汉语文献,此后历代都有沿用。但是《汉语大字典》收录的"弹驳"的指摘义选用的书证是沙汀的《淘金记》,没有注意到古汉语文献中早已有这个词义。李商隐《杂纂·强会》:"见他文字强弹驳,见他人家事强处置。"邵廷采《东南纪事》卷八:"王毓蓍延吴下名士,为文酒会,集方就童子试,试又不利。每弹驳诸名士文义,毓蓍恚,绝不与通。""弹驳"在古文献中又作"谈驳"。《歧路灯》第二十二回:"舍弟他还小哩,也不知道啥,怕亲朋们也谈驳我。"又第三十七回:"前日董舍亲也是这样说哩,席上人也就有许多的谈驳。"

"弹驳"在今西南官话、中原官话等方言中仍然沿用,又作"弹拨"。

偷人 [tʰɤu22ʐən35] 女人偷情。如:渠在外头打工,常年不回屋(家),渠女人(老婆)在屋里(家里)偷人;爱偷人的女人,贱得很。

"偷人"指女人偷情,见于元代及以后俗艳白话文学作品,在古代也可以指男人"偷"女人。但是,《汉语大词典》中仅列了"女人偷情",没有列"男人偷情"之义,并且选用的书证是作家丁玲、老舍作品中的语例,书证过晚。《八仙全传》第五十九回:"你的老婆偷人,亏你还有面孔和他对哭对说的。"《留东外史》第十二章:"中国几千年的习惯,以女子偷人为最丑,成了一种社会制裁。"又第三十一章:"即有些不成人的女儿,知道在偷人养汉中求快乐,她住的小门小户,出入自便,来往的男子不待说是下等人居多。"句中"偷人"与"养汉"构成同义连文,都指女人偷情。

"偷人"在今江淮官话、西南官话、赣语、客家话等方言中广泛使用。现代方言中,"偷人"专指女人偷情,是男女不平等观念影响的结果。

默 [mɛ214] 沉思、默想、心里盘算、回想,强调在沉思、回想的同时不说话。如:这个事情你等我一个人(独自)默一下再说。你默着半天,想清楚有吗?这个事情我默着半天,已经默不起来着。

"默"指沉思、默想、心里盘算、回想，意义由来已久，上古汉语文献中就有用例，只是人们习惯解释为沉默不语。其实从"默"出现的语言环境分析，很多情况下，"沉默不语"的同时都伴随着深入的思考、回想，只是先贤在训释词义时只关注了沉默的特质，而忽略了其伴随的思考、回想之义。这是古代文献缺乏直接把"默"解释为沉思、思考、回想的原因。

古代文献语言、方俗语言词语词义是现代汉语方言词语词义的源泉，现代汉语方言词语词义都应该在古代文献、方俗词语中找到痕迹（派出新词新义），只是由于保存下来的文献语言有限，尤其是方俗词语的留存有限，使得部分汉语方言词语找不到词义源头。通过分析"默"在历代文献中的实际语例，可以为现代汉语方言中"默"的沉思、思考、回想义找到文献依据。《尚书·说命上》："恭默思道，梦帝赉予良弼，其代予言。"句中"默"与"思"连用，意义相通。《国语·楚语下》："若武丁之神明也，其圣之睿广也，其智之不疚也，犹自谓未乂，故三年默以思道。"句中"思道"即"默道"，"默"的目的是"思道"，也就是思默治国之道。《楚辞·悲回风》："登石峦以远望兮，路眇眇之默默。"句中"默默"即沉寂忧思的样子。《论语·述而》："默而识之，学而不厌，诲人不倦，何有于我哉？"句中"默而识之"不能仅仅理解为默默地记住所学知识，而是对学习内容默默沉思、理解、回忆后记住的意思。东汉荀悦《汉纪·韩信传》："汉王默然良久，曰：'弗如也！'"句中"默然良久"是默思良久之义。《汉纪·孝哀皇帝纪》："雄为人博学有大志，性清净，少嗜欲，简易佚傥，口不能剧谭，默而沉思。"句中"默而沉思"即默然沉思之义。白居易《夜雨有念》："形影暗相问，心默对以言。"意思是只身与孤影暗自相问，内心只能默默思考却无法言对。句中"心默"很显然是内心默默思考，如果仅仅认为内心沉默是讲不通的。《五灯会元》卷第二："师默而审之，大悟玄旨。"意思是昙璀禅师默默思考，周密地领会，最后深刻地悟到其中玄妙的道理。句中"默"也不仅仅是沉默，而是默思。《朱子语类》卷三十四："'乐以忘忧'，是乐便能忘忧，更无些小系累，无所不用其极，从这头便默到那头，但见义理之无穷，不知身世之可忧,岁月之有变也。"句中"默到那头"即想到那头,也就是从这一方面想到那一方面。从以上历代语例看,在上古往往与"思"同现,具有同义连文关系,到了中古以后,就可以独立使用,相当于"思"。仅仅把"默"解释为沉默、不说话是不周全的,它自古以来就有沉思、心里盘算、回想之义。

"默"在今江淮官话、西南官话、客家话、吴语、闽语、湘语、赣语等南方方言中作为独立的动词广泛使用,意思相当于沉思、考虑、心里盘算、回想。同时,"默"作为方言构词语素,保留了想、思考、沉思、回想的意思。如闽语中的"默定"是料想的意思,西南官话、湘语、赣语中的"默神"是暗自思量、考虑的意思,湘语中的"默起"是想起的意思,西南官话中的"默到""默着"是以为、想的意思。

臊[sau31] 伤面子、羞辱、戏弄。如:我那样说,是故意臊渠的脸的;我晓得是渠偷着我己的苞谷,我故意当到渠说,臊渠的皮;那一天到的人都送着礼,我身上有得钱,礼也有有送,脸上臊得很。

"臊"指伤面子、羞辱、戏弄,见于近代汉语文献。《西游记》第七十九回:"虽是得胜来请,但我这个臊脸,怎么见人?"句中"臊脸"是伤脸、伤面子的意思。《七侠五义》第八十八回:"艾虎此时臊的满面通红,无可搭讪,'噗哧'的一声,大笑不止。"句中"臊"是羞、感到羞耻的意思。又第一百零四回:"小人以为幽山荒僻,欺负她是个孤行的妇女,也不过是臊皮打哈哈儿,并非诚心要把她怎么样。"句中"臊皮"即戏弄之义。孟青祥、于任邦、刘春廷等《侠义双马传》第一六四回:"牛碧一听,心里一慌,被纪逢春一锤打在前胸,贼人翻身栽倒,连滚带爬,羞臊满面跑回本队。"句中"羞"与"臊"同义连文。《三侠剑》(上):"那有这样没羞没臊之人?打了我喽卒头目,搅闹我的山口,我焉能放他逃走?"句中"臊"与"羞"构成对文、同义。

"臊"指伤面子、羞辱、戏弄,在今北京官话、西南官话、晋语等方言中仍然沿用,常见"臊皮""臊脸""臊着"等词语,意思都是使人感到丢脸、出丑、羞辱。

歇［ɕiɛ214］住宿、过夜。如：天黑着，你今昼晚上就在我已这里歇一晚上，明昼再回去嘛；我是哪里黑着哪里歇，从不讲究条件和环境；渠从来都冇在外头（自己家以外）歇过，晚上再迟渠都要赶回去。

"歇"本义为停歇，引申为住宿、过夜，始见于上古汉语文献，后历代沿用。五代杜光庭《神仙感遇传》卷五："未明，行二十余里，歇于大庄之上。"《喻世明言》卷一："从此为始，婆子日间出去串街做买卖，黑夜便到蒋家歇宿。"句中"歇"与"宿"同义连文，都是住宿之义。《练兵实纪》卷九："到处先择好歇处安眠，将领已熟睡而士卒尚有啼饥号寒于通衢者，将士夜卧美榻，甚乃伴以使女。"句中"歇处"指住宿、睡觉之处。《三国演义》第六十五回："既然胜了马岱，且歇一宵，来日战马超。"又第一百一十二回："军士今夜且歇一宿，以养锐气，来日须要入城。"《初刻拍案惊奇》卷十六："妈妈，便在我家歇一夜，何妨？粗茶淡饭，便吃了餐把，那里便费了多少？"《二刻拍案惊奇》卷六："又令打扫西首一间小书房，安设床帐被席，是件整备，请金生在里头歇宿。"又卷十一："况且室无老妻，家有闺女，那满生非亲非戚，为何留在家里宿歇？"以上两句中"宿"与"歇"同义连文。又卷十七："老母想念，必要小生归家宿歇，小生不敢违命留此，从今早来馆中，晚归家里便了。"

"歇"指住宿，在今北京官话、中原官话、西南官话、徽语、吴语、客家话、闽语等南北方言中广泛沿用。赣南的客家民歌："日子骂你山上蹶，夜晡骂你歇到老。"《客方言·释言》："宿曰歇。……古人谓夜止曰宿，通语为止宿曰住，今俗语则谓住宿曰歇。"

写［ɕiɛ55］指租、立约租赁，主要指租赁房屋、土地等不动产，一般要缴纳一定的租金。如果是租借小件的可动产，一般用"赁"，不用"写"。如：渠念高中的时候，冇有住学校，是在学校跟前（附近）写房子住；渠在那里写着几亩地种到的；渠在那里住，么事都冇得，连房子都是写的。

"写"指租、立约租赁，见于中古、近代汉语文献。《儒林外史》第四十三回："次日，行里写了一只大江船，尤胡子、臧四同几个小厮，搬行李上船,门枪旗牌,十分热闹。"《醒世姻缘传》第八十六回:"吕祥要甚狄希陈的罪过,不说调羹和童奶奶都还在家,只说:'如今写了两只大官船,兵部里讨的火牌勘合,一家子都往任上去了。'"又第九十九回:"合郭总兵仍旧写了两只座船,头上挂了郭总兵'钦命赐环'的牌额,贴了中军都督府的封条。"《康熙侠义传》第五十二回:"成龙遂把银子交给梦太,置办衣服,又叫大人宅内家人前去写车,雇到五家营。"句中"写"与"雇"对文同义。又第五十七回:"说罢,到船行里写了一个江南划子船。第二日上船,正遇顺风,荡桨摇橹拽风篷。"《警世通言》卷十一:"听得说有个少年知县换船到任,写了哥子的船。"

"写"指租、立约租赁,在今西南官话、赣语、晋语、闽语等方言中仍有沿用。西南官话中把租田叫"写田"、把租房子叫"写房子",晋语、江淮官话中把立约叫"写约",西南官话、吴语中把立契约叫"写纸",闽语中把立契叫"写契",吴语中把立约叫"写张字",赣语中把租房子叫"写铺子",以上语言单位中的"写"都保留着租、立约租赁的语素意义。

赁〔lin33〕租借、租赁、借用。在牛蹄赣语中,"赁"即租借时一般需要交一定的押金或抵押品,如果租借品没有损坏、数量没有减少的情况下,不一定交租金,租借的物品可以搬运,经过租赁程序后,租借人一般是把租借品搬运到自己方便的地方使用。如:过喜事碗不够用,要去赁几套回来用几天;这几把椅子是赁的,不是各人屋里的(自己家的);有些东西是冇得哪个家庭各人置的(置办、购买等),用的时候都是去赁。

"赁"的本义为出卖劳力、受雇为人劳作。《说文·六下·贝部》:"赁,庸也。"句中庸即受雇于人。后来,"赁"引申指租借、租赁、借用,但是在古文献中,它的租借义比牛蹄赣语中的词义宽泛,义同现代汉语中的"租",租借的物件是可以搬运的东西,也可以是不可搬运的东西,包括车、船、房屋、服饰等。《穆天子传》:"赁车受载。"郭璞注:"赁,犹借也。"西汉桓宽《盐铁论·通有》:"弘高贩牛于周,五羖赁车入秦,公输子以规矩,欧冶以熔铸。"句中"赁车"即租车。唐裴铏《颜濬传》:"会昌中，进士颜濬，下第游广陵，遂之建业。赁小舟抵白沙。同载有青衣，年二十许，服饰古朴，言词清丽。"《云麓漫钞》卷四："富家巨室，竞造房廊，赁金日增。"句中"赁金"即租金。清东轩主人《述异记·狐报仇》："自闽宦北归，欲假馆栖眷属，如蒙见允，明日谨奉赁约。"句中"赁约"即租借契约。《儿女英雄传》第三十九回："只这两件衣裳，还是托店主人赁来的，就连方才穿戴的那道衣、道笠儿，也是合天齐庙里一个道人借的。"《警世通言》卷十一："后因路遥不便，打这只船与他，教他赁租用度。"句中"赁"与"租"同义连文。《醒世姻缘传》第十四回："晁大舍看定了四月十三日起身，恐旱路天气渐热，不便行走，赁了一只民座船，赁了一班鼓手在船上吹打，通共讲了二十八两赁价。"句中"赁价"即租金。

眼浅[ŋæn55tɕʰien55] 眼红、羡慕别人拥有的东西，也可以说成"眼鼻子浅"。如：人家再好的东西都是人家的，我是从不眼浅别人的东西；你各人那多（很多），还要眼浅别个的；你就是个眼鼻子浅，哪个的东西都想要。

"眼浅"指眼红、羡慕，见于清代及近代白话汉语文献。《乾隆南巡记》第十一回："蔡芳此际正在怒无可泄，见周日青欣欣得意，他素性眼浅，见他两人得了许多物件，遂即借题发挥，以消此气。"句中见他人得到了东西而"眼浅"，显然"眼浅"是眼红、羡慕之义。《八仙全传》第三十回："原来是你们两位老师眼浅嘴馋，想敲令徒一点竹杠，却不犯把我们都拉在里面呀！"句中"眼浅"与"嘴馋"意义相关。《官场现形记》第一回："乡里人眼浅，看见中了秀才，竟是非同小可，合庄的人，都把他推戴起来，姓方的便渐渐的不敌了。"句中"眼浅"是指对别人考中秀才而眼红。《跻春台》卷二："见人东西莫眼浅，搞坏脾气惹人嫌。"

"眼浅"指眼红、羡慕，在今西南官话、客家话、粤语等南方方言中仍有沿用。

养人[ɕiaŋ55zən35] 食物等有营养、滋补人，食物等有营养能使人得到滋补。如：白米熬的米汤（粥）喝到养人，你两天冇有吃饭着，喝啲米汤好（有益）；李子吃到一啲都不养人；坝里的水土养人呢，渠才在那里住着半

— 175 —

年，就变得白白胖胖的着。

"养人"指食物等有营养、滋补人，食物等有营养能使人得到滋补，始见于宋代白话汉语文献，后历代沿用。北宋王钦若等《册府元龟》："滋味声色所以养人，然过则生害。"《红楼梦》第四十五回："先以平肝健胃为要，肝火一平，不能克土，胃气无病，饮食就可以养人了。"《广东新语》卷四："凡佳泉多兑之所出，乃天地血脉之水，最养人。山中石泉，则天地精髓之水，坎之所出，味寒冽，不甚养人。"《曾国藩家书》："据医云此等乳最不养人。因其夜哭甚，不能遽断乳。"《庸闲斋笔记》卷五："此肉最养人，夏食尤妙，以性凉之故。"

"养人"指食物等有营养、滋补人，食物等有营养能使人得到滋补，在今冀鲁官话、晋语、西南官话、湘语等方言中仍有沿用。

发迹［fa21tɕi0］发达，多指脱离困顿状况而得志、兴起。如：渠就靠一个卖豆腐的小生意发迹，后来越来越顺；渠就那个样子，要发迹不容易；渠就靠一间门面房发迹，人做事还是要有一定的运气。

"发迹"指发达，脱离困顿状况而得志、兴起，始见于中古汉语文献，后历代沿用。《南史·列传第二十·何胤》："初，胤二兄求、点并栖遁，求先卒，至是胤又隐，世号点为'大山'，胤为'小山'，亦曰'东山'。兄弟发迹虽异，克终皆隐，世谓何氏三高。"《警世通言》卷六："司马相如本是成都府一个穷儒，只为一篇文字上投了至尊之意，一朝发迹。"《闲情偶寄·声容·治服》："谓一朝发迹，男可翩翩裘马，妇则楚楚衣裳。"古文献中，"发迹"又作"发积"。元佚名《小张屠》楔子："似我这等瞒心昧己又发积，除死无大灾。"《醒世恒言》卷三十："权借这布与我，后来发积时，大大报你的情吧！"

"发迹"指发达，脱离困顿状况而得志、兴起，在今各官话区仍然广泛沿用。

发毛［fa24mau35］因恐惧、惊慌等而感觉汗毛竖起。如：晚上走到坟弯里，想到那些鬼故事，身上只发毛；渠看到蛇，心里直发毛；我看到人家站到岩沿沿（边沿）上心里都发毛，还不说我各人站到那里。

"发毛"指因恐惧、惊慌等而感觉汗毛竖起，见于近代汉语白话文献。《七侠五义》第四回："包兴心中有些发毛，急急在灯上烧了，忙忙的下了台。"《八仙全传》第六十七回："武帝目不转睛的向幕中张看，先时空洞洞地一无所有，随后忽起一阵阴风，吹得明角灯儿在空中晃了几下，里面的烛光黑而复明几次。武帝胆子虽大，至此也不觉有些发毛起来。"《雍正剑侠图》："夜静更深，只听清水潭水声如牛吼，惊涛裂岸，乱石崩云，其实离水还有一里多地呐。尤其是晚上，听着令人发毛，脊梁骨发凉啊！"又："头圆耳小尾巴摇，浑身上下织锦毛，爪似钢钩牙似刀，二目如灯光华耀。樵夫着急心发跳，行人一见也发毛，常在深山抖雄威，万兽之中它最高。"

"发毛"指因恐惧、惊慌等而感觉汗毛竖起，在今西南官话、东北官话、冀鲁官话、中原官话等方言中仍然沿用。

发狠 [fa24xən55] 做事奋发努力、下狠心、下功夫。如：渠做么事爱躲奸耍滑，从来舍不得发狠；你上学要舍得发狠嗷，要是不发狠对不起人呢；渠一个人发狠做，其他人发狠玩。

"发狠"指做事奋发努力、下狠心、下功夫，见于中古及以后汉语文献。《西游记》第九十五回："那妖邪轮杵来迎，就于西天门前，发狠相持。"《金瓶梅》第三十五回："老儿不发狠，婆儿没布裙。"《红楼梦》第四十八回："天天又说我不知世务，这个也不知，那个也不学。如今我发狠把那些没要紧的都断了，如今要成人立事，学习买卖，又不准我了，叫我怎么样呢？！"

"发狠"指做事奋发努力、下狠心、下功夫，在今西南官话、吴语、湘语、赣语等南方方言中仍然沿用。

发飙 [fa24piau22] 发脾气、发火、耍威风。"发飙"在牛蹄赣语中也可以扩展成"发起飙"。如：我忍着又忍，最后实在忍不住发飙着，把渠己几个人狠狠地骂着一顿；你莫惹渠，渠要是一发飙就着（麻烦、严重、不好收场）着；你看到渠平时绵绵的（性格温和），要是发起飙来，还是蛮厉害的。

"发飚"指发脾气、发火、耍威风，见于近代白话小说文献。《九尾龟》第三十一回："无奈那些瘟生、曲辫子的客人，不懂情形，不知规矩，动不动要发飚吃醋，闹得一塌糊涂，岂不埋没了俉人的一片苦心、一腔好意？"句中"发飚"指发脾气、发火。又第三十五回："要晓得我叫你不要发飚，是卫顾你暂时的面子，是个好好的落场。你若要和他闹些脾气，他肯来认错张罗还好；……那时你又怎得一个落场？"句中"闹些脾气"是对"发飚"的解释。"发飚"在古文献中还可以说成"发发飚"。《老残游记》第九回："即如朝廷里做官的人，无论为了什么难，受了什么气，只是回家来对着老婆孩子发发飚，在外边决不敢发半句硬话。"

　　"发飚"在今吴语、西南官话等方言中仍然沿用。

　　发恼［fa24lau55］生气、动怒，在牛蹄赣语中多指在娱乐、游戏、开玩笑的过程中，由于言语、行为超过了某人的承受点而引起的生气、动怒。如：你莫再惹渠着，再惹就要发恼着；你最好莫跟渠开玩笑，渠开不起玩笑，爱（易于）发恼；渠要是发恼着，就格外难得哄（逗乐使高兴）。

　　"发恼"指生气、动怒，始见于元杂剧，后历代白话文献都有沿用。古代文献中的"发恼"指生气、动怒，比牛蹄赣语中使用范围广，可以指任何人在任何情况下的动怒、生气。元佚名《连环计》第四折："奉先且不要发恼，再慢慢的商议波。"《喻世明言》卷三十："任凭佛印谈经说法，只得悉心听受。若不听受时，佛印就发恼起来。"《醒世恒言》卷七："颜俊这厮费了许多事，却被别人夺了头筹，也怪不得发恼。"又卷二十三："好姐姐，你不须发恼，我不过是趁口取笑你，难道你这般决烈索性的姐姐，身边就肯添个影人儿？"陆士谔《清朝秘史》第一百零九回："刚才坐定，忽然太后在房里拍着桌子大闹起来。……欲知太后为何事发恼，且听下回再讲。"

　　"发恼"指生气、动怒，在今客家话、闽语、西南官话等南方方言中仍然沿用。梁猷刚《琼州方言的训读字》："发怒，琼州方言口语把'怒'说做［nau213］，字应写作'恼'，故当地常把'怒'训读为'恼'。"

安埋[ŋon22mai35] 埋葬。如：渠把老的安埋着，就走着，以后再冇有回来过着；哪个不做好事的人，死着都冇人安埋；渠已在这里冇得土地，死着以后都找不到一个地方安埋。

"安埋"指埋葬，始见于中古、近代汉语文献。《道法会元》："备五色钱财献状，诣雷嗔所，先设五方雷神位。先移尸安埋，然后建醮。"句中"移尸"与"安埋"构成连动关系，"安埋"指埋葬不容置疑。《三宝太监西洋记》第十四回："今你的老爷归天，我该有一百日缌麻之服。我有服的师弟，肯教他暴露尸骸，死而不葬？故此你们也趁我在这里，大家安埋了他，岂不为美！"句中先有"暴露尸骸，死而不葬"，再出现"安埋"，可见"安埋"是埋葬之义。又第八十九回："又是南船上一个金碧峰看见不忍，又替我们安埋骸骨，又替我们念上几卷受生经，故此又得这些形状儿，到这里伸冤诉屈。"句中"安埋"的直接关涉宾语是"骸骨"，可见"安埋"指埋葬不言而喻。徐哲身《曾国藩演义》第三回："一天鲍超的老娘，得上一场急病，不及医治而死，鲍超见了，光是干号一阵，就把他娘草草棺殓，请了四个邻人替他抬至祖茔安埋。"蔡东藩《五代史演义》第二十九回："追谥鄂王从厚为闵帝，改行礼葬，闵帝妃孔氏为皇后，祔葬闵帝陵。并为明宗皇后曹氏举哀，辍朝三日，拾骨安埋。""安埋"在《汉语大词典》中未收录，但是从出现的语言环境看，"安埋"指埋葬是无疑义的。

"安埋"在今中原官话、西南官话、赣语中仍然沿用。

滮[piau22] 水等液态物流得很急的样子，即喷流，常指在一定的压力下呈喷射状快速从某处流出、汩冒。如：水桶底底（底子）穿着一个眼，水直接滮滮声往出流；渠跑肚子（拉肚子），滮到茅厕板上到处都是的；刀子一捅进去，血一滮就出来着，滮几远。

"滮"指水等液态物流得很急的样子，始见于上古汉语文献，又作"淲"。《说文·十一上·水部》："滮，水流貌，从水彪、省声。"《类篇》《集韵》："滮，水流也。"《字汇》《正字通》《玉篇》："滮，水流貌。"《诗经·小雅·白华》："滮池北流，浸彼稻田。"《毛传》："滮，流貌。"唐李翱《江州南湖堤铭》:"潒潒南陂,冬干夏㴛。"明蒋一葵《长安客话·海淀》:"高梁桥西北十里,平地有泉,㴛洒四出,淙汩草木之间,潴为小溪,凡数十处。"明宋濂《游钟山记》:"鸡笼山下接落星涧,涧水㴛㴛流。"清李振裕《祠阙里雅》:"陟彼泉林,厥流孔㴛。"句中"孔㴛"即指水流很急。

"㴛"在今西南官话、粤语、中原官话等方言中常见。西南官话中有"㴛口水"、"㴛稀"(拉肚子)等说法,粤语中有"㴛汗"的说法,中原官话中有"水㴛了一身"的说法。

碓 [tei214] 碰撞、冲击、撞击。如:牛一脑壳碓到渠肚子上,一下把渠碓个脑翻翘(头朝地摔倒);渠把车开到一下碓到人家房子的墙上,把墙碓着个大洞;渠走上去就是两锤头子(拳头)碓到那个伢儿的背上。

"碓"指碰撞、冲击、撞击,始见于上古文献。《正字通·石部》:"西晋木华《海赋》:'岑岑飞腾而反复,五岳鼓舞而相碓。'李善注:'波涛递相触激也。'"句中"相碓"即指波涛相互碰撞。李贺《官街鼓》:"碓碎千年日长白,孝武秦皇听不得。"句中"碓"指敲击,此处喻指消磨。

"碓"指碰撞、冲击、撞击,在今中原官话、西南官话、赣语中都有沿用。

甩 [ʂuai55] 丢弃、扔掉。牛蹄赣语中的"甩"经常和表示处置的助词"脱"连用,表示处置掉、扔掉、丢弃。如:你赶紧把手上东西甩脱渠,那个东西有毒;我给你的那个东西莫甩,还有用;那样好的东西,你甩脱,可惜着吧!

"甩"指丢弃、扔掉,见于中古、近代汉语文献。《老乞大新释》:"就那里拿起一块大石头,把那人头上打了一下,打出脑浆来死了。那贼把那人的褡包解来看,却是纸,就在那里甩了走了。"句中"甩了走了"即丢弃包离开了。《小五侠》第一百一十回:"启禀众位得知,那些个米面客人是假扮的。客人甩了他们的衣服,杀了我们伙计好几个人。"《施公案》第一百四十五回:"丁太保一听,也顾不得配药咧,连忙甩去长衣,褡包煞腰,迈步出房。"《续济公传》第九回:"柳瑞在前一听,吓的魂惊千里,自己又有素秋碍手，不能把他甩了。"又第五十七回："就把绳甩在地上，一声也不响去了。"又第一百三十三回："在那小炒里把蟹黄都拈了甩掉了，那人忍不住的说道：'你们这两人发什么糊涂？把些好好的菜拈了掼得满地，这是什么道理呢？'"句中"甩"与"掉"连用，"掉"作为结果补语，作用类似于牛蹄赣语中的"脱"，"甩"与"掼"构成异文关系，"掼"的意思是扔、掷。

"甩"有丢弃、扔掉之义，《汉语大词典》等辞书中都没有收录，实属疏漏。

"甩"指丢弃、扔掉，在今西南官话、中原官话、吴语等方言中仍然沿用。

失错 [ṣղ24tsʰo31] 差错、过失、失误。如：渠失错把你碰着一下嘛，又不是故意的，你还紧到（接连不断地）说么事咯；渠硬是失错都不会到渠老子床前去一下；做么事不能老（总是、经常）失错。

"失错"指差错、过失、失误，始见于上古汉语文献，后历代沿用。"失错"是由"失"与"错"以同义连文的方式构成的复音词。《汉书·礼乐志》："礼以养人为本，如有过差，是过而养人也。"颜师古注："过差，谓失错也。"《仪礼·聘礼》："入竟，敛旃，乃展。复校录币，重其事。敛旃，变于始入。"贾公彦疏："云'重其事'者，亦恐有脱漏失错，故云重其事，不可轻也。"贾疏中"失错"与"脱漏"同义连文。唐长孙无忌《唐律疏议》卷九："诸祭祀及有事于园陵，若朝会、侍卫，行事失错及违失仪式者，笞四十。"又卷六十一："诸被制书有所施行而违者，徒二年。失错者，杖一百。"以上句中"失错"都是指失误而非故意犯罪，故惩罚与一般违法者相比要轻。元高文秀《渑池会》楔子："廉将军，据你意下如何？（廉颇云）据着我说，玉璧不当与他。倘有失错，悔之晚矣。"《封神演义》第十二回："伯父，小侄不知，一时失错，望伯父恕罪。"《红楼梦》第四十一回："连忙爬起来道：'姑娘，我失错了！并没弄脏了床帐。'一面说一面用手去掸。"《镜花缘》第八十六回："不意武士之箭射的甚歪，忽将此人鼻子射破，慌忙上前陪罪，连说失错。"

"失错"指差错、过失、失误,在今冀鲁官话、西南官话、中原官话、湘语、赣语等方言中仍然沿用。

蓊[Øuŋ22]聚集,聚集的样子,其词义特点是"聚"中有"罩盖"义。如:那个梁上(山顶)出着么事事啊,一下下就蓊着一大堆人;你已一个一个地来,莫一回蓊到来;大坪里的苞谷简直长到蓊到一起着,连个人都进不去。

"蓊"指聚集,聚集的样子,始见于上古汉语文献,后历代文献沿用。宋玉《高唐赋》:"滂洋洋而四施兮,蓊湛湛而弗止。"李善注:"蓊,聚貌。"李白《万愤词投魏郎中》:"蓊胡沙而四塞,始滔天于燕齐。"注曰:"蓊,聚集。"金刘祁《归潜堂记》卷十四:"世溷浊而不照兮,蹇羝骋夫先路,荆榛蓊以蒙达兮,野纵横其豺虎。"方濬师《蕉轩续录》卷二:"归云蓊处闲窗暝,更出门前看远山。"句中"蓊处"即聚集处。《道法会元》:"再拜正坐,默诵请雨咒八十一遍,存青龙出顶,云霭蓊集。"句中"蓊"与"集"同义连文。《清史演义》第二十四回:"岳乐急命侦骑探望,回报这山名螺子山,山形如螺,树木蓊翳,也不知敌兵多少,只是偏插伪周旗号。"句中"蓊翳"即茂密丛集的样子。

挼[ʐua35]搓揉、揉搓。如:渠把钱装到荷把(衣兜、裤兜)里,挼烂着;你先去挼面,我去洗菜;把豇豆切成节节,用开水一捞(潦),再放盐挼,挼好晒干,过年吃起来方便。

"挼"指搓揉、揉搓,始见于上古汉语文献。《礼记·曲礼上》:"共饭不泽手。"郑玄注:"泽,挼莎也。"句中"挼莎"即揉搓、搓摩之义。《晋书·列传第五十五·刘毅》:"裕恶之,因挼五木久之,曰'老兄试为卿答。'"《齐民要术·笨曲并酒》:"以曲末于瓮中和之,挼令调匀。"句中"挼令调匀"即揉搓使均匀。韩愈《读东方朔杂事》:"瞻相北斗柄,两手自相挼。"句中"相挼"指两手相揉搓。南宋葛长庚《杨柳枝·挼碎梅花一断肠》:"挼碎梅花一断肠,送斜阳,风烟缥缈月微茫,又昏黄。"南宋洪迈《容斋随笔·咸杬子》:"小人争斗者,取其叶挼擦皮肤,辄作赤肿,如被伤,以诬赖其敌。"句中"挼擦"指挼搓擦抹。清洪昇《长生殿·春睡》:

"蓦然揭起驾帏,星眼倦还挼。"《聊斋志异·西湖主》:"梁目注舫中,见一少年丈夫,科头叠股其上,旁有二八姝丽,挼莎交摩。"

"挼"指搓揉、揉搓,在今中原官话、晋语、江淮官话、西南官话、吴语、赣语、客家话、粤语、闽语等南北方言中广泛沿用。关中俗语:"挼出来的面。"1931年《南川县志》:"两手相切曰挼。"《蜀语》:"两手相摩切曰挼。"清光绪三年《黄岩县志》:"两手摩物曰挼。"《里语徵实》:"两手摩切曰挼。"

惟愿 [Øuei35Øɥæn33] 愿、希望、盼望。牛蹄赣语中的"惟愿"不能简单记作"唯愿"。因为从词义构成角度看,"唯愿"中的"唯"是范围副词"只"的意思,"愿"是希望的意思,合起来的意思是但愿、只愿。但是,牛蹄赣语中"惟愿"的"惟"不能简单理解为范围副词性语素,而是希望、想的意思,因为牛蹄赣语中在"惟愿"之前还可以加范围副词"只"。"惟愿"产生于上古汉语,从词义构成上看,它是"惟"与"愿"以同义连文的方式构成的复音词,这符合上古汉语复音词构成的主体趋势。把"惟愿"记作"唯愿"是据音用字的结果。如:我只惟愿你以后日子能好过一些;你搞得好,是我惟愿的;你做到这一啲就够着,我也只惟愿你做到这一啲。

"惟愿"始见于上古汉语文献,后历代沿用。《战国策·秦策》:"然惟愿大王览臣愚计,释赵养民,以观诸侯之变。抚其恐惧,伐其骄慢,诛灭无道,以令诸侯,天下可定,何必以赵为先乎?"唐崔致远《谢许归觐启》:"且缘辞乡岁久,泛海程遥,住伤乌鸟之情,去怀犬马之恋。惟愿暂谋东返,迎侍西来,仰托仁风,永安卑迹。"唐佚名《南唐伶人献先主词》:"惟愿普天多瑞庆,柳条结絮鹅双生。"《两晋秘史》第九十一回:"当汉主聪使人以印绶拜为光禄大夫,使人传旨,以是语诱之,令降汉。勉固辞不受,惟愿死节,无怀二心。"《乾隆南巡记》第四十二回:"惟愿圣驾早回,回朝以安我二人之心,而慰天下臣民之望。"《施公案》第三百七十六回:"惟愿此去,御马取回,双飞燕又被拿获,二案齐破,本部堂当再竭诚奉谢便了。"《梁书·诸夷传》:"惟愿大王,圣体和平。今以此国群臣民庶,山川珍重,一切归属，五体投地，归诚大王。"清陈康祺《郎潜纪闻初笔》卷十四："圣祖仁皇帝八龄践阼之初，太皇太后问帝何欲，帝对臣无他欲，惟愿天下治安，民生乐业，共享太平之福而已。"以上句中"惟愿"都是"希望"之义，其中，"惟"不能理解为"只""仅仅"，它也是"愿"的意思。"惟愿"在古代文献中又作"唯愿"。《史记·三王世家》："臣窃不胜犬马心，昧死愿陛下诏有司，因盛夏吉时定皇子位。唯愿陛下幸察。"《百喻经》卷四十："唯愿为我除此无常生死之患，常处安乐，长存不变。"《太平广记》卷九十五："贫道唯愿陛下无多杀戮，大损果报。其言唯此。"《宋书·列传第五十七·夷蛮》："今遣使主佛大陀婆、副使葛抵奉宣微诚，稽首敬礼大吉天子足下，陀婆所启，愿见信受，诸有所请，唯愿赐听。"

"惟愿"指愿、希望、盼望，在今西南官话、湘语、赣语等方言中仍然沿用。

包瞒［pau22mon35］隐瞒、包庇，一般指替别人掩盖过失、隐瞒事实。如：渠在外头跟人家佮孽（吵架、打架之类）着，你要给渠包瞒一下，回去莫给渠娘老子说；渠在学校偷东西的事，我都包瞒着的，没有给任何人说过；我心里有么事事情，从来不对任何人包瞒。

"包瞒"指隐瞒，是以同义连文的方式构成的并列式复音词，"包"与"瞒"都有隐瞒、隐藏之义。《汉书·孝武李夫人传》："既感激而心逐兮，包红颜而弗明。"颜师古注："包，藏也。"《后汉书·袁绍传》："而操豺狼野心，潜包祸谋，……专为枭雄。"句中"潜"与"包"同义。"瞒"指隐瞒，是中古及以后常见义。"包瞒"构成复音词后，指隐瞒，始见于清代文献。清韩邦庆《海上花列传》第十六回："倘忙碰着个好客人，看俚命苦，肯搭俚包瞒仔该桩事体，要救到七八条性命哚。"《清代宫廷艳史》第三十回："太子的师傅熊赐履、内大臣索额图等知道包瞒不住，只得把太子送进宫去。"《清朝三百年艳史》第二十六回："贝子便向驾长娘道：'你船中是谁人胡闹？你不要替他包瞒。'"《清史演义》第三回："好姐姐，我不会说什么，姐姐一竟疼我的，娘娘跟前尚望包瞒一二。"

"包瞒"在今吴语、西南官话中仍然沿用。

洇［Øin31］水、墨等液体在纸张、布、土壤等之中向周围扩散或渗透。如：这一次买的本子的纸不着（品质不好），写字蛮洇，笔画多的字直接洇成个墨疙瘩；墙上渗水，窗子纸都洇湿完着；赶紧把东西搬开，一下下水就洇过来着。

"洇"本指水流动的样子，至近代，引申为液体扩散或渗透之义。《包公案》第三十一回："包公再取头看，果然死后砍的，刀痕并无血洇，官吏俱下泪。"句中"血洇"指血扩散留下的痕迹。《康熙侠义传》第一百一十三回："到了西跨院宝仁殿，三人听里面二人睡熟，慢慢的用手指沾唾沫，把窗纸洇破了一个小窟窿。"句中"洇破"指用唾沫渗湿窗纸后使其产生破洞。《红楼梦》第二回："大门前虽冷落无人，隔着围墙一望，里面厅殿楼阁，也还都峥嵘轩峻，就是后一带花园子里面，树木山石，也还都有葳蕤洇润之气，那里象个衰败之家？"句中"洇"与"润"同义连文，都指液体逐渐润泽、浸湿其他的东西。

"洇"在今吴语、中原官话、西南官话等方言中都有沿用，吴语中有"洇水纸""洇墨纸"等词语。

帮腔［paŋ22tɕʰiaŋ22］支持某人、帮助某人或附和某人说话。如：渠一个人吵着半天，渠己屋里（家人）冇得一个人出来给渠帮腔；我到时候跟渠撼价（买卖东西讨价还价、反复磋商商品价格），你给帮个腔嗷；渠那个嘴巴子（口才）还是厉害，一个人，连个帮腔的都冇得，渠硬是说得对方几个人哑口无言。

"帮腔"本指戏剧、曲艺中的一种演唱形式，台上一人主唱，多人在台后和着唱，引申为支持某人、帮助某人或附和某人说话，见于清代及以后汉语文献。《孽海花》第九回："当时次芳及黄、塔两翻译，又替雯青帮腔了几句，毕叶方肯着实答应，于是大家都散归。"

磨［mo33］移动、挪动、挪移，一般指比较艰难地、速度极其缓慢地挪移。如：渠今昼早上出门的时候冇有吃饭，下昼回来的时候饿得一哨力气都冇得着，硬是一脚一脚地磨回去的；东西太重着，渠背不起来，渠拖到地下慢慢磨进门的；渠挑的东西太重着，扁担一下（很短的时间）从渠这个肩背（肩膀）磨到那个肩背。

"磨"指缓慢、艰难地移动、挪动，见于近代汉语文献。《西游记》第二十回："孙大圣停云慢步，猪悟能磨担徐行。"又第四十三回："二哥，你和我一般，拙口钝腮，不要惹大哥热擦。且只捱肩磨担，终须有日成功也。"

"磨"指缓慢、艰难地移动、挪动，在今中原官话、西南官话、江淮官话中仍然常见，多见"磨一磨""磨进去""往里头磨"等说法。

挨［ŋai35］拖延时间。如：你赶紧走，再挨一下天就黑着；渠做么事总是慢慢挨，挨到最后总是急急匆匆地应付一下；渠做么事挨得很，能把人等急死。

"挨"指拖延时间，见于宋代及以后汉语文献。《朱子语类》卷一百零八："今世士大夫惟以苟且逐旋挨去为事，挨得过时且过。"又卷二十一："事父母能竭其力，凡事当尽力为之，不可挨推，只做七八分，留两三分。"句中"挨"与"推"意义相关，意思是拖延推脱。《红楼梦》第六十回："凡有动人动钱的事，得挨的且挨一日，如今三姑娘正要拿人作筏子呢。"清林则徐《重浚福州小西湖禁把持侵扣告示》："尔等务各踊跃从事，毋得观望挨延。"句中"延"与"挨"构成同义连文，都是拖延之义。《醒世姻缘传》第六十七回："他倒挨磨了今日四日，他爽利不来了。"句中"挨"与"磨"为同义连文关系，意思是拖延磨蹭。《儿女英雄传》第十二回："又挨磨了一会子，才讪不搭的说了三个字。"

"挨"指拖延（时间），在今北京官话、冀鲁官话等方言中仍然沿用。北京官话、冀鲁官话中保留有"挨磨"，指拖延、磨蹭之义。1932年《景县志》："凡事不欲进行而勉强迟迟而进者曰挨磨。"在方言中，"挨"又记作"捱"。闽语中的"捱延"指拖延，冀鲁官话中的"捱迟"指拖延，赣语中的"捱日工"指拖延时间，北京官话中的"捱日子"指拖延时日，吴语中的"捱时辰"指拖延时间，客家话中的"捱死拖骨"指做事情拖拖拉拉。

撇［pʰiɛ214］从液体表面舀取。如：先把新鲜肉洗好，放到锅里煮开以后，把面上的沫子撇出来；麦子要洗要淘，在洗淘的时候，用笊篱子把漂到水面上（上面）的穰蚀蚀撇起来；煮肉的汤下面（煮面），要先把汤面上的一层油撇脱（舀出来），不是的话下面油太厚着，吃不成。

"撇"在上古汉语中的本义为拂拭、略过，到中古及至近代，引申为从液体表面舀取。梅尧臣《次韵和刘厚甫紫微过予饮酒》："为撇瓮面醅，为煎鹰爪茶。"《物理小识·饮食类·省柴法》："其焖饭，洗米一碗，水二碗，则不必撇汤，但遏火而自干矣。"

㿌［tsʰau35］因吃了缺肉、缺油的饭菜而引起的肠胃不适的感觉。如：渠说心里㿌人得很，给渠打一碗油汤喝下去就好着；李子吃多着，小心过一下㿌人；今昼下昼心里一直㿌得慌，晚上炒菜要多放啲油。

"㿌"指因吃了缺肉、缺油的饭菜而引起的肠胃不适的感觉，见于中古、近代汉语文献。清吴任臣《字汇补·疒部》："㿌，徒陶切，音曹。"古代文献中也借用同音字"嘈"替代。《布袋和尚忍字记》第一折："你端的便不疲乏，也不害心嘈。"《西游记》第二十七回："师父饿了，教师兄去化斋，那猴子不知那里摘桃儿耍子去了。桃子吃多了，也有些嘈人，又有些下坠。"句中"嘈人"就是因为吃草、果导致的肠胃不适。

"㿌"在今江淮官话、西南官话、吴语、赣语等方言中仍然沿用，作"嘈"。《汉语方言大词典》："嘈，肚里没油水，胃里难受。"

劙［li22］使表皮脱落，割、解、劈掉表皮。如：渠一把捏到那个伢儿手骭上一路捋下去，劙掉着几大一块皮；扁担从渠颈脖子那里磨到（滑到）肩背（肩膀）上，一路的皮都叫劙脱着；你找个刀子把骨头上的肉劙下来，切成丝丝，下昼炒到。

"劙"指使表皮脱落，割、解、劈掉表皮，始见于上古汉语文献，后历代沿用。亦作"劋""刕""劚""剺"等。《类篇·刂部》："劙、剺。"《字汇·刂部》："劙，割破也。"《龙龛手鉴·刂部》："劙，割破也。同'剺'，俗作'劚'。"《集韵·霁韵》："剺、劚、剺，《方言》：'解也.'或从丽从甾。"《玉篇·刂部》:"劙,解也、分割也。"《广韵·支韵》:"劙,分破也。"《清史稿》卷二九八:"有族子故无赖,夜以刀劙户侧土,土落,王惊问,族子已入室。"蔡东藩《南北史演义》卷六十七:"有时令愔露腹,欲执小刀劙皮,还是崔季舒托为诽言,从旁笑语道:'老小公子恶戏。'"《方言》:"劙,解也。"郭璞注:"劙,音俪。"

"劙"指使表皮脱落,割、解、劈掉表皮,在今中原官话、西南官话、徽语、闽语、赣语等方言中仍然沿用,亦作"黎""劦""劙""剺"等。

三、形容词

翲空 [lau22kʰuŋ22] 状态形容词,形容内部空无一物,空间或空隙大。如:房子里翲空的,东西哈搬完着;坎子砌得不实在,中间翲空的,一下雨就会塌下去;今昼早上水都冇喝,肚子里翲空的。

古文献中只出现单字"翲",意思与牛蹄赣语中的"翲空"相同。牛蹄赣语中加了一个同义词"空",与"翲"构成并列式复音词。翲指空间、空隙大。《类篇·羽部》:"翲,宽也。"《集韵·号韵》:"翲,宽也。""宽"与"空"意义相同。

"翲空"在今方言中记作"捞空",在今西南官话、湘语等方言中仍然沿用。湖南小戏《春山坳》:白蚂蚁"它不仅把树干蛀得捞空的,就是树根它都不放过"。

穲 [Øiɛ214] 形容谷物籽实或其他物体不饱满,经常构成"穲皮皮""穲蚀蚀"等词语。如:今年苞谷收浆的时候缺雨水,好多苞谷籽籽都是穲皮皮(穲蚀蚀);昨日冇吃夜饭,今早上肚子都饿穲着;皮球漏气,一天不打气,就变成个穲皮皮。牛蹄赣语中,"穲"还可引申做动词,指通过吸气或抽气使物体变瘪或不饱满。如:裤子扣子扣不上,你把肚子穲一下不就扣上着。

"穲"见于中古及以后文献。《类篇·禾部》:"穲,禾稻不实也。"

《字汇·禾部》："穛，稻谷不实。"《集韵·叶韵》："穛，禾不实。"《集韵·琰韵》："穛，禾稻不实也。"《蜀语》："禾不实曰穛。……或粪多而淫，或虫生如虱，皆穛。"《日用俗字·庄农章》："幸少乌穛穛秕谷，高粱不蜕始周全。"

"穛"在今西南官话、吴语、赣语中都有沿用。如上海方言区有"穛谷""肚皮穛进去"等说法，江西新干、湖南浏阳的赣语区有"穛谷""穛壳谷""穛皮球""肚子穛下去"等说法。

奅 [pʰau22] 本指物体松软虚大、大而不坚实，语言虚假不实，有"稀奅""脓奅""肿奅奅"等常用词语，说大而不实的话叫"吙奅"。如：你今昼蒸的馍好奅啊，用指拇子一捼就是一个窝；渠今昼脚叫蛇咬着，一下下就肿到奅起来着；你昨晚上瞌睡是么样睏的呢，今昼眼睛肿奅奅的。

"奅"始见于上古文献，后历代字书、辞书都有收录。《说文·十下·大部》："奅，大也。"段注："此谓虚张之大。"《说文解字义证》："大也者，谓空大也。"《字汇》《类篇》沿用《说文》解释。《龙龛手鉴·大部》："奅，起酵也。"《广韵·幽部》："奅，起酵也。"句中"起酵"就是牛蹄赣语中说的发酵过程中的发奅。《史记·建元以来侯者年表》："南奅。"司马贞索隐："徐广曰：'匹孝反。'张揖'奅，空也'，纂文：'奅，虚大也。'"

"奅"在今江淮官话、西南官话、闽语等方言中仍然使用。刘赜《广济方言》："虚张曰奅。"《黔雅·释器用》："今俗谓物大而不坚实者曰奅。"广东汕头方言有"奅柴"（不坚实的木柴）、"奅炭"（烧过的木炭）等词语。

"奅"在牛蹄赣语中还可以引申指说话虚大、虚小，当地叫"吙奅"（说话虚而不实，要么虚大，要么虚小），虚大与虚小在意义上是相通的，都是话语虚而不实。如：你莫吙奅着咯，那个蛇明明只有尺巴子长，叫你说出来就有四五尺长；你莫相信渠的话，渠说话爱吙奅，渠说有十个人，实际上有六个人就不错着；你也太吙奅着吧，你是少着一哟，但是也不至于你说的那样少吧。“奅”指说话虚而不实，在古代文献以及当今其他方言中也有相同的意思。《正字通·大部》：“奅，大也。”《方言》：“以大言冒人曰奅。”句中“大言冒人”即说假话、大话哄骗人。当今粤语方言把说大话叫“车大奅”，把说大话的人称“大奅佬”。

鬔［pʰoŋ35］头发散乱，有“鬔头垢面”“鬔头打褂”等常用词语，今方言字多作“蓬”，如“乱蓬蓬”。如：那个女娃子简直不爱整齐，时刻头发一鬔到；渠把头发吹到鬔几高；今昼给屋里打扬尘，头发整得乱鬔鬔的。

“鬔”指头发散乱，始见于中古汉语文献，属于方言俗语。《集韵·东韵》：“鬔，鬔鬆，发乱貌。”《玉篇·髟部》：“鬔，发乱貌。”《龙龛手鉴·镸部》：“鬔，发散乱。”《汉语大字典·髟部》：“鬔，也作鬔鬆，头发散乱貌，单用义同。”《肯綮录·俚俗字义》：“谓人发乱曰鬔鬆。”《五灯会元》卷第十二：“怕寒懒剃鬔鬆发，爱暖频添榾柮柴。”明无名氏《奉天命三保下西洋》：“人执标枪气势奔，鬔头赤脚布袍宽。”清张实居《山中即景》：“两髻鬔松曳葛裙，闲身许入野樵群。”

“鬔”指头发散乱，在今江淮官话、吴语、西南官话、闽语等方言中仍然沿用。江淮官话中有“头发鬔得那个样子”、吴语中有“头发鬔起”等说法，吴语中将头发散乱叫“鬔鬆”，西南官话、闽语中叫“鬔鬔鬆鬆”。《昭通方言疏证·释人》：“《广韵》引吴语谓发乱曰鬔鬆，今昭人有是语，则曰鬔鬔鬆鬆。”

牛蹄赣语中，“鬔”也可以指日用绳线等物散乱。如：针线簸簸里装的些么事啊，乱鬔鬔的。

欠［tɕʰien31］没有完全达到实际需求或标准，少了一些，不足。如：桶里的水还冇有装满，欠一啲，你再往里头倒啲水；今昼晌午饭吃得欠欠式；今年的收成比我预想的要欠一啲。

“欠”本义指没有吃饱，引申义泛指不足、未达到。“欠”在上古文献中就已经出现，历代字书、辞书、韵书皆收录。但是在文献中没有发现“欠”的实际语言用例，可能属于历代沿用的方言词语。《说文·八下·欠部》：

"歁，食不饱也。"《字汇》《玉篇》："歁，食不满也。"《龙龛手鉴·欠部》："歁，食未饱也。"《集韵·覃韵》："歁，意不满。"

"歁"在当今方言中往往泛指少、缺一些，使用时少、缺的量往往不多，只是略微显得缺、少。今西南官话、湘语、中原官话中都有沿用。

瞀［Øu33］视觉模糊不清，看东西模模糊糊，似有东西遮挡。如：你看下我眼睛是么样个经啊，今昼看东西一直有东西瞀到的样的；现在眼睛（视觉）不行着呢，看东西瞀得很，看不清；眼睛瞀，点（上药）啲眼药。

"瞀"指视觉模糊不清，始见于上古汉语文献，后历代沿用。《类篇·目部》："瞀，目不明。"《字汇·目部》："目不明也。"《正字通·目部》："瞀，一曰目不明，'目不明'为正训，瞀、矇音别义同。"《龙龛手鉴》《玉篇》《集韵》等都收录了"瞀"的目不明义。《康熙字典·目部》："瞀，目不明貌。"《庄子·徐无鬼》："予少而自游于六合之内，予适有瞀病"。成玄英疏："瞀病，谓风眩冒乱也。"句中"瞀病"，即眼睛眩晕模糊。《国语·吴语》："我有大事，子有眩瞀之疾，其归若已。后若有事，吾与子图之。"句中"眩"与"瞀"意义相近，都指眼睛眩晕昏乱。《晋书·天文志》："天了无质，仰而瞻之，高远无极，眼瞀精绝，故苍苍然也。"韩愈《南山诗》："时天晦大雪，泪目苦矇瞀。"句中"矇"与"瞀"同义连文。《万历野获编》卷二十四："间有苛察者，欲自为政，则故举疑似难明之案，引久远不行之例，使其耳目瞀乱，精彩凋疲，必至取上谴责而后已。"明王阳明《答顾东桥书》："而耳目眩瞀，精神恍惑，日夜遨游淹息其间，如病狂丧心之人，莫自知其家业之所归。"

"瞀"指视觉模糊不清，在今西南官话、赣语等方言中常见。

枵［ɕiau22］枵薄，即纸张、木板、石板、布匹等片状物薄、单薄。如：这个衣裳的布太枵着，穿到不热和；这个本子纸有啲枵薄，写字蛮往底下一页洇；楼板太枵着，上头承不起人。

"枵"本指木大中空的样子。《说文·六上·木部》："枵，木根也。《春秋传》曰：'岁在玄枵，玄枵，虚也。'"段注："枵，木大貌。《庄

— 191 —

子》所云'枵然大也'。木大则多空穴,……《尔雅》曰:'玄枵,虚也。'孙炎云:'枵之言耗,耗,虚之意也。'"《正字通·木部》:"枵,凡物虚耗曰枵。"南宋蒋捷《贺新郎·兵后寓吴》:"醉探枵囊毛锥在,问邻翁、要写牛经否?翁不应,但摇手。"《天工开物·夏服》:"又有蕉纱,乃闽中取芭蕉皮析缉为之,轻细之甚,值贱而质枵,不可为衣也。"清唐甄《潜书·更币》:"皮絮之枵,铜铁之坠,骡驮而越山谷,而病钱之难行乎!"

"枵"之枵薄义在今中原官话、胶辽官话、西南官话等方言中一直沿用,有"纸枵""布枵""棉袄枵"等说法,与今牛蹄赣语中的词义、用法完全一致。江苏徐州方言还将其用于抽象的人情关系,把人情淡薄叫人情枵薄。

豵 [tṣʰʮ55]（人）矮、（物）短,在牛蹄赣语中一般构成双音节词"豵豵"。如:渠那个矮豵豵子么样拿得到柜子顶上的东西嘛;渠把板锄把把用来舂米,最后磨得只剩啲啲长个豵豵子着;万年青么样长都长不高,啲啲高个矮豵豵。

"豵"在古文献中又作"豖",属于南方方言词汇,上古文献中已经出现。《方言》:"豵,短也。蹶豵,短小貌。"《类篇·叕部》:"豵,吴人呼短物也。"《龙龛手鉴·出部》:"豵,短貌。"《广韵·术韵》:"豵,吴人呼短。"《集韵·出韵》:"豵、豖,短也,或从矢。"《字汇·矢部》:"豖,短貌。"《玉篇·矢部》:"豖,短也。"《广韵·术韵》:"豖,短貌。"《新方言·释言》:"豵,短也。……今江淮浙西于物短者称为短豵豵,或曰秃豵豵。"牛蹄赣语与章炳麟释江淮浙西方言一致。

"豵"在今吴语、客家话中仍然沿用。《客方言·释言》:"短曰豵。……今语形状短人之貌。"

矬 [tsʰo31] 身材矮小,棍棒短小。在牛蹄赣语中一般叠用,形容极度短、矮的样子。如:那个伢儿从小就不肯长,一个矮矬矬子;渠把我己的晾衣杆剁得只剩啲啲长个矬矬子着;找一小矬矬木头都找不到。

"矬"指矮、短,始现于上古晚期文献。《字汇·矢部》:"矬,身短。"《龙龛手鉴·矢部》:"矬,矬矬,短也。"《玉篇·矢部》:"矬,短也。"《广韵·戈韵》:"矬,短也。"《一切经音义》卷二:"侏儒曰矬。"《抱朴子·行品》:"士有貌望朴悴,容观矬陋,声气雌弱,进止质涩,然而含英怀宝,经明行高,干过元凯,文蔚春林。"皮日休、嵩起、陆龟蒙《报恩寺南池联句》:"巾侧任田歌,靶䟱松形矮。般跚桧樾矬,香飞僧印火。"《水浒传》第三十三回:"宋江矮矬,人背后看不见。那相陪的体己人,却认的社火队里,便教分开众人,让宋江看。"《西游记》第二回:"你这般矬矮,我这般高长,你要使拳,我要使刀,使刀就杀了你,也吃人笑,待我放下刀,与你使路拳看。"句中"矮"与"矬"同义连文,并与下文的"高长"构成反义对文。《醒世姻缘传》第八十四回:"我相那人不是个良才,矬着个橘子,两个贼眼斩呀斩的。"句中"矬着个橘子"形容人身材矮小。

"矬"在今东北官话、北京官话、冀鲁官话、胶辽官话、中原官话、晋语、兰银官话、江淮官话、赣语等南北方言中都有沿用。1935年《新城县志》:"身低者呼为矬,又呼曰矬子。"1935年《云阳县志》:"矬矬,矮也。"今北方方言中的"矬子""矬矮""矬巴子""矬地钉""矬子汉儿""矬不棱登""矬地炮""矬子里拔个大个儿"等说法,其中的"矬"都保留着矮小、短小的意思。

巇[ɕi22] 危险,牛蹄赣语中把极度危险的情况说成"巇悬"或"悬巇巇"。如:今昼简直悬巇巇的(极度危险),修路放炮飞起来一个大石头,差呐呐打到渠己房子上;渠今昼悬巇得很,差呐呐车就翻岩底下去着。

"巇"指危险,始见于上古文献,本指山势高险,后方言中泛指危险。《字汇》《正字通》:"巇,山相对而危险。"《类篇》《集韵》:"巇,山险。"《玉篇·山部》:"巇,险巇,颠危也。"《楚辞·九辩》:"何险巇之嫉妒兮,被以不慈之伪名?"西汉王褒《洞箫赋》:"又似流波,泡溲泛㴅,趋巇道兮。"李善注:"巇道,险巇之道。"清顾炎武《松江别张处士、王处士炜暨诸人》:"薄俗吴趋最,危巇蜀道俱。"句中"危巇"即危险。张衡《南都赋》:"嶔巇屹嶫,幽谷巃嵷,夏含霜雪。"唐张九龄《南还以诗代书赠京都旧僚》:"去国诚寥落,经途弊险巇。岁逢霜雪苦,林属蕙

— 193 —

兰荽。"清汪价《三侬赘人广自序》:"因访桐君,见山门绝巘。"

"巘"在今中原官话、西南官话等方言中仍然沿用。西南官话中有"悬巘巘"等说法。

戆 [kaŋ55] 性格刚直中带有一定的迂愚,即直中带愚,常见词语如"戆直"。如:渠那个人啊,戆直得很;人啊,太戆直着也不行,有时候也要学会变通一下;你本来是个戆直人,么样陡然变得妖里妖精的呢。

"戆"见于上古早期文献,历代一直沿用。《说文·十下·心部》:"戆,愚也。"许氏解释中的"愚"即"愚直"。《正字通·心部》:"戆,急直也。"《类篇·心部》:"戆,愚貌。"《龙龛手鉴》《玉篇》《集韵》:"戆,愚戆也。"《墨子·非儒下》:"而求其人矣,以为实在,则戆愚甚矣。"《史记·汲郑列传》:"甚矣,汲黯之戆!"《汉书·高帝纪下》:"王陵可,然少戆,陈平可以助之。陈平知有余,然难独任。"颜师古注:"戆,愚也。"《能改斋漫录·雨绝天》:"生平戆直,不随世俗于雷同;岁晚栖迟,乃望君门而雨绝。"《明史·祝渊传》:"宗周戆直性成,忠孝天授。受任以来,蔬食不饱,终宵不寝,图报国恩。"清佚名《梵门绮语录》:"乡愚本戆直人,遂不禁和盘托出。"

"戆"在吴语、西南官话、中原官话等方言中都有沿用。《定海县志》:"俗谓愚直曰戆。"1930年《嘉定县续志》:"戆,俗言悻直也。"《新方言·释言》:"今江南运河而东至浙江,皆谓婞直为戆。"中原官话中有"这个人戆得很,办事不拐弯抹角",西南官话中有"性子蛮戆",等等。

趄 [tɕʰiɛ33] 倾斜、偏斜、歪斜。如:你冇有把水桶放平,还是个趄趄子,小心倒脱着;你把身子站直,莫一趄到;那个趄坡坡地就是我己的。

"趄"指倾斜、偏斜、歪斜,始见于中古文献。《篇海类编·人事类·走部》:"趄,身斜也。"《陈州粜米》第一折:"休要量满了,把斛放趄着。"王季思注:"趄,倾斜。"《西厢记》第四折:"昨夜个心毿被香浓熏兰麝,欹珊枕把身躯儿趄。"王季思注:"趄,斜靠意、不正意。"《金瓶梅》第三十三回:"月娘要上楼去,可是作怪,刚上到楼梯中间,不料梯磴陡趄,只闻月娘哎了一声,滑下一只脚来。"金董解元《西厢记诸宫调》:"我佯呆,我佯呆,一向志诚,不道他心趄。"《水浒传》第二十二回:"宋江已有八分醉,脚步趄了。"

"趄"的倾斜、偏斜、歪斜义,在今方言中广泛沿用。晋语中把斜坡叫作"趄趄坡";东北方言中把身体歪斜叫"趄歪";北京官话中把倾斜叫"趄棱";西南官话中把斜着身子走路叫"趄步趄步",把倾斜不正的样子叫"趄趄子"。

酽 [ȵien33] 液体汁浓、味厚。如:你脸好疠稀(脏)啊,把那大一盆洗脸水都洗着个酽汤;你喝茶好厉害啊,抓那大一把茶叶泡到折缸(搪瓷茶杯)里,泡出的水直接酽浑浑的;你那个药熬得太久着,熬得好酽啊。

"酽"始见于上古晚期文献,中古以后一直沿用。《广韵·酽韵》:"酽,酒、醋味厚。"南宋毛晃《增修互注礼部韵略》:"酽,浓也。"《齐民要术·种红蓝花、栀子》:"以汤淋取清汁〔初汁纯厚太酽,即杀花,不中用,唯可洗衣;……〕揉花。"苏轼《正月二十日与潘郭二生出郊寻春忽记去年是日同至女王城作诗乃和前韵》:"江城白酒三杯酽,野老苍颜一笑温。"元佚名《满庭芳》:"何处村醪酽?牧童指点,柳外出青帘。"《红楼梦》第八回:"一时薛林二人也吃完了饭,又酽酽的喝了几碗茶。"《醒世恒言》卷二十一:"原来这酒不比寻常,却是把酒来浸米,曲中又放些香料,用些热药,做来颜色浓酽,好像琥珀一般。"句中"浓"与"酽"同义连文。

"酽"在今西南官话、客家话、兰银官话中仍然沿用。西南官话中把汤汁稠而黏叫作"酽汤",把很稠很浓叫作"酽糊糊";客家话中把很稠的稀饭叫作"酽粥";兰银官话中把汁液很浓叫作"酽浑浑"。

风快 [foŋ22kʰuai31] 中古文献中广泛使用的一个词,牛蹄赣语中沿用了中古文献中的两个义项。

一是指速度极快、飞快,即如风一样快。如:你莫看渠年龄大着,可是走起路来,走得风快;渠一跑起来跑得风快,你根本撵不上;渠说话说得风快,一啲都听不到。

"风快"指速度极快、飞快,在中古、近代汉语文献中常见。南宋黄公绍《莺啼序》:"看碧天连水,翻成箭样风快。"北宋周邦彦《兰陵王·柳》:"愁一箭风快,半篙波暖,回头迢递便数驿,望人在天北。"《明史·职官志一》:"凡舟车之制,曰黄船,以供御用,曰遮洋船,以转漕于海,曰浅船,以转漕于河,曰马船、曰风快船,以供送官物"。

　　"风快"指速度极快、飞快,在今东北官话、中原官话、晋语、西南官话、赣语中都广泛使用。

　　二是指刀、斧等器具刃口十分锋利。如:渠那个刀子风快的,几粗的树,一旋(砍削)一根一旋一根;渠做么事麻利,几下几下就把刀子磨得风快的。

　　"风快"指刃口十分锋利,在近代文献中广泛使用。《儒林外史》第三十九回:"恶和尚把老和尚的光头捏一捏,把葫芦药酒倒出来吃了一口,左手拿着酒,右手执着风快的刀,在老和尚头上试一试,比个中心。"《醒世姻缘传》第三十六回:小和尚"拿了一把风快的裁刀,要到那场园里边一座土地庙内,那里僻静无人,可以动手"。

　　"风快"指刃口十分锋利,在今东北官话、江淮官话、西南官话、赣语中仍广泛使用,常见"刀风快""刀锋风快"等说法。

　　滚[kuən55]本指液体温度达到沸腾或接近沸腾,后泛指其他的东西热、温度高。如:今昼脚冻很着,你把水烧滚一哟,我烫个脚;今昼这个洗脸水烧得滚烫的;那个伢儿发烧,额角(额头)滚烫的。

　　"滚"本义指水流翻腾,引申指液体温度达到沸点以上而翻腾,泛指一切物体温度高。"滚"指温度高的状态,在中古、近代文献中广泛使用。北宋庞元英《谈薮》:"俗以汤之未滚者为盲眼,初滚曰蟹眼,渐大曰鱼眼。"《朱子语类》卷十:"譬之煎药,须是以大火煮滚,然后以慢火养之。"无名氏《一枝花·盼望》套曲:"谎恩情如炭火上消冰,虚疼热似滚汤中化雪。"马致远《寿阳曲》:"一锅滚水冷定也,再揎红几时得热?"《红楼梦》第四十一回:"妙玉自向风炉上煽滚了水,另泡了一壶茶。"又第六十回:"没人奶就用牛奶,再不得,就是滚白水也好。"《金瓶梅》第五十四回:"李瓶儿吃了叫苦，迎春就拿滚水来，过了口。"

"滚"指热、温度高，在今方言中广泛使用。清光绪元年《兴宁县志》："热曰滚。"晋语、西南官话、客家话、闽语中把热水叫"滚水"，兰银官话、西南官话、吴语、闽语等方言中把开水叫"滚汤"，晋语、客家话中把热的饭叫"滚饭"，东北官话、中原官话、江淮官话、西南官话、湘语等方言中把开水叫"滚开水"，客家话中把热水瓶叫"滚水壶"，闽语中把热水瓶叫"滚水瓶"或"滚水罐"等，以上说法中都保留了"滚"的热、温度高的意思。

子[tsๅ55] 幼小的动物、年龄小的人，牛蹄赣语中含有性意识未萌发、还没有性经历的（男性、雄性动物）的含义，目前保留的固定说法是"子鸡""子小伙子"，很少见到其他搭配。"子"又作"仔"。如：你把小子鸡留到，喂大过年，把小母鸡卖脱渠；你还是个子小伙子，根本找不到累；这一窝鸡崽崽哈是子鸡，冇得母鸡。

"子"指幼小的、年幼的，始见于上古汉语文献，后历代有用例。三国曹操《四时食制》："郫县子鱼，黄鳞赤尾，出稻田，可以为酱。"句中"子鱼"指刚孵化出来的小鱼，也叫稚鱼。北宋王得臣《麈史·诗话》："闽中鲜食最珍者，所谓子鱼者也。"《本草纲目·菜部》："初生嫩者其尖微紫，名紫姜，或作子姜，宿根谓之母姜也。"句中"子姜"即初生的嫩姜。《齐民要术·养鹅鸭》："供厨者，子鹅百日以外，子鸭六七十日，佳。"句中"子鸭""子鹅"分别指幼鸭、幼鹅。清吴敏树《君山月夜泛舟记》："既泊，乃命酒肴，以子鸡苦瓜拌之。"句中"子鸡"即童子鸡。

"子"指幼小的、年幼的，作为构词语素广泛留存在当今方言中，西南官话、江淮官话中把还没有下蛋的母鸡或还没有叫鸣的公鸡叫"子鸡"，江淮官话、西南官话、湘语、客家话中把初生的嫩姜叫"子姜"。《客家情歌精选·早禾见水心就生》："郎系子鸭妹子姜，今番子姜炒子鸭。"江淮官话、客家话中把还没有发育成熟的鸭子叫"子鸭"；西南官话中把刚刚开始叫鸣的小公鸡叫"子公鸡"，把刚长大的小母鸡叫"子母鸡"；湘语中把还没有开始

— 197 —

下蛋的母鸡叫"子鸡婆";西南官话中把还没有叫鸣的小公鸡和还没有下蛋的小母鸡叫"子鸡娃儿";等等。

活套[xuɛ33tʰau31] 做事灵活、圆通、不拘泥。如:渠出门你莫操心,做事活套得很;你这个人啊,死板得很,做么事一啲都不活套;人要正直,该活套的时候还要活套。

"活套"指灵活、圆通、不拘泥,见于近代汉语文献。《三宝太监西洋记》第六十二回:"西海蛟兵器虽重,重的就呆,到底使得不活套。陈都督蛇矛虽小,小的就乖,终久使的灵变。"句中"活套"与"灵便"意义相通。清西冷野樵《绘芳录》:"你家小爷太觉迂泥,还是二爷活套。"句中"迂泥"和"活套"反义相对。

今中原官话、晋语、江淮官话、西南官话中都有把灵活、圆通、不拘泥叫"活套"的情况。

安然[ŋæn22Øɥæn35] 心情安定、舒坦的状态。如:当时渠借钱我冇有借给渠,这个事到现在我心里都还不安然;你今昼出门我一直不放心,一直到你回来我心里才安然;那一天打着伢儿几下,打过着还是感到不安然。

"安然"指心情安定、舒坦的状态,主要见于中古、近代文献。如:《北史·列传第四十三·孙搴》:"神武乃引搴入帐,自为吹火,催促之。搴神色安然,援笔立就,其文甚美。"白居易《耳顺吟寄敦诗梦得》:"五十六十却不恶,恬淡清净心安然。"句中"恬淡""清净"都是"安然"的状态。南宋陈亮《鹧鸪天·怀王道甫》:"心肝吐尽无余事,口腹安然岂远谋。"《五灯会元》卷第八:"能照之智本空,所缘之境亦寂,境智俱寂,……心虑安然。"《封神演义》第十五回:"二十年来窘迫联,耐心守分且安然。"《敦煌变文集·降魔变文》:"见者寒毛卓竖,舍利弗独自安然。"明杜浚《唐港耕人歌》:"倪生昔日有此田,无米纳课犹安然。"北宋张载《张子语录·后录下》:"人受天地之中,只有个心性安然不动,情则因物而感。"

"安然"指心情安定、舒坦的状态,在今西南官话、赣语中仍广泛使用。《昭通方言疏证·释词》:"今昭人谓适意曰安然。"

浑［toŋ214］液态、粥态的东西浓稠、黏稠。在牛蹄赣语中以构词语素的形式出现，常见的词语有"酽浑浑""混浑浑""干浑浑""黏浑浑"等。如：今昼煮的苞谷糊干浑浑的；前几天下暴雨着，到现在水井里的水都是混浑浑的；茶叶放太多着，把水泡得酽浑浑的。

"浑"指浓稠、黏稠，见于中古、近代汉语文献。《字汇》《正字通》："浑，水浊也。"《龙龛手鉴》《广韵》："浑，浊多也。"《集韵·董韵》："浑，水浊。"

剌剌［la24la214］形容燥热、燥痛。如：早上吃的辣子，现在嘴巴皮还火剌剌的；疤疤正在贯脓（化脓），火辣辣地痛。在牛蹄赣语中，"剌剌"还经常形容丢失东西的心痛、不舍之情。如：渠喂着几年的一条猪昨晚上叫豹子背去着，渠心里感到剌剌痛啊。

"剌剌"形容燥热、燥痛，见于中古、近代汉语文献。明周履靖《锦笺记·蜡书》："这病似觉邑邑剌剌，唇燥吻涸，郁火四上，焚于大宅。"句中"剌剌"形容燥痛、燥热。《红楼梦》第二十六回："薛蟠道：'越发说的人热剌剌的扔不下。……告诉了也省了人打闷雷。"又第五十七回："这会子热剌剌的说一个去，别说他是个实心的傻孩子，便是冷心肠的大人也要伤心。"以上两句中"剌剌"都是形容心里不舍的心痛、心惜之情，这种用法在牛蹄赣语中得到了延续。

"剌剌"形容燥热、燥痛，在今西南官话、赣语中仍然广泛使用，主要形容燥热、燥痛和不舍的心痛、心惜之情。

大剌剌［tʰai33la24la214］形容大模大样、满不在乎的样子。如：那个人随时都大剌剌的，好像哪个都瞧不起；渠看起来大剌剌的，其实打起交道来，人还是蛮好的，也热心。在牛蹄赣语中，"大剌剌"有时省作"大剌"。如：渠那个人大剌得很啊，一般的人渠理视都不理视。

"大剌剌"见于近代汉语文献。《二刻拍案惊奇》卷三十八："郁盛就去雇了一乘轿，把莫大姐竟抬到魏妈妈家里。莫大姐看见魏妈妈笑嘻嘻相头相脚，只是上下看觑，大剌剌的不十分接待。"《水浒传》第二十三回："正在这里埋伏，却见你大剌剌地从冈子上走将下来。我两个吃了一惊。你却正是甚人？曾见大虫么？"《金瓶梅》第四十回："好大胆丫头！新来乍到，就恁少条失教的，大剌剌对着主子坐着！"《儿女英雄传》第十九回："他转大剌剌的说了一句道：'先生，这叫作彼一时，此一时。你这话谈何容易！'"《老残游记》续第六回："逸云此刻竟大剌剌的也不还礼。"

"大剌剌"在今西南官话、闽语等方言中仍然沿用。

罄空［tɕʰin31kʰoŋ0］空无一物、完全不剩。如：那才是个败家子呢，冇得几年，渠硬把家里败得罄空；渠己只出门着一天，叫哪个把屋里东西偷得罄空；渠家里穷得要命，屋里罄空，连一样家具都冇得。

"罄空"指空无一物、完全不剩，见于近代汉语文献。《旧五代史》卷八十九："张彦泽陷京城，军士争凑其第，家财巨万，一夕罄空。"《太平广记》卷二百三十八："有富商李十五郎者，积货甚多。为文所惑，三年之内，家财罄空。复为识者所诮，追而耻之，以至自经。"《醒世恒言》卷三："也有做些私房在箱笼内，鸨儿晓得些风声，专等女儿出门，抻开锁钥，翻箱倒笼取个罄空。"明归有光《与沈敬甫》："子元丧女弟，又为追捕之累罄空。"明李春芳《海公案》第六十五回："万历元年，镇东辽王骂他奸恶，他第二日着兵部提兵围住王府，将他一门千余口杀得罄空。"

"罄空"在今湘语、西南官话、赣语等方言中仍然沿用。《长沙方言考》："今长沙言空无所有曰罄空。"

圆范［Øɥæn35fæn0］圆满、完善。如：你去问下，渠己屋里出着么事事，渠己那个伢儿过来又冇说圆范；做么事要彻底做完，每次搞个半截子，总是不整圆范；你把老的送上坡（养老归山），帮兄弟成家立业、把媳妇接回来，你该做的事情就算圆范着。

"圆范"指圆满、完善，见于近代汉语文献，多见于民间口头俗语。《歧路灯》第三十五回："婶子与大叔说话时，我听着极好，只是我说不圆范。"又第四十五回："心中又笑又恼又喜又悔，笑的是酒馆遇的那人，略有些影儿，便诌的恁样圆范。"

"圆范"在今西南官话、湘语、晋语等方言中仍然沿用，常见的语言环境是"说得很/不圆范""做得很/不圆范""答得很/不圆范"等。

低搭［ti22ta55］卑贱、谦卑、下贱。如：做人啊，平常要放低搭哟，不要总是大模式样的；你这样说，直接把人都给说低搭着；你莫把这个人给看低搭着，那个人可是蛮厉害的。

"低搭"见于中古、近代汉语文献。北宋净圆《望江南》之三："一向四楞低搭地，不思两脚欲梢空。"《醒世姻缘传》第五回："唤他进京来，扶持他做个前程，选个州县佐贰，虽是低搭，也还强似戏场上的假官。"又第九回："我不合淫妇对命，我嫌他低搭！"又第十一回："想起来，做小老婆的低搭，还是干那旧营生俐亮！""低搭"在古代文献中也作"低答"。明冯惟敏《僧尼共犯》第二折："则为你半辈不素低答物，勾引的惹草沾风泼赖徒。"明佚名《拔宅飞升》第一折："人都骂他夹脑，我也说他低答，为皮松不能管事。"

"低搭"在今北京官话、冀鲁官话、中原官话、西南官话中仍然沿用，作为形容词，主要做描写性谓语和修饰性定语。在方言用字中，又作"低耷"。

健旺［tɕʰien33Øuaŋ33］特指老人、尊长身体健康，精力旺盛，在牛蹄赣语中，主要用作问候、形容老年人、尊长身体状况。如：三爹，你这段时间身体还健旺不咯？老年人啊，身体健旺就是最好的。这两年身体也不够健旺，哪里都去不成着。

"健旺"主要在近代汉语文献中使用。《二刻拍案惊奇》卷二十九："蒋生少年，固然精神健旺，竭力纵欲，不以为疲。"又卷三十四："过了几日，身体健旺，才到旧所旁边打听缺墙内是何处。"《警世通言》卷二十二："宋金心下好生诧异，遂取池水净口，将经朗诵一遍，觉万虑消释，病体顿然健旺，方知圣僧显化相救，亦是凤因所致也。"《红楼梦》第九十七回："这时宝玉虽因失玉昏愦，但只听见娶了黛玉为妻，真乃是从古至今天上人间第一件畅心满意的事了，那身子顿觉健旺起来。"《曾国藩演义》第三十二回：

"胡林翼便将太夫人婆媳二人,迎入抚署。瞧着太夫人很觉精神健旺,陶夫人身体也好,心里方才开怀一半。"

在古代文献中,"健旺"指身体健康、精力旺盛,在陈述对象上不论年龄尊卑。但是在牛蹄赣语中,"健旺"仅指老年人或尊长,不能用于年轻人,尤其不用于尊长对卑幼。

晏［ŋæn31］迟、晚。如:渠昨日念书去晏着,渠去的时候老师都上课着,老师罚渠站到教室门口;我今早上起来(起床)晏着,早早饭(早点)都冇有来得及吃;明昼上班第一天,起早啲,莫去晏着。

"晏"指迟、晚,始见于上古文献,后历代沿用。《小尔雅》《类篇》《字汇》《正字通》《玉篇》《广韵》《集韵》:"晏,晚也。"《论语·子路》:"冉子退朝。子曰:'何晏也?'"邢昺疏:"晏,晚也,孔子讶其退朝晚,故问之。"屈原《离骚》:"及年岁之未晏兮,时亦犹其未央。"《礼记·内则》:"孺子蚤寝晏起,唯所欲,食无时。"句中"晏"与"蚤"(早)形成反义对文。《吕氏春秋·慎小》:"二子待君,日晏,公不来至。"高诱注:"晏,暮也。"《墨子·尚贤中》:"贤者之治国也,蚤朝晏退,听狱治政,是以国家治而刑法正。"《晏子春秋·谏下十六》:"景公为巨冠长衣以听朝,疾视矜立,日晏不罢。"陆游《新晴出门闲步》:"废寺僧寒多晏起,近村农惰阙冬耕。"《曾国藩家书》:"弟信言早起一人晏,诚所不免。吾去年住营盘,各营皆畏慎早起……未有主帅晏而将弁能早者也。"又:"欲去'骄'字,总以不轻非笑人为第一义。欲去'惰'字,总以不晏起为第一义。"

"晏"指迟、晚,在今西南官话、吴语、粤语、闽语、赣语等方言中仍然沿用,不仅可以单独使用,还以"晏"的晚、迟义构成了很多固定词语。吴语中把迟到、晚到说成"晏到",把早上起床晚说成"晏起";闽语中把晚点、误点说成"晏点",把很迟很迟说成"晏腮腮",把晚婚说成"晏婚";西南官话中把晚说成"晏晚",把晚一点儿时间说成"晏点儿";粤语中把太晚了叫"晏过头";等等。

謤 [pʰiau31] 言有所止，没有说完或没有说透彻，点到为止，剩下的意思需要听者领悟，常见词语有"謤皮""謤皮话""謤皮子话"。如：渠那个人说话不直，爱说些謤皮话；跟那个人打光子（闲聊、说话）累人得很，说话经常不说完，光说謤皮子话；渠那一天只是把那个事情謤皮说着一下。

"謤"见于中古、近代字书、辞书。《字汇·言部》："謤，言有所止。"《正字通·言部》："謤，言轻。"《康熙字典·言部》："謤，言有所止。……又言轻也。"《集韵·宵韵》："謤，言有所指。……又言轻也。"

"謤"在今西南官话、湘语等方言中经常使用。

黏 [xu33] 变成黏稠的糊状，即黏而软，牛蹄赣语中以"黏"构成的常用词语是"黏汤""黏浆"。如：今昼米煮忘记着，煮黏汤着，一啲米汤都冇有捞出来；今昼晌午的面煮黏着，吃到一啲都不经饿（耐饿）；米汤啊，还是要稍微煮黏一啲，吃起来才香。

"黏"见于中古、近代汉语文献。《康熙字典·黍部》："黏，音护，黏也。"《类篇·黍部》："黏，黏也。"《字汇·黍部》："黏，音互，黏也。"《正字通·黍部》："黏，俗黏字，黏，俗作粘。"《集韵·暮韵》："黏，黏也。"

"黏"在今晋语、吴语、西南官话等方言中仍然沿用，尤其在吴语中使用较广泛。晋语中有"煮黏一点好吃"的说法；吴语中有"黏的好吃"的说法；西南官话中有"黏汤"一说；吴语中把黏而软叫"黏潘"或"黏潘烂酱"，把黏而稀烂的样子说成"黏塌塌"。

背时倒灶 [pei31ʂɻ35tau55tsau31] 倒霉、不走运。"背时"是直陈倒霉、不走运，"倒灶"是倒霉、不走运的形象说法。"背时"与"倒灶"相互补充、相互说明，构成联合式俗语。如：渠己今年硬是背时倒灶，一年冇得一样顺头的事；你莫跟到渠那个背时倒灶的人一路，哪个跟到渠哪个倒霉；渠硬是背时倒灶，不久前渠才死着老子（父亲），昨日山上滚一个石头，对直塌到渠腿杆上。

"背时"在元代以来的文献中一直使用,现代汉语也常用。"倒灶"也始见于元代文献,现代汉语普通话中已不常用,已经成为一个古语词。古文献中还有"倒了……的灶"的句式。《桃花女》第四折:"敢是这老头儿没时运,倒了灶也。"《西游记》第二十五回:"你遇着我就该倒灶,干我甚事?我才自也要领你些油汤油水之爱,但只是大小便急了,若在锅里开风,恐怕污了你的熟油,不好调菜吃。如今大小便通干净了,才好下锅。"《二刻拍案惊奇》卷三十七:"我说你福薄,前日不意中得了些非分之财,今日就倒灶了。这些彩缎,全靠颜色,颜色好时,头二两一匹还有便宜;而今斑斑点点,那个要他?这五百两不撩在水里了?似此做生意,几时能够挣得好日回家?"《醒世恒言》卷三:"你岂不晓得我家美儿的身价,倒了你卖油的灶,还不够半夜歇钱哩,不如将就拣一个适兴吧。"《清史演义》第九十八回:"河南兵未曾防备,偏着了道儿,越弄越败,懊悔不迭。这便是倒灶的影子。"

"倒灶"指倒霉、不走运,在今东北官话、冀鲁官话、中原官话、西南官话、徽语、吴语、闽语等南北方言中广泛沿用。1932年《南皮县志》:"倒灶:俗谓时运不济也。"1935年《云阳县志》:"倒灶:运败也。"《昭通方言疏证·释词》:"昭人言失意失利皆曰倒灶。"1930年《嘉定县续志》:"倒灶:俗谓不利也。"清光绪五年《川沙厅志》:"不利曰倒灶。"

煜[ŋɜu31] 牛蹄赣语中保留了两个古语词义项。

一是指天气没有明显的太阳但极度湿热、闷热。如:今昼天气煜热煜热的,可能要下雨着;这一段时间天气一直煜到的,又不出太阳又不下雨;南方天气煜得很,一天到晚身上都湿巴巴的。

"煜"指天气极度湿热,始见于中古文献。《字汇·火部》:"煜,暖也。"《集韵·侯韵》:"煜,暖也,或从日,亦作蓝。"《管子·侈靡》:"古之祭,有时而星,有时而星熺,有时而煜,有时而朐。"尹知章注:"煜,热甚也,谓旱热甚而祭。"

今陕西鄠邑把天气闷热也叫"煜热"。

二是指因柴草潮湿或被压住不能接触空气充分燃烧,一般伴随大量浓烟。如：柴冇有晒干，熰到烧糟脱着；你是么样烧火的嘛，一回放那多柴，哈熰到灶洞眼里，整得满屋的烟子。

"熰"指因柴草潮湿或被压住不能充分燃烧的意思，见于近代汉语文献。冯惟敏《耍孩儿·骷髅诉冤》："坑中满把干柴熰，锅内忙将滚水煎。"《醒世姻缘传》第四十八回："走到前边，只见窗前门前都竖着秫秸点着火，待着不着的熰。"

"熰"在今北京官话、冀鲁官话中仍然沿用。北京话中有"烟太大，把火熰灭了"，天津话中有"劈柴湿，炉子着不起来，净熰烟"。

消停［ɕiau22tʰin35］舒缓、不慌不忙、从容不迫。如：等我己都走着，你一个人在屋里消停看电视；等人客都走着，你再消停洗碗；今昱一天一唦都冇消停到，从早上忙到晚上。

牛蹄赣语中的"消停"还可以扩展为"消消停停"。如：都等到外头的，急得不得了着，渠还消消停停地在屋里吃饭。

"消停"在古代文献中有停止、停歇、安稳、从容、舒缓等意思，这些意思在牛蹄赣语中都有沿用，但是停止、停歇、安稳在现代汉语中还比较普遍，从容、舒缓义基本被其他词语代替，已经算是一个古语词义项。

"消停"指舒缓、不慌不忙、从容不迫，主要见于近代汉语文献。《西游记》第二十四回："消停些儿，有话慢说不妨，不要胡说散道的。"李渔《蜃中楼·怒遣》："你便消停些，选个像样的女婿也好，为什么这等着忙？"《红楼梦》第四回："他两家的房舍极是便宜，咱们先能着住下，再慢慢的着人去收拾，岂不消停些？"

"消停"指舒缓、不慌不忙、从容不迫，在今中原官话、西南官话、晋语、江淮官话、赣语等方言中广泛沿用。

把滑［pa22xua35］鞋踩在地上不易滑到、滑动，即防滑。如：我的鞋子是新的，齿（鞋底上的纹路）深，把滑得很；你鞋底子磨平着，一唦都不把滑；下雪天，要穿个把滑一唦的鞋子，免得踔跤子。今"把滑"也可以指车轮着地不易打滑，即防滑。如：车轮子冇得齿着，下雪天一唦都不把滑。

- 205 -

"把滑"指防滑，见于近代汉语文献。《西游记》第七十九回："促损琪花为顾生，踢破翠苔因把滑。"《警世通言》卷二十三："顺娘出神在小舍人身上，一时着忙不知高低，反向前几步，脚儿把滑不住，溜的滚入波浪之中。"《老残游记》第八回："不要紧，我有法子。好在我们穿的都是蒲草毛窝，脚下很把滑的，不怕他。"明吴宽《雪后入朝》："天门晴雪映朝冠，步涩频扶白玉阑。为语后人须把滑，正忧高处不胜寒。"

"把滑"指防滑，在今西南官话中仍然沿用。《蜀籁》："把不住滑，踩稳就夯。"1935年《云阳县志》："把滑，稳慎也。"叶盛《水东日记》卷三："前人失足，后人把滑。"

窸窣 [tɕʰi22so22]、**窸窸窣窣** [tɕʰi22tɕʰi0so22so0] 形容由于摩擦等发出的轻微、细碎之声，牛蹄赣语中多用"窸窸窣窣"，"窸窣"出现的频率比较低。如：我说么样一直听到那个墙角角里窸窸窣窣地咯，走到跟头一看啊，还是一根蛇盘到那里的；我一听到屋里有窸窸窣窣的声气，我一下就感觉到屋里可能有贼娃子；到底是么事在那个草里头窸窣呢？

"窸窣""窸窸窣窣"指由于摩擦发出的轻微、细碎之声，在古代汉语文献中并存，主要在中古、近代汉语文献中使用，其中"窸窣"出现在前，"窸窸窣窣"出现在后。杜甫《自京赴奉先县咏怀五百字》："河梁幸未坼，枝撑声窸窣。"李贺《神弦》："海神山鬼来座中，纸钱窸窣鸣旋风。"范成大《夜至宁庵见壁间端礼昆仲倡和明日将去次其韵》："咿哑禽语晓光净，窸窣草鸣朝雨凉。"《红楼梦》第六回："约有一二十个妇人，衣裙窸窣，渐入堂屋，往那边屋内去了。"《聊斋志异·蛇人》："出门数武，闻丛薪错楚中，窸窣作响，停趾愕顾，则二青来也。"《明宫十六朝秘史》第五十回："深宵寂寂，万籁无声。微风吹在芭蕉叶上，拂着窗棂，窸窣作响。"句中"窸窣"说明"作响"。《元代野史》第七十四回："又渐而人卧后，即窸窣不已，或作翻书声，或作太息声，鸡鸣方止。"

"窸窸窣窣"的文献语例较少。《二刻拍案惊奇》卷十四："而今又见水流来了，恐怕污了衣服，不觉的把袖子东收西敛来避那些龌龊水，未免有些窸窸窣窣之声。"《续济公传》第二百一十回:"但觉弄堂中间'窸窸窣窣'的有两人在那里谈心。俺便轻手轻脚,溺着气息走进弄里,单看这两个人说的什么话。"

"窸窣""窸窸窣窣"在今西南官话中仍然沿用。

闹热 [lau33Øɻɛ0] 热闹。如:今年过年一啲都不闹热;渠已那个喜事过得好啦,去的人多得很,闹热;你已院子今昼有么事事啊,闹热得很啊。

"闹热"即"热闹"的倒语,始见于唐代文献,后历代文献中都有使用。白居易《雪中晏起偶咏所怀兼呈张常侍、韦庶子、皇甫郎中杂言》:"红尘闹热白云冷,好于冷热中间安置身。"《五灯会元》卷第十九:"乘时于其中间,作无量无边广大佛事,一一佛事周遍法界,所谓一毛现神变,一切佛同说经于无量劫,不得其边际,便怎么去闹热门庭,即得正眼观来。"《二刻拍案惊奇》卷三十八:"即时奔往闹热胡同,只拣可口的鱼肉荤肴、榛松细果,买了偌多,撮弄得齐齐整整。"《醒世恒言》卷七:"船头俱挂了杂彩,鼓乐振天,好生闹热。"《水浒传》第三回:"入得城来,见这市井闹热,人烟辏集,车马骈驰,一百二十行经商买卖,诸物行货都有,端的整齐。"清海天独啸子《女娲石》第十三回:"城内居民不下四五千户,却光景也闹热,似个重要商镇。"

"闹热"在今江淮官话、西南官话、徽语、吴语、湘语、赣语、客家话、闽语等南北方言中广泛使用。《蜀方言》:"不冷淡曰闹热。"《湘乡方言·状辞》:"今常言热闹,湘乡语则倒言之曰闹热。……闹热亦见《朱子语类》,非方言之误倒也。"

不卯 [pu24mau55] 关系不和谐、性情不合。如:渠已两家一直都不卯,有大方小事从来不来往;那两个人不卯,你请客不能把渠两个人请到一起;前几天看到渠已还好好的,么样陡然不卯起来着呢?

"不卯"见于近代汉语文献。《红楼梦》第二十一回:"贾琏听说忙道:'你两个不卯,又拿我来作人,我躲开你们。'"

"不卯"在今北京官话、西南官话、中原官话中沿用。贾平凹《秦腔》

第八十八章："书正是属牛的？你二叔一辈子和牛不卯，不是他见了牛就打，就是牛见了他便牴！"

媵头［tʰən31tʰɜu35］用扁担等担物时，两端所挂物的重量基本均衡叫"媵头"，两头重量有较明显的差距叫"不媵头"。如：你挑的么事啊，么样看到一头轻一头重呢，一啲都不媵头；前头箩筐里的东西多些，匀啲到后头箩筐里去，这样媵头，挑起来省力些；渠为到媵头，在扁担的一头挂一个石头挑回去。

"媵"始见于上古汉语文献，属于古代方言词语，早期多以单音词的形式出现，词汇复音化加后缀为"媵头"，"媵"和"媵头"都指荷担两端重量大致相称，古文献中又作"媵担"。"媵"本指盛物的口袋。《说文·七下·巾部》："媵，囊也。"句中"囊"即担物盛物的口袋，引申指"担物""担物两头重量相称"。《方言》："媵，担也。"郭璞注："今江东呼担两头有物为媵。"《龙龛手鉴·肉部》："媵，囊可带者也。"《玉篇·巾部》："媵，囊也。两头有物谓之媵担。"清宣统年间《东莞县志》："担物两头称曰媵。"注曰："温仲和言：州俗凡担物既得一头求加一头曰'添媵头'，两头之物轻重相悬曰'不媵头'。"

"媵头"在今粤语、闽语、西南官话等南方方言中仍然使用。

老革革［lau55kɛ21kɛ0］多用于形容植物不嫩。如：你打的猪草老革革的，剁都剁不烂；你那个韭菜老革革的，根本冇得哪个买；菜薹子已经咬不动着，老革革的。

"老革革"始见于上古汉语文献，最早是由同义单音词"老"与"革"以同义连文的方式构成双音复音词，后来在方言俗语中重叠"革"构成ABB式复音词"老革革"。"革"有老义，上古方言中就已经出现。《方言》："㦧鳃、乾都、耇、革，老也，皆南楚江湘之间代语也。"郭璞注："皆老者皮色枯瘁之形也。"《玉篇·革部》："革，老也。"《三国志·蜀志·彭羕传》："超问羕曰：'卿才具秀拔，……宁当外授小郡，失人本望乎？'羕曰：'老革荒悖，可复道邪？'"句中"老革"指年老。《隋书·裴蕴传》：

"帝悟曰：'老革多奸，将贼胁我。……诚极难耐。'"明纪坤《快哉行》："老革昔媚珰，正士皆碎首。"《三国演义》第七十九回："老革荒悖，吾必有以报之！"

今粤语中还有"老革"指老义。翁显良《广州方言现存古语偶拾》："老革就是老。"西南官话中仍然用"老革革"形容苍老的样子。《蜀语》："老曰老革革。"清光绪二十六年《垫江县志·方言》："老曰老革革。"1924年《乐山县志·方言》："通称老年人曰老者、曰老汉，尊称之曰老人家，鄙之曰老革革。"

巴家 [pa22tɕia22] 顾家，处处为自己家庭利益着想，多指从外面为家庭谋取更多利益，能带回家的东西都带回家。如：你个女娃子啊，赶紧（十分、极其）巴家哦，走到路上看到一根棍棍（小木棍）都要捡回去；渠可是巴家，能在外头多弄一啲回去都是好的；那个女娃子在娘屋就不巴家，找媳妇最好莫找那好的（那样的）人。

"巴家"指顾家、处处为自己家庭利益着想，始见于近代汉语文献。《跻春台》卷一："养女攀高门才可沾光，我辛苦挣的银钱，岂可拿与穷鬼？不巴家的娘，不要开腔。"又："你这妹崽，好不巴家哟！为啥无故就拿些钱米与人。"

"巴家"在今江淮官话、西南官话、湘语、晋语、中原官话等方言中仍然沿用。

般配 [pæn22pʰei31] 彼此能够搭配协调，多指成婚男女双方条件相当。如：渠两个人看到一啲都不般配，可是人家过得幸福；开亲还是要选稍微般配一啲的人，不是的话以后日子难得过；那两样东西摆到一起看起来还般配。

"般配"在古代文献中又作"搬配"，始见于中古汉语文献。《聊斋俚曲集·翻魇殃》："咱是谁他是谁？他家绸缎垛成堆；咱是穿着粗布衣，可也合他不般配。"《红楼梦》第十九回："宝玉听了，忙笑道：'你又多心了。我说往咱们家来，必定是奴才不成？说亲戚就使不得？'袭人道：'那也搬配不上。'"《金瓶梅》第四十一回："既做亲也罢了，只是有些不般配些。乔家虽如今有这个家事,他只是个县中大户、白衣人。"又第四十七回:"只因舍亲吴大妗那里说起,和乔家做了这门亲事。他家也只这一个女孩儿,论起来也还不般配,胡乱亲上做亲罢了。"

"般配"在今北方官话以及南方的西南官话、湘语等方言中广泛沿用。

饱足[pau55tsʒu0] 欲求满足,多指对食物的满足,容易满足叫"有饱足",不易满足叫"冇得饱足"。如:你直接冇得饱足,吃着两大碗着,还说冇吃饱;狗哪有饱足呢,俗话说"喂不饱的狗";人要有饱足,不能人家给着,你还要要,就讨人嫌。

"饱足"指欲求满足,始见于上古汉语文献,后历代沿用。《论衡·祀义》:"中人之体七八尺,身大四五围,食斗食,歠斗羹,乃能饱足,多者三四斗。……人食不饱足,则怨主人,不报以德矣。"唐赵元一《奉天录》:"扈从千人,无不饱足。圣人憩驾,欢情见容。"《寒山诗集·贫驴欠一尺》:"始取驴饱足,却令狗饥顿。"句中"饱足"指吃饱。苏辙《送顿起及第还蔡州》:"读书饱足终无厌,从宦奔驰自此新。"句中"饱足"指对读书的欲求。《朱子语类》卷十六:"如饥之必欲食,渴之必欲饮,皆自以求饱足于己而已,非为他人而食饮也。"《西游记》第六十七回:"若要吃人啊,一顿也得五百个,还不饱足!"《清凉山志》:"唯一粥釜,自把杓柄,人无多寡,悉令饱足而去。"

"饱足"在今西南官话中常用。

淹缠[Øien22tʂʰæn35] 疾病迁延、持续长久。如:我背到女娃子去看病,出门就遇到一个挑撮箕的,我就感觉到这个病淹缠得很,结果硬是拖着一个冬才好;渠那个老壳痛啊,淹缠着好几个月才好;这个病就是一个淹缠的病,一下两下好不了。

"淹缠"指疾病迁延、持续长久,始见于元代汉语文献,后历代沿用,又作"瘖瘵"。《札朴·乡里旧闻》:"乡语以病久为淹缠,语讹也。《集韵》:'瘖瘵:疫病。'病久曰瘖瘵。"元刘唐卿《降桑椹蔡顺奉母》第二折:"他病痛苦淹缠,良方治不痊。"句中"良方治不痊"正是对疾病"淹缠"的解释。《醒世恒言》卷二十六："若是灯明,则本身无事,暗则病势淹缠,灭则定然难救。"《孽海花》第二十回："谁知这一躺,把路上的风霜,到京的劳顿,一齐发出来了,壮热不退,淹缠床褥,足足病了一个多月才算回头。只好请了两个月的病假,在家养病。"句中先说发热疾病"淹缠",下文有"足足病了一个多月才算回头",正说明疾病迁延时间长久。《红楼梦》第五十三回："或有家内没有人不便来的;或有疾病淹缠,欲来竟不能来的"。《野叟曝言》第四十一回："自那一日错闻凶信,病势陡重,淹缠至今,竟把一身大肉都落完了!"

"淹缠"指疾病迁延、持续长久,在今中原官话、北京官话、冀鲁官话、西南官话等方言中仍然沿用。1916年《盐山新志》："淹缠,病久也。"1932年《南皮县志》："淹缠,病久也。"

馚香 [pʰoŋ24ɕiaŋ22] 很香、香味浓郁。"馚香"是由古语词"馚"加"香"构成的并列式复音词,保留着比较浓厚的古语词色彩。如:这一树栀子花一开,一条沟都是馚香的;那一家在煮么事啊,闻到馚香的;那个女娃子好讲究啊,时刻身上都抹得馚香的。

"馚"指很香、香味浓郁,始见于中古文献,属于古方俗词语。《类篇·香部》《字汇·香部》《集韵·董韵》："馚,香气盛也。"

"馚"据音用字,作"喷"。在文献用例中,"喷香"的本字当作"馚香"。元徐琰《蟾宫曲·青楼十咏》："柳腰摆东风款款,樱唇喷香雾漫漫。"元吕济民《蟾宫曲·赠玉香》："画蛾眉玉鉴遗香,伴才郎玉枕留香,捧酒卮玉容喷香,摘花枝玉指偷香。"《初刻拍案惊奇》卷三十一："我们三个吃时,是喷香的好酒,如何是恁的?必然那个来偷吃,见浅了,心慌撩乱,错拿尿做水,倒在坛里。"《西游记》第九十一回："内托着琉璃薄片,其光幌月,其油喷香。唐僧回问众僧道:'此灯是甚油?怎么这等异香扑鼻?'"句中"异香扑鼻"正是对"喷香"的解释。

"馚"主要在今西南官话、闽语、赣语中使用。《蜀语》："香气盛曰馚。"《蜀方言》："香之甚曰馚。"《里语徵实》："香曰馚香。"

清［tɕʰin31］很凉，寒凉。牛蹄赣语中有与之对应的复音词"清凉"，形容寒凉。如：这个河坝里的水怪得很，冬天是热的，热天又清人子；晚上冇盖铺盖，身上冻得清凉；今昼这个天气冷得清人。

"清"指很凉、寒凉，始见于上古汉语文献，后历代沿用。《说文·十一下·仌部》："清，寒也。"《类篇》《字汇》《集韵》等沿用《说文》解释。《正字通·冫部》："清，凉也。"《玉篇·冫部》："清，寒也、冷也。"古文献中，往往"清"与"温"构成反义对文。《管子·宙合》："贤人之处乱世也，知道之不可行，则沉抑以辟罚，静默以侔免。辟之也，犹夏之就清，冬之就温焉，可以无及于寒暑之灾矣，非为畏死而不忠也。"《墨子·辞过》："古之民，未知为衣服时，衣皮带茭，冬则不轻而温，夏则不轻而清。"《礼记·曲礼上》："凡为人子之礼，冬温而夏清，昏定而晨省。"《弟子规》："冬则温，夏则清，晨则省，昏则定。"以上句中"清"与"温"反义对文。

"清"指很凉、寒凉，在今晋语、西南官话、湘语、闽语等方言中仍然沿用。清道光十九年《福州府志》："寒曰清。"1897年《重纂邵武府志》："冷曰清。"闽语中，"清"使用得尤为广泛，把冷说成"清"，有"清色""清汗""清笑""清倒""清着""清寒""清糜""清天时""清支支"等复音词，其中的"清"都保留着冷的意思。《新方言·释天》："福州谓'寒'为'清'，若通语言'冷'也。"清，异体俗字作"瀓"。张慎仪《方言别录》卷上："楚谓冷曰瀓。"《集韵·梗韵》："楚人谓冷曰瀓。"

贴肉［tʰiɛ24ʐɤu214］牛蹄赣语中保留了两个古语词义项。

一是衣服紧贴肉体、紧贴肌肤，牛蹄赣语中也可以说成"塌肉"。如：娘老子死的时候，儿女要把身上贴肉的衣裳脱一件给渠穿到，这样后人发旺；你把贴肉的衣裳换下来，我给你洗脱渠；这个衣裳穿起来又不贴肉嘛。

"贴肉"指衣服紧贴肉体、紧贴肌肤，始见于中古汉语文献。《朱子语类》卷二十九："子路譬如脱得上面两件麤糙底衣服了，颜子又脱得那近里面底衣服了，圣人则和那里面贴肉底汗衫都脱得赤骨立了。"《五灯会元》卷第十七:"古人恁么道,殊不知是个坑阱,贴肉汗衫脱不去,过不得,直须如师子儿壁立千仞,方能剿绝去。"《警世通言》卷十一:"将自己贴肉穿的一件罗衫脱下,包裹了孩儿,拔下金钗一股,插在孩儿胸前"。《水浒传》第四十八回:"顾大嫂贴肉藏了尖刀,扮做个送饭的妇人先去。"《留东外史续集》第一百零四章:"将白布解开,贴肉几层,血都浸透了。"《隋唐演义》第五十七回:"站起身来,解开战袍,胸前贴肉挂着一个招文袋内,许多油纸裹着,取出一封书递上。"

"贴肉"指衣服紧贴肉体、紧贴肌肤,在今西南官话、吴语中仍然沿用。

二是贴心、亲近,主要比喻有血缘关系的人之间关系亲近,牛蹄赣语中也可以说成"扒肉"。如:你个伢儿在娘老子跟前一直不贴肉;渠就是那样个性格,跟哪个都不贴肉;我那个孙娃子一直是我引大的,跟我一直很贴肉啦。

"贴肉"指贴心、亲近,见于近代汉语文献。《初刻拍案惊奇》卷三十二:"又何须终日去乱走胡行,反把个贴肉的人儿,送别人还债?"《西游记》第四十四回:"我两个是他靠胸贴肉的徒弟,我师父却又好道爱贤,只听见说个道字,就也接出大门。"《元史演义》第三十四回:"原来太皇太后自英宗即位后,便已得病,接连是失列门伏诛,失了一个贴肉的幸臣。"

"贴肉"指贴心、亲近,在西南官话、吴语中仍然沿用。

散淡 [sæn55tʰæn0] 悠闲自适、散漫,纪律规矩意识和自我约束意识较弱。如:渠那个人一直都散淡无纪律;渠是一个散淡的人,你莫对渠寄托好大个希望;渠既不操心,又很散淡。

"散淡"指悠闲自适、纪律规矩意识和自我约束意识较弱,见于中古、近代汉语文献。《封神演义》第八十回:"我们原系方外闲人,逍遥散淡,无束无拘,又何名缰利锁之不能解脱耶。"《西游记》第二十六回:"逍遥随浪荡,散淡任清幽。"《九尾龟》第二回:"这班倌人、马夫、戏子是妍惯了,身体是散淡惯了,性情是放荡惯了,坐马车,游张园,吃大菜,看夜戏,天天如此,也觉得视为固然,行所无事。"《济公全传》第三十七回:"散淡游灵径,逍遥无挂碍。""散淡"在中古文献中又可记作"散澹"。《快嘴李翠莲》

记》："散澹又逍遥，却不倒伶俐。"元佚名《博望烧屯》："讲罢《黄庭》心散澹，纶巾羽扇细论文。"元佚名《玩江亭》第二折："灵丹妙药都不用，吃的是生姜辣蒜大憨葱。"从中古、近代文献中"散淡"出现的上下文语言环境看，牛蹄赣语中的"散淡"完全保留了中古、近代汉语的词义。

"散淡"在今北京官话、吴语、西南官话、赣语等方言中仍然沿用，也记作"散诞"。

歪［Øuai22］恶、凶狠、横蛮、厉害。如：你是个歪人，哪个惹得起；渠从小就歪，冇得哪个敢轻易碰渠一下；在生是歪人，死着也是恶鬼。

"歪"，本或作"懀"，在日常据音用字的情况下，记作"歪"。《龙龛手鉴·心部》："懀，恶貌。"《玉篇·心部》："懀，恶也。"《昭通方言疏证·释诂三》："昭人言人凶恶曰懀，……即以'歪'为之，……即某人很凶，皆有无可奈何对待此等人物之意象。"《西游记》第七十一回："若说半个不字，他就说出无数的歪话，甚不中听。"《醒世姻缘传》第二十一回："却说那些抄抢家事的凶徒，为从的六个人与那十四个歪拉泼妇，都当时发落去了。"句中"歪拉"修饰"泼妇"，可见"歪拉"的词义内涵。又第五十一回："这个刘恭素性原是个歪人，又恃了有三个恶子，硬的妒，软的欺，……手段又甚是不济。"句中"歪人"即蛮横不讲理的人，下文"硬的妒，软的欺，……手段又甚是不济"正是其处事表现。《野叟曝言》第二十五回："碧莲怕他歪缠，忙道：'咱回去就合爹妈说知，多分是肯的，咱明日来回爷的话。'"句中"歪缠"即蛮不讲理地纠缠。

"歪"在今西南官话、中原官话中广泛使用。西南官话中的"歪人"指横行霸道的人，"歪翘翘"指凶得很、厉害，"歪歪儿货"指凶恶、厉害、霸道；中原官话中的"歪者很"指凶得很，其中的"歪"都保留着恶、凶狠、横蛮、厉害的语素义。

停当［tʰin35taŋ0］牛蹄赣语中保留有两个古语词义项。

一是指（收拾、处理）妥帖、妥当、稳妥。在牛蹄赣语中，为了形容（收拾、处理）非常妥帖、妥当、稳妥，还可以说成"停停当当"。如：你把房子捡拾停当着就赶紧走，不敢再耽误着；一切都准备停当着，明昼早上起来就走；我在那里一切都安排停当着才走的。

"停当"指（收拾、处理）妥帖、妥当、稳妥，始见于唐代汉语文献，后历代沿用，属于古代汉语白话文献中的常用义项。《晋书·列传第四十三·庾亮》："臣等以九月十九日发武昌，以二十四日达夏口，辄简卒搜乘，停当上道。"《清平山堂话本》卷二："兄嫂二人，无多时前后俱收拾停当，一家都安歇了。"《喻世明言》卷一："又有预备下送礼的人事，都装叠得停当。"《警世通言》卷二十四："赵昂拿着沈家银子，……上下打点停当，封了一千两银子放在坛内，当酒送与王知县。"《三国演义》第四十二回："但愚意欲请叔父暂至江夏，整顿军马停当，再回夏口不迟。"《初刻拍案惊奇》卷八："雇下一只长路的航船，行李包裹多收拾停当，别了杨氏起身，到船烧了神福利市，就便开船。一路无话。"《二刻拍案惊奇》卷三十："就归向邻家借了锄畚锸之类，又没个人帮助，亲自动手，瘗埋停当。"在古文献中，"停当"也可重叠写作"停停当当"。《二刻拍案惊奇》卷七："两人一路商量的停停当当，到了郫县，果然两船上东西尽情搬上去住了。"《醒世姻缘传》第六回："每月三两银赁了一所半大不小的房子，置买了一切器皿煤米等物，停停当当，将珍哥留住里面。"《九尾龟》第一百六十九回："二十二的那天晚上，章秋谷把书籍行李都收拾得停停当当，预备着明晚下船。"

"停当"指（收拾、处理）妥帖、妥当、稳妥，在今西南官话、吴语中仍然沿用。

二是指贤惠、乐于为人提供帮助或方便。如：渠那个人停当得很，走到渠门上，渴着倒水，饿着煮饭；那个人一啲都不停当，走到渠门上，连狗都不吃（撵、驱赶）的；渠找的女人（妻子）很停当，来着人端茶倒水，对人热情。

"停当"指贤惠、乐于为人提供帮助或方便，见于近代汉语文献。《儒林外史》第二回："他也要算停当的了，若想到黄老爹的地步，只怕还要做几年的梦。"

"停当"指贤惠、乐于为人提供帮助或方便,在今江淮官话、徽语、赣语、西南官话中仍有沿用。

牙［Øia35］雄性猪、狗,常见"牙猪""牙狗"等词语。如:这一窠猪儿有三个牙猪、四个草猪;你把狗儿给我留一个,我要牙狗,不要母狗。

"牙"指雄性猪、狗,始见于上古汉语文献,本作"豭"或"猳",后据音用字写作"牙"。《说文·九下·豕部》:"豭,牡豕也。"段注:"《左传》:'野人歌曰:"既定尔娄猪,盍归吾艾豭?"'此'豭'为牡豕之证也。《方言》曰:'猪,北燕、朝鲜之间谓之豭。'"《类篇》《字汇》《正字通》皆释"豭"为牡豕,《龙龛手鉴》释"豭"为雄猪。《左传·哀公十五年》:"既食,孔伯姬杖戈而先,大子与五人介,舆豭从之。"正义曰:"豭是豕之牡者。"《史记·秦始皇本纪》:"夫为寄豭,杀之无罪。"司马贞索隐:"豭,牡豕也。"古文献中,"牙"又作"猳"。《类篇·犬部》:"猳,牡豕也。"《字汇·犬部》:"猳,豕也。"《正字通·犬部》:"猳,俗豭字。"《龙龛手鉴·犬部》:"猳,猳豕也。"《本草纲目·兽部》:"(豕)牡曰豭,曰牙。"清西崖《谈徵·名部·牙猪》:"牙猪,牙即'豭'之转音也。"清蔡奭《官话汇解便览》卷上:"母狗不摇尾,牙狗不上身。"在牛蹄赣语中,公猪、公狗叫牙猪、牙狗,其他雄性动物不叫"牙",这与四川西南官话中的说法高度一致,与"牙"在古代从"豕"、从"犬"密切相关,也与古代汉语文献中的词义一脉相承。

"牙猪""牙狗"在今中原官话、北京官话、晋语、江淮官话、西南官话等南北方言中广泛沿用。黄绮《安庆方言古词例证》:"按'牙'当是由'豭'转变的。《说文》:'豭,牡豕也。'汉代已把'豭'跟'猪'结合为一。《汉书·翟方进传》:'长取其母,与豭猪连系都亭下。'"1923年《霸县志》:"牡猪曰牙猪。"1935年《新城县志》:"牡豕谓之牙猪。"

稀剌剌［ɕi22la33la0］形容很稀疏,也可以说成"稀稀剌剌",还可记作"稀稀拉拉"。如:地里稀剌剌地长着几根苞谷;街上稀剌剌的几个人卖东西，看起来蛮冷清的；朳里稀刺刺地长着几根树。

"稀刺刺"始见于元代汉语文献。《布袋和尚忍字记》第二折："我将这稀刺刺斑竹帘儿下，俺这里人静悄不喧哗，那堪独扇门儿砑。"句中"稀刺刺"指编制不细密、粗疏的竹帘。元萧德祥《杀狗劝夫》第三折："稀刺刺草户扃，破杀杀砖窑静。俺这里春光元不到，人迹罕曾经。""稀刺刺"在古文献中也作"稀拉拉"或"稀稀拉拉"。《东渡记》第九十回："穿一领百衲道袍，一条条和青白布交加；踏一双两耳棕鞋，稀拉拉横竖绳拴束。"《三十六计》第二十六计："两个爱姬哪里作过带兵的官儿，只是觉得好笑好玩。好不容易，才把稀稀拉拉、叫叫嚷嚷的美女们排成两列。"

发旺 [fa214Øuaŋ31] 兴旺、发达。如：渠那个手发旺呢，做么事成么事；那个庄子发旺哦，住一家发一家，再高的价钱你都把渠买到手；这个猪圈发旺，喂猪一风舒地长。

"发旺"指兴旺、发达，始见于元代汉语文献，后历代沿用。关汉卿《诈妮子调风月》第四折："是个破败家私铁扫帚，没些儿发旺夫家处，可更绝子嗣、妨公婆、克丈夫，脸上承泪靥无重数。"《彭公案》第三十八回："也是彭公官运发旺，过了新年，二月间，有上谕：'河南巡抚着彭朋去，钦此。'"《大清三杰》第八回："幸亏这个韦昌辉，一见秀全品貌堂堂，不是凡流；就是那个秦日纲，也是一位发旺之相，正合他的心事，于是就想搭救他们。"

"发旺"指兴旺、发达，见于今西南官话、湘语、赣语等方言。

顺当 [ʂuən33taŋ0] 吉利、顺利。如：今昼出门还顺当，要找的人都找到着，要做的事都做成着；渠己屋里今年有啲不顺当啊，又是死人又是折财（财产、财物意外损失）；家庭要是和睦，做事也更顺当。

"顺当"指吉利、顺利，见于近代俗白语言文献。《水浒传》第十回："因见小人勤谨，安排的好菜蔬，调和的好汁水，来吃的人都喝采，以此买卖顺当。"句中"买卖顺当"即经营顺利，生意兴隆。《儿女英雄传》第三十六回："你们一家子只管在外头各人受一场颠险，回到家来，倒一天比一天顺当起来了。"句中"顺当"指顺心、顺利。《续济公传》第二百零九回:"有甚不好弄,我们一同进去,他如好好的相从,那便没事,若然稍不顺当,我们弄他一个先强奸,然后把和尚尼姑再捆住一起,岂不是名利齐辉吗?"《三十六计》第九计:"意即豫卦的意思是顺时而动,正因为豫卦之意是顺时而动,所以天地就能随和其意,做事就顺当自然。"句中"顺当"与"自然"意义互补。

"顺当"通过重叠构成"顺顺当当",在今牛蹄赣语中常用,在近代汉语中也比较常见。李伯通《西太后秘史演义》第十八回:"从此进规巩昌河狄,不费一兵,不折一矢,就由董福祥到处招安,顺顺当当的,也算是南路胜利了。"

"顺当"指吉利、顺利,在今东北官话、西南官话等方言中仍然沿用。《二人转传统作品选·锔大缸》:"头一分买卖,刚开张,图个顺当,我锔啦。"

骀[t^hai55] 能力低下、庸才、劣才。如:那个伢儿啊,骀得很,上十岁着么事都不晓得;渠看起来有咄骀啊,走路都晃晃的;你就是个骀卵包。

"骀"本指劣马,喻指庸才。《汉语大字典·马部》:"骀,喻庸才。""骀"指能力低下、庸才、劣才,始见于中古、近代汉语文献。南朝宋王韶之《赠潘综吴达举孝廉诗六章》:"伊余朽骀,窃伏惧盗。"句中"骀"与"朽"连文,都指能力低劣。庾信《代人乞致仕表》:"驱奔效驾,先辍于羸骀。"句中"骀"与"羸"连文,皆指能力低下、羸弱。《大明英烈传》第五十四回:"真天神也!吾辈敢竭驽骀之用,情愿领兵六万投纳。"清蒙正发《三湘从事录》:"犹冀臣年方壮,尚不即填沟壑,庶竭驽骀之力,稍收桑榆之效。"《封神演义》第八十五回:"邓昆、芮吉叩首曰:'臣敢不竭驽骀之力以报陛下知遇之恩也。'"李逸侯《宋宫十八朝演义》第八十二回:"亡国奴隶,得蒙圣恩知遇,敢不竭尽驽骀,以效驰驱。"以上句中"骀"与"驽"连文,都喻指能力低下。

"骀"喻指能力低下、庸才、劣才,在今晋语、中原官话、西南官话、赣语中都有沿用。

獠 [liau35] 狠、恶、凶狠、凶悍，性格强硬、不软弱。如：我已那个女娃子太老好（软弱）着，要是稍微獠一啲就好着；渠一路来就獠得很，一直冇得哪个敢惹渠；住家过日子，屋里还是要有一个獠一啲的人，不是的话，哪个（任何人）都想欺负。

"獠"指狠、恶、凶狠、凶悍，始见于中古早期汉语文献。《大唐新语·聪敏》："此小儿作獠面，何得如此聪明？"句中"獠面"即表现出凶恶的面容表情。《西游记》第三十六回："獠牙往外生，就像属螃蟹的——肉在里面，骨在外面。"句中"獠牙"指凶恶可怕的长牙，其中"獠"是凶恶、可怕之义。

"獠"在今西南官话、中原官话等方言中仍然沿用。

好生 [xau55sən22] 认真、仔细、用心。如：你在外头念书可是要好生念哦，不好生念书以后后悔都来不及；要过年着，你把房子好生收拾一下，把角角落落的地方都捡拾干净；你走路要好生啲嗷，莫滚脱着（摔跤）。

"好生"指认真、仔细、用心，见于中古、近代汉语文献。《朴通事》："先将那稀篦子搊了，将那挑针挑起来，用那密的篦子好生搊着，将风屑去的爽利着，梳了，绾起头发来。"句中"好生"是认真、仔细的意思。《封神演义》第三十八回："传众将知道：三日不必来见。你与余庆好生看守相府，吾去三两日就回。"句中"好生"为用心、认真之义。《初刻拍案惊奇》卷二十："好生服事裴家小姐，不得有违！"《西游记》第八十四回："兄弟，你两个好生保守师父，待老孙变化了，去那城中看看，寻一条僻路，连夜去也。"《水浒传》第五十六回："我有万夫不当之勇，便道那厮们全伙都来，也待怎生！只与我好生喂养这匹马。"《醒世恒言》卷三十一："心中委决不下，且收留着这双男女，好生抚养，一面打探郑信消息。"《金瓶梅》第二十八回："好生藏着，休教大姐看见，他不是好嘴头子。"《七侠五义》第十六回："叫丫鬟携了金盆，并嘱咐众人好生服侍，又派两个得用的丫鬟前来帮替。"《东渡记》第四十一回："果如你言，真是善门贤妇，你好生与她把守门庭，我老狐是不怕你，却也爱敬他。"《儿女英雄传》第一回："紧接着就有内城各家亲友看了榜先遣人来道喜，把位安太太忙得头脸也不曾好生梳洗得。"

"好生"指认真、仔细、用心，在今江淮官话、西南官话、赣语等方言中仍然沿用。

富态［fu31tʰai0］指体态丰盈，牛蹄赣语中一般指人有福气、慈善的体态。形容中老年人时含有赞美、恭维的意思；形容年轻人时指丰满，含有好看、漂亮的意思。如：渠那个人长相一啲都不凶，看到蛮富态的；那个人看起来命苦，一啲都不富态；渠原来看起来富态，现在简直看到可怜巴萨的。

"富态"指体态丰盈，见于近代汉语文献。《醒世姻缘传》第八回："曲九州道：'没的是和尚，有这么白净、这么富态？'"又第八十六回："吕祥道：'白净富态，比奶奶不大风流，只比奶奶多个眼合鼻子。'"《金瓶梅》第三十一回："众人观看，官哥儿穿着大红缎毛衫儿，生的面白唇红，甚是富态，都夸奖不已。"古代文献中，"富态"也作"富胎"。《西游记》第四十一回："战裙巧绣盘龙凤，形比哪吒更富胎。"《红楼梦》第三十回："怪不得他们拿姐姐比杨妃，原也富胎些。""富态"在近代汉语文献中属于褒义词，在"甚是富态，都夸奖不已"的具体语言环境中体现得非常清楚。从《醒世姻缘传》中"白净"与"富态"搭配看，也属于褒义词。牛蹄赣语中，"富态"的词义色彩与近代汉语文献中是一致的。

《汉语大词典》中没有收录"富态"含有明显褒义的体态丰盈义，仅仅收录了含有贬义的"婉辞，谓身体胖"的词义，可谓缺憾。

"富态"在今汉语方言中也多做褒义词，指体态丰盈，见于西南官话、中原官话、湘语、江淮官话、晋语等方言。

一色［Øi24sɛ214］全部一样、种类完全相同，牛蹄赣语中也可以说成"清一色的"。如：今昼到场的人是一色的毛头小伙子；渠己班上是清一色的女娃子，冇得一个男伢儿；渠己地里种的是一色的苞谷，其他么事粮食都冇有种。

"一色"本指颜色相同，后引申泛指全部一样、种类完全相同。"一色"指全部一样、种类完全相同，在上古文献中就已出现，后历代沿用。《齐民要术·种红蓝花、栀子》："作米粉法：粱米第一，粟米第二，必用一色纯米，勿使有杂。"句中"一色纯米"指用一种米，不能粱米、粟米夹杂，其中"一色"指种类相同，下文的"勿使有杂"是对"一色纯米"的补充说明。《万历野获编》卷十三："唐宋士人，腰带之外，又悬鱼袋，为金为银，以别等威。本朝在京朝士，俱佩牙牌，然而大小臣僚皆一色，惟刻官号为别耳。"句中"一色"指明代士人佩戴的牙牌大小、材质都一样。《三宝太监西洋记》第十一回："长老抬起头看来，只见下面一些矮矬矬的老儿，头戴的一色东坡巾，穿的一色四镶直裰，系的一色黄丝绦，脚蹬的一色三镶儒履，手拄的一色过头拐棒。"句中"一色"都指种类相同。《七剑十三侠》第一回："昔年孟尝君三千食客，分为上、中、下三等，他数目虽远不及孟尝君之多，只是一色相待，不分彼此。"句中"不分彼此"是对"一色相待"的补充说明，"一色相待"指对待门下食客的待遇、等级相同。《醒世恒言》卷三十五："一色都是现银，并无一毫赊账。"《红楼梦》第四十九回："只见众姊妹已都在那边，都是一色大红猩猩毡与羽毛缎斗篷。"《九尾龟》第一百四十三回："秋谷举目看时，只见一顺的早进来三个女子，一色的都穿着竹布衫裤。"又第一百五十四回："三个人一色的都穿着闪光纱衫、蝉翼纱裙，脚下都穿着夹纱衬金纸的平底弓鞋，头上都挽着时新苏州式的玲珑云髻。"句中"一色"指都相同的。《宋宫十八朝演义》第五十六回："东楹依着殿壁，设着一色黄杨雕成的几案，高的、矮的、大的、小的、圆的、方的、长方的、椭圆的、梅花式的、荷叶形的，式样不一。"句中"一色"指大小高矮不一的几案的材质都是黄杨木料。

"一色"在今中原官话、西南官话等方言仍然中沿用，在中原官话中还可以说成"一色子"。

老成［lau55tʂʰən35］稳重、持重，多指年少而心性、行为稳重。如：那个伢儿啲啲大的时候（很小的时候）就显得老成；二十几岁的小伙子着，显得一啲都不老成；渠做事不老成，最好莫跟渠打绞（交往）。

"老成"在上古汉语中本指年老有德,至上古后期就引申出稳重、持重之义。清陆心源《唐文拾遗·刘氏幼子葬铭》:"汝襁褓敏慧,戏弄有方,逮至齠,举动老成。"《唐代墓志汇编续集·李绍墓志》:"君幼则老成,弱不好弄,行立齠年,业隆冠岁。"《喻世明言》卷一:"中间说起兴哥少年老成,这般大事,亏他独力支持。"《警世通言》卷十一:"朝中大小官员,见他少年老成,诸事历练,甚相敬重。"《初刻拍案惊奇》卷三十二:"欲待调他一二句话,碍着他的父亲同在梢头行船,恐怕识破,装做老成,不敢把眼正觑梢上。"《二刻拍案惊奇》卷四:"我每自家年纪不小,倒不喜欢那孩子心性的,是老成些的好。"《金瓶梅》第二十三回:"那傅伙计老成,便惊心儿替他门首看,过来叫住,请他出来买。"李渔《怜香伴·随车》:"我老成不作轻佻计。"句中"老成"与"轻佻"反义对文。《八仙全传》第四十三回:"钟离权不但天真,逢到正经大事,偏又能够老成持重,这等人将来决不负帝君玉成之德也。"句中"老成"与"持重"同义。清余金《熙朝新语》卷十一:"内大学士、九卿、外督抚其公举所知,不拘进士、举人、诸生以及退休闲废人员,能潜心经学者,慎重遴访。务择老成敦厚、纯朴渊通之士,以应精选勿滥,称朕意焉。"句中"老成"与"敦厚""淳朴""渊通"意义相类。

"老成"在今中原官话、西南官话等方言中仍然沿用。

紧慢[tɕin55mæn0]指时间、速度的节奏快慢,意义多偏向于"紧",一般用"紧慢"时,往往含有否定义,表示某人不知抓紧时间或速度节奏,具有明显的偏义复词的构义特点。如:那个伢儿冇得紧慢,天都快黑着,还不赶紧走;做么事要有紧慢,不要一天到黑随时都慢慢吞吞的样子;渠是个冇得紧慢的人,你再急渠不急。

"紧慢"始见于中古早期汉语文献,但是《汉语大词典》没有收入该词条。北宋庄绰《鸡肋编》:"官焙有紧慢火候,慢火养数十日,故官茶色多紫。民间无力养火,故茶虽好而色亦青黑。"句中"紧慢"是"紧"与"慢"的并列对等,意义没有明显的主次之分。关汉卿《钱大尹智宠谢天香》第三折:"我则是斟量着紧慢迟疾,强何郎旖旎煞难搽粉,狠张敞央及煞怎画眉?"句中"紧慢"与"迟疾"结构相同、意义相同。《纪效新书》卷六:"旗法,随鼓紧慢行,如磨旗之时,两手托开,阴阳拿住,高举、伏身、转腰、绕头过一遭,方才竖起。"《水浒传》第五十一回:"高低紧慢按宫商,轻重疾徐依格范。"句中"高低""紧慢"与"轻重""缓急"对应。《金瓶梅》第三十八回:"这马是昨日东京翟云峰亲家送来的,是西夏刘参将送他的。口里才四个牙儿,脚程紧慢都有他的。"句中"紧慢"指行走快慢。

"紧慢"在今闽语、西南官话等方言中仍然沿用。

癠 [tɕi31] 人、物形体短小、瘦小。如:那个猪才下(产崽)下来的时候就是一个点点大的癠癠子;那个猪儿死不会吃,都喂着半年着,还是啷啷大个癠癠子;就你个小癠癠还想跟我整!

"癠"指形体短小、瘦小,属于上古方言词语,后历代字书、辞书、韵书都有收录。《方言》:"凡物生而不长大,亦谓之鳖,又曰癠。"郭璞注:"今俗呼小为癠。"《广雅·释诂二》:"癠,短也。"《新方言·岭外三州语》:"三州谓人瘦小曰癠。"《类篇·疒部》:"癠,凡物生而不长大也,又短貌。"《字汇·疒部》:"癠,短也。"《龙龛手鉴·疒部》:"癠,短小也。"《集韵·霁韵》:"癠,短也。"

"癠"指形体短小、瘦小,在今西南官话、吴语、湘语、客家话等南方方言中常见。《蜀方言》:"癠,俗言短小也。"《长沙方言考》:"今长沙谓小物曰癠。"

撒脱 [pʰiɛ21tʰo0] 言行爽快、干净利索。如:我己今昼说话都撒脱一啲,莫吞吞吐吐的;渠做事撒脱,说一不二;那个人做事不撒脱,爱使阴招。

"撒脱"指言行爽快、干净利索,始见于中古汉语文献,后历代沿用。《朱子语类》卷九十四:"无欲之与敬,二字分明。要之,持敬颇似费力,不如无欲撒脱。"《南村辍耕录》:"一窠一石,当俊逸撒脱,有士人家风。"《二刻拍案惊奇》卷九:"素梅也低低道:'撒脱些,我要回去。这事做得不好了,怎么处?'"又卷十五:"江嬷嬷便问老儿道:'怎么回来得这样撒脱，不曾吃亏么？'"

"撒脱"在今西南官话、吴语、湘语、赣语等方言中仍然沿用。《楚语研究》："撒脱，即痛痛快快、从不拖泥带水的意思。""撒脱"在方言中又记作"撒妥""撒断"。《说文通训定声·履部》："今苏俗言人明快曰有撒断。"

早晏［tsau55ŋæn31］或早或晚（迟）、迟早，意义多偏向于晏、晚。如：渠那样整，早晏要出事（出问题）；你这个伢儿简直找不到早晏哦，这都几点着啊，你还有吃早饭；渠是个有得早晏的人，饿着就吃，瞌睡着就睏。

"早晏"指时间上的或早或晚、迟早，始现于上古汉语文献，后历代文献都有沿用。《仪礼·士相见礼》："凡侍坐于君子，君子欠伸，问日之早晏，以食具告，改居，则请退可也。"句中"问日之早晏"即指询问时间的早晚。《管子·八观》："州里不鬲，闾闬不设，出入毋时，早晏不禁，则攘夺窃盗，攻击残贼之民，毋自胜矣。"句中"早晏"即指早晚，有指任何时间的意思。《后汉书·百官一》："天子居处燕私，安而易，乐而耽，饮食不时，醉饱不节，寝起早晏无常，玩好器弄无制，此少保之责也。"句中"早晏无常"即指或早或晚，没有固定时间。韦应物《野居》："栖止且偏僻，嬉游无早晏。"许浑《早行》："闻鸡凭早晏，占斗认西东。"清徐宗亮《归庐谈往录》："日巡视诸营，或马或步，不拘早晏，至则将弁勇夫杂坐同餐，有如家人。"《黄帝内经·素问》："太过不及，皆曰天符，而变行有多少，病形有微甚，生死有早晏耳。"

"早晏"指时间上的或早或晚、迟早，在今西南官话、吴语、赣语、客家话、闽语等南方方言中常见。

四、副词

趖［ʂa33］跑得很快的样子。如：渠身体还好，才将还看到渠趖起来跑；那个女娃子跑得还得快嘞，才在阶沿上，一趖就冇见着。

"趆"在中古、近代字书、韵书中都有收录，文献中也有用例。《字汇·走部》："趆，行步趆趆。"《类篇·走部》："趆，趆趆，行疾貌。"《玉篇·走部》："趆，行趆趆。"《集韵·洽韵》："趆，趆趆，行疾貌。"清吴省钦《食蟹联句》："钳芦走蹒跚，执穗行超趆。"

趬 [piau22] 跑得轻巧而又很快的样子。如：那一条蛇在草高头趬起来跑；渠己几个人在整么事啊，只看到几个人在前头趬起来跑；那个人趬得好快啊，一下就冇见人着。

"趬"在上古文献中就已经出现，历代字书、辞书、文献中都有收录。《说文·二上·走部》："趬，轻行貌。"《说文解字义证》："轻行也者，本书僄轻也。馥谓'趬捷轻便也'。"《古文字诂林》卷二："马叙伦：'僄，轻也，是古谓轻曰票。……轻行也，盖本作行儿。'"《字汇》《正字通》《类篇》《玉篇》："趬，轻行也。"《龙龛手鉴·走部》："趬，行疾貌。"《集韵·宵韵》："趬，行疾貌。"清高绍陈《永清庚辛纪略》："而此次德兵，来自固安属之牛头镇，其行趬捷，该探飞报不及，而城已被围。"

"趬"在今中原官话、西南官话中都有沿用，"趬得很快""趬趬地跑"等都属于常见用法。

落后 [lo24xɜu33] 后来、以后，经常在后面加"来"字，构成"落后来"。如：去年我见到渠的时候，渠的情况还好到的，落后么样咯；昨晚上打牌，渠开始还赢着，主要是落后不行；渠落后来身体也不行着，德行也不行着。

"落后"指后来、以后，在近代汉语文献中常见。元话本《三国志平话·关公之死》："关公在荆州东南，困于山岭。落后数日，大雨降。"《三宝太监西洋记》第五十二回："王明看见个樵夫磕头礼拜，只说是个疯子。落后听见他说道是那一位大仙，却才晓得樵夫错认了我是个神仙，手里拿着个灯心草儿，指他指说道：'我不是甚么仙人。'"《金瓶梅》第二十五回："玉箫丫头怎的牵头，送缎子与你，在前边花园内两个干，落后吊在潘家那淫妇屋里明干。"《儿女英雄传》第十八回："不上一月,先生早已辞馆而去。落后一连换了十位先生,倒被他打跑了九个;那一个还是跑得快,才没挨打。"《儒林外史》第十九回："吃酒中间,匡超人告诉他这些话,景兰江着实美了一回。落后讲到潘三身上来,景兰江道:'你不晓得么?'"

"落后"在今西南官话、吴语、赣语、客家话等方言中仍然沿用。

开先［kʰai22ɕien22］开端、开头。如：渠开先来的时候还好好的,坐着一下陡然说不好过（身体不舒服、疼痛）;开先是渠带头搞的,冇好久渠不又搞着,最后只能我接手;你最后的态度和开先的态度不一样哦。

"开先"指开端、开头,始见于中古汉语文献。北宋张师正《括异志·后苑亭》："王者之兴,岂无开先之兆也。"《云笈七签》卷一百："知开先之有自,怀积累之无疆。"清叶燮《原诗·内篇上》："称巨擘者无虑数十百人,各自炫奇翻异,而甫无一不为之开先。"

"开先"在今西南官话、江淮官话中仍然沿用。

白眉赤眼［pʰɛ33mi35ʂʅ33ŋæn55］平白无故、无缘无故。如：渠走回来,就白眉赤眼地把我吵一顿;渠白眉赤眼地说生气就生气;渠今昼在街上,白眉赤眼地叫人家打一顿。

"白眉赤眼"始见于中古汉语文献,属于古方言词语。《万历野获编》补遗卷四："是名白眉神,长髯伟貌,骑马持刀,与像略肖,但眉白而眼赤。京师相詈,指其人曰白眉赤眼儿者。"白眉毛、红眼睛,谓长相异常,后遂以"白眉赤眼"指没根由,平白无故。《宛署杂记·民风·方言》："语无稽曰白眉赤眼。"《金瓶梅》第二十五回："此是我姨娘家借来的钗梳,是谁与我的?白眉赤眼,见鬼到死囚根子!"又第五十二回："金莲走上来说:'三姐,你怎的恁白眉赤眼儿的?那里讨个猫来!他想必饿了,要奶吃哭,就赖起人来。'"《红楼梦》第三十四回："晴雯道:'白眉赤眼儿的,作什么去呢?到底说句话儿,也象一件事啊。'"《儿女英雄传》第二十七回："难道今日还不开斋吗?张姑娘道:'不当家花拉的,也有个白眉赤眼儿的,就这么开斋的!'"

"白眉赤眼"在今北京官话、江淮官话中仍然沿用。西南官话中一般记作"白眉日眼",原因是日常口语中"日"与"赤"读音比较接近,日常语言发音也不过分讲究,在据音记字时导致了混同。西南官话中的"白眉日眼"与北京官话、江淮官话以及古代文献中的"白眉赤眼"意思完全一致,牛蹄赣语中往往说成"白眉赤[ʂʅ33]眼",这都是方言在词语借用过程中产生的读音偏误现象。

头回[tʰ₃u35xuei0] 先前、上回,即指过去的某个时间。如:我头回到你己屋里去,你有有在屋里;我头回给你送的李子,吃起来味道么样咯;我头回给你说的事情,你怕忘记着哦。

从目前所见的古代文献看,"头回"指先前、上回,目前仅见于《二十年目睹之怪现状》,其他文献中还未找到用例,这可能是《二十年目睹之怪现状》的作者吴趼人用的是广东佛山方言词语。《二十年目睹之怪现状》第四十回:"我头回给你看的那把团扇,把题花卉的诗题在美人上,不就是这个人画的么。"又第八十八回:"头回存在宝号的几万,不是为这个功名,甚么查办不查办,我也不至于尽情提了去,只剩得几百零头,今天也不必和你商量了。"

"头回"在今西南官话、湘语等方言中还在沿用。

往回[Øuaŋ55xuei35] 时间副词,过去、以前,不是指过去发生的某一次行为动作,而是指动作行为发生在过去、以前的时间范围内,有与现在比较的含义。牛蹄赣语中有同义词"往先""往天"。如:我往回念书(上学)的时候,经常饿肚子;往回过年的时候都喜欢到家婆那里去,长大着就慢慢地不想去着;往回过年的时候,闹热得很,走亲戚,相互接客(请客吃饭),有过年的味道,现在完全不同着。

"往回"指过去、以前,见于清代、民国的白话汉语文献。《儿女英雄传》第二十九回:"我也难得到京一趟,往回来了,又身上有事,不得自在。如今老弟你要留下我,你可别管我,我要到前三门外头,热热闹闹的听两天戏。"句中"往回"与"如今"相对,"如今"指现在,"往回"指与现在相对的过去。《上古秘史》："往回他来，必在秋收之后，现在正在长夏，他就跑来，我想必有道理。"句中"往回"与"现在"相对，显然指过去的时间。《汉语大词典》释"往回"为上次，不准确，不能因为"回"有次的意思，就释"往回"为过去的某一次。这里的"往回"是一个完整的凝固词，而不是词组，不能简单地把词的构成成分的意思加起来作为整体词的意思。

"往回"在今西南官话中仍然使用。

往先［Øuaŋ55ɕien22］过去、以前，义同于"往回"。如：你往先爱吃辣子，么样现在沾都不沾着呢？那个地方我已往先砍柴经常去，好久冇去着，晓得现在么样着啊。我已往先过年是冇得压岁钱的。

"往先"始见于中古佛经文献。《佛本行集经》卷八："此是如来往先瑞相，菩萨初生，身放光明。"《东渡记》第七十七回："你我老人家既看破浮生，往先做的一场春梦，如今相聚为乐，却又管人家闲事。"句中"往先"与"如今"相对，指过去、以前。《汉语大词典》没有收录"往先"这一词条，可谓一缺憾。

"往先"指过去、以前，在今中原官话中仍然沿用。

蠘乎［ɕi22xu35］差点、差一点、几乎发生意外、危险等，极言危险。"蠘乎"是在表示危险意义"蠘"后加词尾"乎"构成的复音副词。如：渠今昼蠘乎从那个崖上滚下去着；渠今昼蠘乎叫蛇咬着；渠前段时间害病，蠘乎死脱着。

"蠘乎"指差点、差一点、几乎发生意外、危险等，在近代汉语文献中据音用字，记作"希乎"，本字当为"蠘乎"。清石玉昆《小五义》第八十一回："几希乎没废了命，还好酒哪！"又第一百七回："那船一歪，在水中一半，在山坡上一半，把柳爷几希乎没摔下水去。"又第一百一十九回："如何打得着！魏道爷往旁边一跃身躯，几希乎没有打着柳爷。"以上句中的"几"与"希乎"属于同义连文结构，"几"是差一点点的意思，都表示极度危险的情态。《跻春台》卷一："浑身皮肉稀糟烂，希乎把命送阴间。"又卷二："只因错想看戏，惹下祸端，希乎害了丈夫。"

"蠍乎"在今冀鲁官话、中原官话、西南官话等方言中常用。中原官话中有"蠍乎儿"的说法。

喜得 [ɕi55tɛ24] 幸亏、多亏、幸好，表示幸亏有某人、某事，才避免了某种坏结果的产生。"喜得"多用于事后追述过去的事，表示有惊无险。如：那一天喜得你提醒着渠，不是的话渠又要戳拐（出意外事故）；今昼早上喜得你喊着渠一下，不是的话渠又忘记脱着；喜得回头看着一下，不是的话挎包就掉脱着。

"喜得"指幸亏、多亏、幸好，在中古及以后汉语文献中广泛使用，表示事情有惊无险。《三宝太监西洋记》第五十四回："幸喜得天上转了一阵东风，王明叫众军士上风头放起火炮、火铳、火箭之类。"又第六十二回："他的兵器好厉害也！喜得打在刀上，若是打在我身上，却不打坏了我么？"《初刻拍案惊奇》卷三十一："去了一年多，道是死于虎狼了，幸喜得还在。"以上句中"幸"与"喜得"同义连文。《二刻拍案惊奇》卷三十四："且喜得平安无事。老夫与君用久阔，今又值君用病起，安排几品，畅饮一番则个。"《警世通言》卷二十二："宜春见父亲不允，放声大哭，走出船舷，就要跳水，喜得刘妈手快，一把拖住。"《醒世姻缘传》第一百回："喜得还有救星，小僧与檀越前世有缘，有难之日，小僧自去相救，不肯误了檀越的性命。"冯梦龙《东周列国志》第十二回："公子寿载旌先行，自陨其命。喜得急子后到，天教他自吐真名，偿了哥哥之命。"《侠女奇缘》第四回："偏生的华忠又途中患病，还幸喜得就近百里之外，住着他一个妹丈褚一官，只得写信求那褚一官，设法伴送公子，就请公子先到茌平相候。"

"喜得"在今西南官话、湘语、闽语等南方方言中广泛沿用。

先不先 [ɕien22pu24ɕien22] 首先、开头、起先，一般指正常应该发生的事情还没有发生，首先发生了与正常事情有关的另外的事情。如：你莫先不先就吵人嘛；你要先不先提起这个事情，不是渠都忘记脱着；你莫先不先就给渠，你要先等渠整一阵，体会到不容易再说。

"先不先"见于近代白话小说文献。《金瓶梅》第二十六回："老婆见了他,站起来是,不站起来是?先不先,只这个就不雅相。"又第三十四回:"不该小的说,还是爹惯了他,爹先不先和他在书房里干的腌臜营生。"《红楼梦》第六回:"先不先,他们那些门上的人也未必肯去通信。"

"先不先"指首先、开头、起先,在今东北官话、西南官话、吴语、客家话等方言中仍然沿用。

先头 [ɕien22tʰ₃u35] 刚才、不久前。如:先头我去看还好好的,么样说不行就不行着呢?渠先头还在我这里,才走一下下,肯定冇走好远。你先头才说的啦,么样才过一下下就不承认着?

"先头"指刚才、不久前,见于近代汉语白话小说文献,又作"头先"。《八仙全传》第二十七回:"你这等行为,头先那个大雷就可将你击死,你晓得那雷是怎样打起来的?"《红楼梦》第三十二回:"先头里'姐姐'长,'姐姐'短,哄着我替梳头洗脸,做这个,弄那个,如今拿出小姐款儿来了。"句中"先头"与"如今"相对,指过去不久的时间。《金瓶梅》第十三回:"坐了好一回,只见先头那丫头在墙头上打了个照面,这西门庆就踏着梯凳过墙去了。"曹绣君《古今情海》:"先头不知,理当宽恕,现在知道了还不离开,岂能再容你!"句中"先头"与"现在"相对,指过去。

"先头"指刚才、不久前,在今晋语、江淮官话、西南官话、客家话、粤语等方言中仍然沿用。

平日 [pʰin35ʐ̩0] 平常,即平常的日子、平常的时间,区别于特定、紧要的日子或时间,也可以说成"平常素日"。如:渠平日不用功、不刻苦,到考试的时候就见到真功夫着;平日不抓紧,到跟前(事情的最后关头)就来不及着;那个人平日对人都很好呢,遇到渠有事的时候我已都还是应该去帮忙。

"平日"指平常,始见于上古汉语文献,属于方俗词语。《汉书·汲黯传》:"大将军闻,愈贤黯,数请问以朝廷所疑,遇黯加于平日。"《宋书·列传第三十四·沈攸之》:"何其平日辀张,实轻周、邵,尔时恭谨,虚重皇威。"《宋文纪》卷十六:"虽祥禋空存,无缊绨之变,烝尝荐祀,不异平日。"《朱子语类》卷十三:"又如有某人平日与自家有怨,到得当官,彼却有事当治,却怕人说道因前怨治他,遂休了。"《练兵实纪》卷二:"敢以敝营一二实事为对,如一把总,平日优礼于头目,而严察于兵士,凡是营之兵,犯必轻处,恩必遍及。"《西厢记诸宫调》:"平日春闱较才艺,策名屡获科甲。"清吴骞《扶风传信录》:"榻前有女子言有夫妇缘,故来相访,述许生家中平日事甚悉。"

平时 [pʰin35ʂʅ35] 平常、平常的时候,义同"平日"。如:平时不维(维护、亲近、处好关系)人,到用人的时候都躲到你;学习要靠平时用功,考试跟前急也冇用;渠平时看到还好嘛,冇想到能做出这样的事情。

"平时"指平常、平常的时候,始见于中古及以后俗白汉语文献。北宋李纲《靖康传信录》:"又平时无养兵之费,有事无调发之劳,此最策之得者。"句中"平时"与"有事"对应,"有事"即指有事的时间。《朱子语类》卷九十一:"又见前辈说,前辈子弟,平时家居,皆裹帽着背,不裹帽便为非礼,出门皆须且冠带。"句中"平时家居"与"出门"相对,"出门"的前面省略了一个与"平时"相对的时间词,意思是"居家"属于平常一般的情况,"出门"属于非平常的特殊情况。《纪效新书》卷四:"今后不知学好的,若再平时用好言好语,个个说是勇猛忠义,你就说得活现,决不信你,只是临阵做出来,便见高低。"句中"平时"与"临阵"相对,"临阵"指临阵的特殊时候。《二刻拍案惊奇》卷二十五:"其时有一个后生,姓徐名达,平时最是不守本分,心性奸巧好淫,专一打听人家女子,那家生得好,那家生得丑。"句中"平时"就是日常、平常。《水浒传》第八十八回:"赵括徒能读父书,文斌殒命又何愚。平时夸口千人有,临阵成功一个无。"句中"平时"与"临阵"对文,"临阵"指特殊、特别关键的时间,"平时"指平常。《官场现形记》第十二回:"平时无事的时候,天天坐在船头上,勾引那些王孙公子上船玩耍;一旦有了差使,他们都在舱里伺候。"

"平时"在今西南官话、赣语等方言中仍然广泛使用。

五、代词

渠［kʰɛ35］第三人称代词，意义和用法同"他"，包含"她"和"它"，可以指人，也可以指物。如：渠不听话，你要给渠说道理；莫惹渠，惹渠渠就咬人；渠一辈子都冇嫁人，在娘屋里过着一辈子。

"渠"作为代词始见于上古汉语文献，后历代沿用，可以指人，也可指物。《字汇·水部》："俗语，谓他人为渠侬。"《正字通·水部》："俗谓他人为渠侬。""渠"，又作"佢"。《集韵·鱼韵》："佢，吴人呼彼称，通作渠。"《类篇·人部》："佢，吴人呼彼称。"《字汇·人部》："佢，音渠，呼彼之称。"《字汇·人部》："佢，音渠，呼彼之称，通作渠。"《乐府诗集·孔雀东南飞》："虽与府吏要，渠会永无缘。"《三国志·吴书·赵达传》："藤如期往，至乃阳求索书，惊言失之，云：'女婿昨来，必是渠所窃。'"《寒山诗集·若人逢鬼魅》："蚊子叮铁牛，无渠下嘴处。"《长生殿·改葬》："空剩取香囊犹在土，寻思不解缘何故，恨不得唤起山神责问渠。"明醉月子《吴歌·打要》："我是银匠铺首饰由佢打，只打得我身时，弗打得我心。"《曾国藩家书》："李雨苍于十七日起行赴鄂。渠长处在精力坚强，聪明过人，短处即在举止轻佻，言语伤易。"

"渠"在今江淮官话、徽语、吴语、赣语、粤语、闽语、客家话等南方方言中广泛使用，有"渠人""渠个""渠几""渠子""渠们""渠侬""渠侪"，或"佢人""佢个""佢几""佢子""佢们""佢侬""佢侪"等词语。《新方言杂记》："渠……后用作指他人之称，今安庆、桐城称他曰渠。"清光绪八年《宝山县志》："俗呼他人曰渠，今惟江东人呼之。"《新方言·释词》："今吴楚皆谓彼曰渠。"清光绪五年《川沙厅志》："称人曰渠，俗呼如其。"

几时［tɕi55ʂʅ35］什么时候、何时。如：你几时去，几时回来啊？你就那样磨磨蹭蹭的，不晓得几时才能动身哦。渠晓得是几时走的，我都记不到着呢。

"几时"指什么时候、何时，一般指时间点，见于中古、近代汉语文献，在唐宋诗词、敦煌变文中广泛使用。杜甫《天末怀李白》："鸿雁几时到，江湖秋水多。"杜甫《奉济驿重送严公四韵》："几时杯重把，昨夜月同行。"李白《古风五十九首》之三："徐市载秦女，楼船几时回。"李白《把酒问月·故人贾淳令予问之》："青天有月来几时，我今停杯一问之。"白居易《九日登西原宴望》："天地自久长，斯人几时活。"苏轼《水调歌头·明月几时有》："明月几时有，把酒问青天。"《敦煌变文集新书》卷六："长嗟累劫沉生死，轮回六道几时休。"北宋晏殊《浣溪沙·一曲新词酒一杯》："一曲新词酒一杯。去年天气旧亭台。夕阳西下几时回？"北宋《法演禅师语录》（五）："学道之人得者稀，是非长短几时亏，若凭言语论高下，恰似从前未悟时。"

"几时"指何时、什么时候，在今粤语、西南官话中都有沿用。

几久［tɕi55tɕiɜu55］很久、许久、很长的时间，指时间段。如：渠害我在那里等着几久，最后也冇有来；渠已吃饭已经吃着几久着，现在还冇有吃熨帖（结束）；渠走几久着，现在还冇有回来。

"几久"指很久、许久、很长的时间，见于近代汉语文献。木鱼书《金钗记》："几久已闻君食素，既有淫心不到临。"木鱼书《陈世美三官堂琵琶记》："我几久欲思来探你，近来老弱见难行。"《曾国藩演义》第一回："当清兵入关的时候，有个名叫曾孟学其人，是由外籍迁入湖南湘乡县大界里中居住的。没有几久，旋又移居后来曾国藩诞生的那个白阳坪地方。"又第二回："没有几久，国藩已把李公的文集整理完事，自回乡去。"

"几久"在今粤语、闽语等南方方言中仍然沿用。

六、介词

投到 [tʰɤu35tau0] 介词，意为等到、及至，表示等到后的动作行为发生时，另一个动作行为已经结束或发生，有为时已晚的意思。在牛蹄赣语中，可以用"投到"的语言环境都可以单用"投"。如：投到渠赶到街上嗻，场（集市）都罢（散场）着；投到渠到学校，第一节课都下着；投到你去嗻，么事好东西都卖完着。

"投到"用作介词表示及至、等到之义，见于元代及以后汉语文献。元佚名《朱太守风雪渔樵记》第二折："投到你做官，直等的那日头不红，月明带黑，星宿眨眼，北斗打呵欠；直等的蛇叫三声狗拽车，蚊子穿着兀剌靴，蚁子戴着烟毡帽，王母娘娘卖饼料。投到你做官，直等的炕点头，人摆尾，老鼠跌脚笑，骆驼上架儿，麻雀抱鹅蛋，木伴哥生娃娃。那其间你还不得做官哩！"《老乞大谚解》："投到年终，货物都卖了。"关汉卿《鲁斋郎》第二折："投到安伏下两个小的，收拾了家私，四更出门，急急走来，早五更过了也。"元佚名《符金锭》第一折："投到俺两个赏罢春呵，天色可也未晚哩。"《醒世姻缘传》第二回："投到娶这私窠子以前，已是与了我两三遭下马威。"

介词"投到"或"投"在今西南官话、冀鲁官话等方言中仍然沿用。

问 [Øuən33] 介词，表示动作行为关涉的对象，相当于"向"。如：你这两天手头宽裕吧，我想问你借啲钱用几天。你问我要，我又问哪个要呢？渠经常问人家借东西，可是从来不还，最后渠问哪个借哪个都不给渠借着。

"问"用作介词"向"，始见于中古汉语文献。张籍《和左司元郎中秋居》："晚花回地种，好酒问人沽。"关汉卿《窦娥冤》第一折："在城有个蔡婆婆，我问他借了十两银子。"《三国演义》第五十四回："恰才问天买卦，如破曹兴汉，砍断此石。今果然如此。"又第六十五回："张飞性起，问玄德换了坐下马，抢出阵来，叫曰：'我捉你不得，誓不上关！'"《醒世恒言》卷二十九："刚至宅门口，卢才一把扯住钮成，问他要银。"《水浒传》第四回："李忠道：'我们赶上去问他讨，也羞那厮一场。'周通道：'罢，罢！贼去了关门，那里去赶？便赶得着时，也问他取不成。'"句中两个"问"都相当于介词"向"。又第十一回："因感伤怀抱，问酒保借笔砚来，乘着一时酒兴，向那白粉壁上写下八句五言诗。"《西游记》第三回："大王若肯下去，寻着老龙王，问他要件什么兵器，却不趁心？"又第七十九回："我乃出家人，只身至此，不知陛下问国丈要甚东西作引？"

中华书局1992年版的《汉语方言大词典》中没有收录"问"的介词义项。"问"用作介词在今西南官话、中原官话日常语言中还在使用，古代汉语中它作为介词也是不争的事实。

七、数量词

下下 [xa33xa0] 每一下、每一次、回回。如：你弄一两回就行着，莫下下都是那样的；老师直接把我记到着，回答问题下下都会抽到我；渠下下都打到靶子上着，冇得哪一下冇打到。

"下下"指每一下、每一次、回回，见于中古、近代汉语文献。北宋洪觉范《石门文字禅》卷十九："赵州只有一个齿，潜庵一个恐不翅。虽然下下都咬着，咸酸自分盐醋味。"元佚名《钟汉离度脱蓝采和》第二折："扣厅打四十，下下打着者！"《敦煌变文集·孔子项托相问书》："夫子共项托对答，下下不如项托。"

"下下"指每一下、每一次、回回，在今西南官话、粤语中仍然沿用。

橦 [tʰoŋ35] 木料的一段（量词）或裁成段状的木料。如：做一副料（棺材）要这样的几橦树啊？今昼的腿杆就跟木橦橦样的，梆硬的。这一橦树能卖好多（多少）钱啊？

"橦"指木料的一段（量词）或裁成段状的木料，在上古晚期汉语文献中就已出现。《类篇·木部》："橦，木一截也。《唐式》：'柴方三尺五寸为一橦。'"《正字通·木部》："木才谓之橦。"句中"木才"，即木材。《集韵·钟韵》："橦，木一截也。"《里语徵实》："木段曰橦。"

"橦"在今西南官话、赣语中仍然广泛使用。《蜀语》、《蜀方言》、清道光年间《遵义府志》、清光绪二十一年《徐州府志》中皆曰"木段曰橦"。

第三章 牛蹄赣语古语词的地域层次

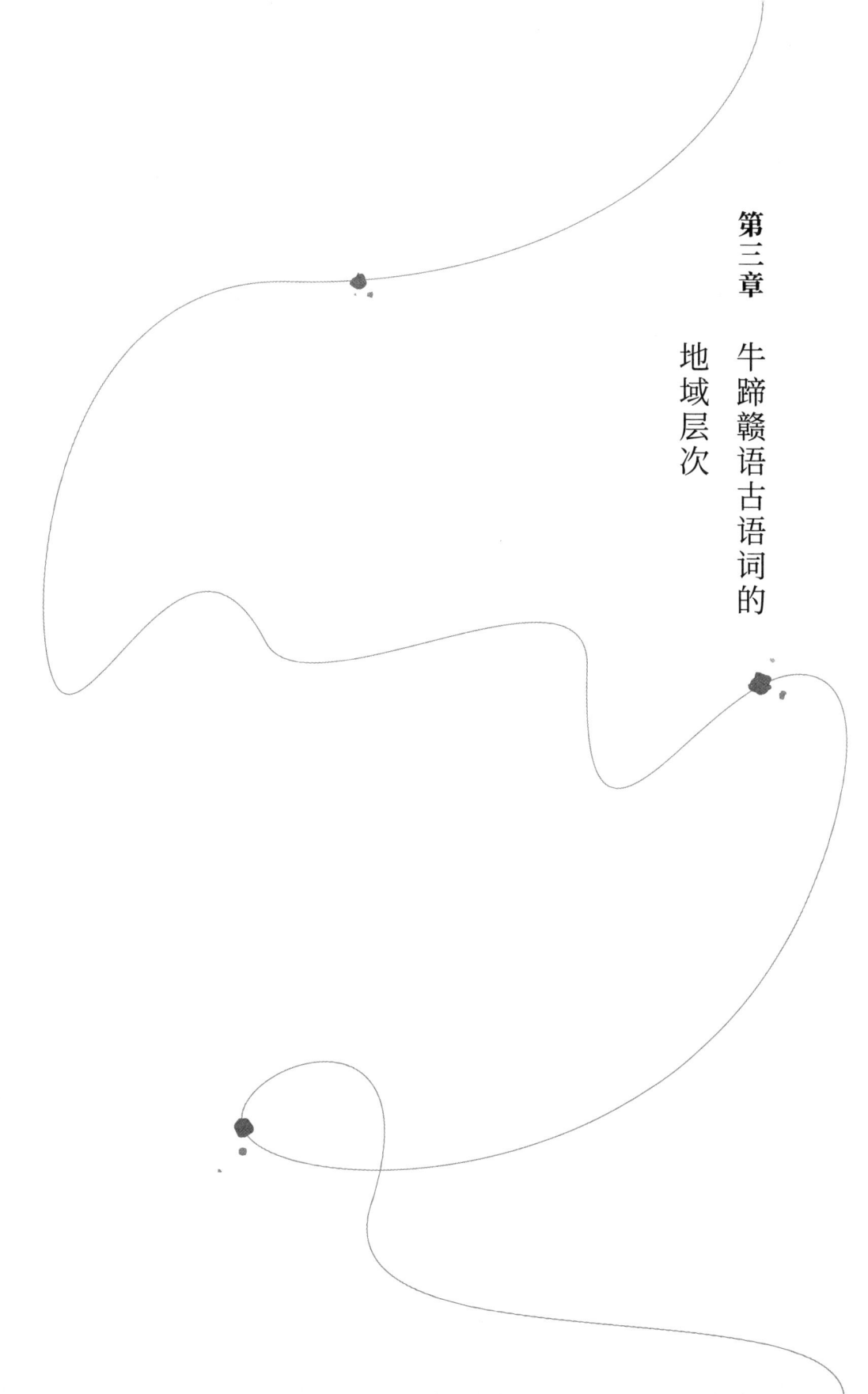

一、牛蹄赣语古语词地域层次表现

作为牛蹄赣语源头的原赣语,所在区域处于"吴头楚尾、粤户闽庭",历来人口迁徙、流动频繁,是南北人口汇聚之地,形成了汇聚南北、兼容并包、多元一体的赣语体系。南北方言或多或少地都在赣语中有一定的遗存,赣语词汇的兼容并包性显著。"赣方言才被学者认为是一种由诸多语言激烈碰撞而产生的多源头、多元性、多特色的产物。而赣方言的词汇成分,也凸显出这样一个独具的特色:既有南蛮语和北越语沉积的底层成分,又有吴楚语的遗留成分,既有其他方言或语种的影响和借用成分,还有中原华夏汉语的基础成分。"[①] 牛蹄赣语从原赣语区迁入牛蹄以后,又处在一个多种方言包围的环境之中,进一步受到多种方言的影响和渗透,在保留原赣语多元性的基础上,在迁入地又吸收了多种方言的成分,尤其受西南官话的影响最为深远,近乎一半的古语词都有西南官话的影子。同时,牛蹄赣语中的很多古语词在多种方言中使用,形成牛蹄赣语与其他多种方言共有古语词的现象。当然,这种现象既可能是方言之间相互接触、渗透的结果,也不能完全排除是各方言在接触渗透之前各自从古代汉民族语言中直接沿袭、继承下来并行发展形成的。因为汉语方言的源头都是古代汉民族语言(包括古代汉民族共同语和汉民族方言),它们必然都要在古代汉民族语言中继承语言成分,这也可能是汉语方言共有古语词形成的一个原因。

(一)牛蹄赣语古语词中的西南官话古语词成分

牛蹄赣语区与紫阳县的西南官话区接触最为紧密。牛蹄镇的南面与西南

---

① 肖九根:《赣方言古语词探源与论析》,中国社会科学出版社2017年版,第25页。

面分别与紫阳县的双安镇、汉王镇直接接壤，中间没有明显的区域界限，也没有大山、大河阻隔，形成很大范围的中间过渡接壤地带。中间过渡接壤地带的老百姓在日常活动中交往密切，甚至各自心里没有明显的彼此属于不同行政区划的意识。牛蹄赣语在与西南官话不知不觉的日常接触中，潜移默化地受到西南官话的影响，西南官话的古语词也就自然而然地逐渐渗透到牛蹄赣语之中，成为牛蹄赣语古语词的一部分。牛蹄赣语与其他方言共有的古语词中，所占比例最多的就是西南官话古语词，几乎占到共有古语词的一半。西南官话属于土著语言，后迁徙来的操赣语的人在反映当地人、事、物的时候，自然会使用与土著语言相同的词汇。虽然牛蹄赣语与西南官话保留着各自明显的语音语调，但是他们在借用土著语言词汇时可以对其语音、语调进行改造使之适应自身的语音系统，但是改变不了词汇的基本面貌，这是牛蹄赣语中保留着很多西南官话古语词的根本原因。牛蹄赣语与西南官话共有古语词具体表现为以下几种情况。

一是部分古语词只发现于牛蹄赣语和西南官话中。根据笔者目前的了解，这类古语词主要在牛蹄赣语和西南官话中共有，在其他方言中不多见。如："体统"指体制、规矩、规范；"大字"指毛笔字；"交道"指接触、交往、往来；"蟥虱"指寄生在牛身上的血吸虫；"人户"指人家、住户；"上年"指一年的上半年、前半年；"水饭"指加入了凉水、用于祭奠鬼魂的饭；"水礼"指以糖、酒等食品充当的礼物；"晌午"指午饭；"落眍"指眼睛深陷、眼珠凹进眼眶；"熛"指火苗掠烧，即与迸飞的火苗瞬间接触并受到轻度燎烧；"跨"指踩滑，即由于脚没有踩稳或地面湿滑而导致脚着地时滑动；"献芹"指送给别人的东西价值微薄、提出的建议浅陋、提供的帮助微薄等，或指过分殷勤地提供给别人不需要的东西、不必要的帮助，含有向人讨好、献殷勤的意思；"散饷"指给在场的人不计回报地散发东西；"瞀"指视觉模糊不清，看东西模模糊糊，似有东西遮挡；"往回"作为时间副词，指过去、以前等。这些共有古语词可能主要是赣语迁入牛蹄以后，西南官话对牛蹄赣语古语词渗透影响的结果，当然也不排除牛蹄赣语对西南官话产生影响的可能。

二是牛蹄赣语与西南官话、中原官话共有古语词。牛蹄赣语中的这类古语词除了在西南官话中使用，也在中原官话中使用。这类古语词在牛蹄赣语古语词中也属于常见现象，是牛蹄赣语古语词的一种重要共有表现形式。如："耳性"指对教训有记性、能够吸取教训；"稿荐"指用稻草、麦秸等编成的用来铺床的草垫子；"过恶"指错误、罪恶、罪过；"茶饭"指茶与饭，泛指饮食；"渥"指把和好的东西密封存放一定的时间使之更加润泽或使之发酵，从而变得醇厚；"瘛"指缩、收缩，多指人或动物身体受寒和受到突然刺激而产生的身体收缩反应；"抇"指向上举、托，以托举的方式拿物；"络"指用绳索、树藤之类的东西随意、不过度用力地缠绕或捆绑；"伤脸"指伤及别人情面、尊严、颜面；"安埋"指埋葬；"失落"指丢失、遗失；"巇"指危险；"獠"指狠、恶、凶狠、凶悍；"趯"指跑得轻巧而又很快的样子；"科"指砍、砍除、修剪（树枝）；等等。陕南的中原官话与西南官话也属于直接接触方言，二者之间存在相同的古语词成分是毋庸置疑的事实。同时，赣语迁入牛蹄以后，与中原官话有直接接触的机会，因为牛蹄赣语所在的牛蹄镇原本为牛蹄乡，1996年撤区并乡之前隶属中原官话区的石转区，在过去普通话还未普及的时代，牛蹄人与行政机关人员交往过程中使用的语言更多的是石转区的中原官话，中原官话在某种程度上充当了当时的正式工作语言。牛蹄赣语、西南官话、中原官话之间存在交叉影响、渗透，因此它们之间形成共有的古语词是情理之中的现象。

三是牛蹄赣语与西南官话、江淮官话共有古语词。在牛蹄赣语古语词中，有部分古语词不但在西南官话中使用，也在江淮官话中使用，形成三个方言区共有古语词的现象，而这些古语词在其他方言中很少出现。如："碨"指碨磨，使物细碎，使物粉碎；"收捡"指收集整理并保存；"躩"指踩、踏，在踩、踏时伴随转动、磨压；"嗒""呎"指骂；"好生"指认真、仔细、用心；"开先"指开端、开头；等等。这部分古语词可能本来就存在于赣语之中，是赣语的构成词汇。"赣方言中，还存在古江淮地区方言或语种的一些接触或借用成分，只是数量较少而已。"①这说明，牛蹄赣语中可能本来就有部分江淮官话古语词，并且这部分词汇在赣语迁入牛蹄以后，影响了西南官话。也可能是，这部分江淮官话古语词是在赣语迁入牛蹄之后才进入牛蹄赣语的，成为牛蹄赣语古语词的一部分。根据郭沈青的调查，安康境内的白河、平利、岚皋、汉滨、紫阳等县区都有江淮官话的分布，涉及人口达到30余万。②另外，牛蹄赣语区域内部也有少数操江淮官话的人，这也必然对牛蹄赣语产生接触影响。以上都是牛蹄赣语中存在江淮官话古语词的可能因素。

四是牛蹄赣语中还有部分古语词是与西南官话、湘语共有的。如："心术"指思想品德、居心；"烧酒"指白酒；"惟愿"指愿、希望、盼望；"罄空"指空无一物、完全不剩；"嘌"指言有所止，没有直接说完或没有说透彻；"般配"指彼此能够搭配、相配，多指成婚男女双方条件相当；"发旺"指兴旺、发达；"头回"指先前、上回；等等。根据周政的实地调查研究，安康境内湘语也有比较广泛的独立块状分布，其中汉阴的田禾乡、石泉的中池乡、汉滨的沈坝乡、双溪乡以及紫阳、宁陕、岚皋等部分地区都有集中分布，操湘语的人数共计4万余人。③安康境内的湘语不可避免地对牛蹄赣语古语词产生接触影响。同时，牛蹄赣语区域内部有少数操湘语的人，这不可避免地对牛蹄赣语产生影响。当然，也不排除迁入牛蹄之前的原赣语中就已经存在湘语古语词成分。这都是牛蹄赣语中存在湘语古语词的原因。

五是牛蹄赣语中还有少数古语词是与西南官话和其他方言共有的。这种现象产生的途径与上文共有情况产生的原因是相通的。如："寿元"指人的寿命、寿数；"包瞒"指隐瞒，一般指替别人掩盖过失、隐瞒事实；"穊"指谷物籽实或其他物体不饱满；"贴肉"指贴心、亲近；"停当"指收拾、处理妥

---

① 肖九根：《赣方言古语词探源与论析》，中国社会科学出版社2017年版，第80页。

② 郭沈青：《陕南江淮官话的特点与成因》，载《西北大学学报》（哲学社会科学版）2007年第4期，第89页。

③ 周政：《安康湘语的区域分布及内部差异》，载《安康学院学报》2010年第5期，第9页。

帖、妥当、稳妥；等等，是牛蹄赣语与西南官话、吴语共有的古语词。"开正"指正月初、刚到正月；"贩子"指贩卖东西的人；"趖"指滑行、悄悄地溜走；"大刺刺"指大模大样、满不在乎的样子；"紧慢"指时间、速度的节奏快慢，意义多偏向"紧"；等等，是牛蹄赣语与西南官话、闽语共有的古语词。"响头"指磕头时额头触地发出声音，是牛蹄赣语与西南官话、冀鲁官话共有的古语词。"噍"指咀嚼，多指用臼齿用力多次咀嚼，是牛蹄赣语与西南官话、客家话共有的古语词。

六是牛蹄赣语与西南官话共有古语词中，有一半以上同时在其他两种以上的方言中存在共用，形成涵盖牛蹄赣语、西南官话在内的三种及三种以上的方言共有古语词现象，这种情况是牛蹄赣语与西南官话共有古语词的主流，只有很少的古语词只在牛蹄赣语、西南官话中使用，不在其他方言区使用。这反映了牛蹄赣语及原赣语的多元混合性特征，其中的相互影响渗透途径是复杂的，既有牛蹄赣语和原赣语的多元混合性特征，也包括西南官话的多元性。如："声气"指声音、语气，在今江淮官话、北京官话、中原官话、晋语、兰银官话、西南官话、吴语、湘语、赣语等方言区广泛使用；"手板"指手掌，在今西南官话、徽语、吴语、湘语、赣语、粤语等南方方言中广泛使用；"脚板"指脚掌，在今东北官话、中原官话、晋语、江淮官话、西南官话、徽语、吴语、湘语、赣语、客家话等南北方言中使用；"潲"指泔水，在西南官话、江淮官话、赣语、客家话、粤语、闽语等方言中常见；"晾"指把东西铺开、展开放在太阳下或阴凉通风处使干燥，在今西南官话、江淮官话、徽语、湘语、粤语、闽语等方言中使用；"忪"指牵挂、惦念、想，在中原官话、湘语、赣语、西南官话、江淮官话、吴语等方言中使用；"落"指得到、捞取，在今北京官话、冀鲁官话、江淮官话、西南官话、吴语、湘语、客家话等方言中广泛使用；"搳"指按、压，在今西南官话、江淮官话、中原官话、湘语、吴语等方言中仍广泛沿用；"㶽"指水、汤、粥等因烧沸腾而溢出，在今江淮官话、西南官话、徽语、湘语、吴语、赣语、闽语等南北方言中广泛使用。牛蹄赣语中这类与多种方言共有的古语词，一些可能是在赣语迁入牛蹄之前已经

- 243 -

进入原赣语，迁入牛蹄以后一直保存下来。还有一些可能是在赣语迁入牛蹄以后在与周边方言融合、接触过程中吸收进牛蹄赣语的。牛蹄赣语在迁入牛蹄之前和迁入牛蹄之后的整个发展过程中，都处在与多种方言同时接触、融合，易于形成多元方言混合性特征。

（二）牛蹄赣语古语词中的中原官话古语词成分

牛蹄赣语、中原官话共有古语词成分是普遍存在的，共有表现形式主要包括牛蹄赣语、中原官话，另外，与其他一种以上的方言共有古语词，仅与中原官话共有古语词的情况比较少，具体共有情形如下。

一是少数古语词只在牛蹄赣语和中原官话中使用，在其他方言中少见。如："嗯"指喉咙沙哑、声音沙哑，"往先"指过去、以前。与牛蹄赣语和西南官话共有古语词相比，这种情况比较少见，这可能说明牛蹄赣语受中原官话的影响没有西南官话大。也有可能是中原官话在全国的影响比较深远，中原官话的词语渗透到各个方言，仅仅在中原官话中使用、完全不在其他方言中使用的词语并不是非常普遍。也就是说，中原官话的古语词本身就是多方言共有的，既不可避免地渗透进牛蹄赣语，也渗透进其他方言，造成中原官话古语词在多种方言中普遍存在。以上因素可能都是牛蹄赣语与中原官话之间共有古语词数量较少的原因。

二是牛蹄赣语与包括中原官话在内的另外一种方言共有古语词（西南官话与中原官话共有古语词的情况在西南官话部分已经涉及，此处不再赘述）。如："寿限"指人的寿命、寿数，是牛蹄赣语、中原官话、冀鲁官话中共有的古语词；"稻黍"指高粱，是牛蹄赣语、中原官话、晋语（晋语中的"稻黍"与牛蹄赣语中的"稻黍"词义所指是有差异的）共有的古语词；"墁"指用泥浆、石灰浆、水泥浆涂抹、粉刷，是牛蹄赣语、中原官话、吴语共有的古语词；等等。除与西南官话共有以外，牛蹄赣语与中原官话外加一种方言共有古语词的情况是比较少见的。

三是牛蹄赣语与中原官话共有古语词中，主要表现形式包括牛蹄赣语、中原官话在内同时与其他两种及以上方言共有古语词的情形，形成涵盖牛蹄赣语、中原官话在内的四种及以上的方言共有古语词的现象，这是牛蹄赣语与中原官话共有古语词的主体。如："毨"指鸟兽在季节交替过程中脱老毛换新毛的过程，在今中原官话、晋语、江淮官话、吴语等方言中使用；"把式"指行家、老手，擅长某一种技术、技能、手艺的人，在今北京官话、冀鲁官话、中原官话、晋语等北方方言中使用；"罯"指用器具捂、盖、覆盖、掩盖、封盖，在今中原官话、吴语、湘语、赣语等方言中使用；"搥"指推击，在今北京官话、中原官话、赣语、闽语等方言中使用（以上举例不涉及包括西南官话的情况，前已有列举）。这种现象的存在，可能与原赣语、中原官话、牛蹄赣语各自的多源混合性、多源影响都有关。

（三）牛蹄赣语古语词中的江淮官话古语词成分

江淮官话对牛蹄赣语有一定的影响，因此牛蹄赣语存在与江淮官话共有古语词的情形，其表现形式主要是包括江淮官话在内还与其他两种以上的方言共有古语词，牛蹄赣语仅与江淮官话共有古语词的情况较少（与西南官话、中原官话共有的情形在此不再列举实例）。如："箬壳"指笋皮，即包在新生竹笋外的竹皮，今吴语、江淮官话、湘语、赣语、闽语、徽语等方言中共有；"酒海"指储存酒的大型容器，今闽语、客家话、江淮官话等方言中共有；"下昼"指下午饭与天黑之间的时间，今江淮官话、徽语、吴语、湘语、赣语、粤语、客家话等方言中共有；"邻舍"指邻居，即隔壁住户、相近的住家，今江淮官话、吴语、湘语、赣语、客家话、闽语等方言中共有；"掐"指搣取、掏取，今江淮官话、吴语、湘语、闽语等南方方言中共有；"白眉赤眼"指平白无故、无缘无故，今北京官话、江淮官话中共有；"渠"做代词，指他，今江淮官话、徽语、吴语、赣语、粤语、闽语、客家话等南方方言中共有；等等。牛蹄赣语古语词中的江淮官话成分大多数也都出现在西南官话或中原官话之中，牛蹄赣语单独与江淮官话共有，或者牛蹄赣语与江淮官话共有但不出现在西南官话或中原官话中的古语词不太常见。

（四）牛蹄赣语古语词中的北方各方言的古语词成分

牛蹄赣语中有部分古语词与北方方言共有而在南方方言中不多见。虽然这部分古语词数量不是太多，但是北方各方言中的古语词或多或少都在牛蹄赣语中存在。这部分古语词可能是北方方言对牛蹄赣语或牛蹄赣语迁入牛蹄镇之前的原赣语的偶然影响，或者是牛蹄赣语、原赣语及北方各方言各自直接从古代汉语中继承的文言词（与中原官话共有的古语词不再列举）。如："嚑"指吃，含有轻微戏谑或不满的情感色彩，或吃得快却吃相不文雅的意思，是牛蹄赣语古语词与东北官话共有的古语词成分；"澄"指沉淀，是牛蹄赣语与晋语、东北官话共有的古语词。牛蹄赣语与北方各方言共有古语词，且不在中原官话中出现，也不在南方各方言中出现，仅仅在中原官话以外的其他各北方方言中出现的古语词的数量非常少。这至少说明，牛蹄赣语直接受中原官话以外其他北方方言的直接影响是比较小的。

（五）牛蹄赣语古语词中的南方方言的底层成分

牛蹄赣语除了受到西南官话的全面影响、渗透以及北方其他方言的影响以外，还明显保留了比较丰富的吴语、闽语、粤语、客家话等南方方言的底层成分，并且与吴语、闽语、粤语、客家话等南方方言有共同存在。从古语词的表现情况看，牛蹄赣语受南方方言、西南官话的影响同样深远，南方方言古语词在牛蹄赣语中非常普遍，并且部分古语词只在南方方言中存在，在北方方言中少见。这些南方方言古语词的底层成分一般表现为地道的牛蹄赣语的方言特性，在方言老派人的话语中出现频率更高，而在方言新派人的话语中使用频率低一些，方言新派人多使用其他比较易懂的新词汇替代。如：方言老派人多使用"箬壳"，而方言新派人一般使用通俗易懂的"笋壳子"替代。这部分南方方言的底层成分应该是在赣语迁入牛蹄之前就已经进入原赣语，已经是原赣语的底层成分，并一直在牛蹄赣语中保存下来。牛蹄赣语中遗存的南方方言古语词的底层成分也正好验证了原赣语在形成过程中受到吴楚、百越、苗蛮等南方方言影响的这一事实。"先秦时期，赣鄱地域民族历史的发展经历过由苗蛮、百越等民族与中原华夏族的融合之后，终于形成了独特的而又与吴、楚同属一个语言文化圈的原始赣语。而秦汉以后，原始赣语又发生了一次蜕变性的深刻变化，它由南楚语支已经逐渐演变为南方汉语方言的一支——赣方言……我们考察今天的赣方言，发现其中有不少古苗、百越、吴楚等语孑遗的底层成分。"①牛蹄赣语存在南方方言古语词底层成分的具体共有表现形式如下。

1. 牛蹄赣语古语词中的吴语底层成分

牛蹄赣语古语词中留存有部分吴语古语词的底层成分，形成牛蹄赣语与吴语共有古语词的情况。当然，这部分共有古语词大部分表现为牛蹄赣语与包括吴语在内的其他一种以上的南方方言共有古语词的情况，其他方言多为西南官话、粤语、闽语、湘语等南方方言。如："櫼"本指木片楔子，在吴语、粤语、闽语等方言中使用；"隥"指台阶或楼梯的层级，在今吴语、湘语、闽语等方言中使用；"笕"指把竹子对刨并贯通内节而做成的引水槽道，在今江淮官话、西南官话、赣语、客家话等方言中使用；"箬壳"指笋皮，即包裹在新生竹笋外的竹皮，在今吴语、江淮官话、湘语、赣语、闽语、徽语等方言中使用；"手脚"指行动、动作、举止，在今西南官话、吴语、湘语等方言中使用；"手板"指手掌，在今西南官话、徽语、吴语、湘语、赣语、粤语等南方方言中使用；"人客"指宾客、客人，在今西南官话、吴语、湘语、赣语、闽语、粤语等方言中使用；"搛"指用筷子夹取菜，在今吴语、粤语等方言中使用；"矬"指人矮、物短，在吴语、客家话中使用；"撒脱"指言行爽快、干净利索，在今西南官话、吴语、湘语、赣语等方言中使用。这种赣语、吴语以及其他南方方言共有古语词的现象，其形成原因是多方面的，可能是吴语直接对其他方言产生了影响，也可能是吴语先影响了赣语等其他的方言，赣语等其他方言再影响其他的方言，最终形成多种方言共有古语词的现象。

---

① 肖九根：《赣方言古语词探源与论析》，中国社会科学出版社2017年版，第37—39页。

2. 牛蹄赣语古语词中的粤语底层成分

牛蹄赣语古语词中的粤语底层成分与吴语底层成分相似。在共有表现形式方面，牛蹄赣语与粤语共有的古语词也往往在南方方言中普遍使用。如："晾"指把东西铺开、展开放在太阳下或阴凉通风处使干燥，在今西南官话、江淮官话、徽语、湘语、粤语、闽语等方言中使用；"刴"指去表皮或取表皮，在今晋语、西南官话、吴语、湘语、粤语、闽语等方言中使用；"跶"指跌倒、摔倒，在今江淮官话、西南官话、湘语、粤语等南方方言中使用；"眼浅"指眼红、羡慕，在今西南官话、客家话、粤语等南方方言中使用；"滕头"指用扁担等担物时两端所挂物的重量基本均衡，在今粤语、闽语、西南官话等南方方言中使用；"几时"指何时、什么时候，在今粤语、西南官话中使用；"几久"指很久、许久、很长的时间，在今粤语、闽语等南方方言中使用；等等。

3. 牛蹄赣语古语词中的闽语底层成分

牛蹄赣语古语词中的闽语底层成分是比较明显的，是南方方言古语词中数量比较多的一类，虽然绝大多数都是包括闽语在内还与其他方言共有，但是闽语出现的频率非常高，原赣语与闽语之间还是有过深层次影响。如："开正"指正月初、刚到正月；"贩子"指贩卖东西的人；"趖"指滑行、悄悄溜走；"大剌剌"形容大模大样、满不在乎的样子；"紧慢"指时间、速度的节奏快慢，意义多偏向"紧"；等等，在今闽语、西南官话中使用。"酒海"指储存酒的大型容器，在今闽语、客家话、江淮官话等方言中使用；"囥"指隐藏，在今西南官话、徽语、赣语、闽语、吴语、江淮官话等方言中使用；"倩"指借、暂时借用别人的财物等，在今西南官话、徽语、闽语中使用；"漉"指用器皿或手从水中捞取东西，在今江淮官话、西南官话、湘语、闽语等方言中使用；"沤"指长时间浸泡、沤渥，在今粤语、闽语、湘语、西南官话等南方方言中使用。

4. 牛蹄赣语古语词中的客家话底层成分

客家话古语词也是牛蹄赣语古语词的底层成分之一。总体上看，吴语、闽语、粤语、客家话四种南方方言中，客家话古语词出现的频率相对低一些。如："寿年"指人活的岁数，在今客家话中使用；"酒海"指储存酒的大型容器，在今闽语、客家话、江淮官话等方言中使用；"窠"指昆虫、鸟兽的巢穴，在今吴语、客家话、赣语、西南官话等方言中使用；"下昼"指下午饭与天黑之间的时间，在今江淮官话、徽语、吴语、湘语、赣语、粤语、客家话等方言中使用；"邻舍"指邻居，即隔壁住户、相近的住家，在今江淮官话、吴语、湘语、赣语、客家话、闽语等方言中使用；"砑"指碾压、挤压，在今江淮官话、西南官话、吴语、湘语、赣语、客家话中使用；"踒"指扭伤，在今吴语、中原官话、客家话、西南官话等方言中使用；"捡拾"指收拾整理，在今西南官话、湘语、赣语、客家话等南方方言中使用；"眼浅"指眼红、羡慕，在今西南官话、客家话、粤语等南方方言中使用；"魙"指人矮、物短，在今吴语、客家话中使用。

二、牛蹄赣语古语词的地域层次特征

从地域层次表现情况看，牛蹄赣语古语词具有以下地域层次特征。

（一）牛蹄赣语与西南官话的接触、融合极其深入、广泛

通过前文牛蹄赣语古语词的地域层次分析可见，牛蹄赣语中有近乎一半的古语词都具有西南官话的影子，其表现形式或是牛蹄赣语与西南官话单独共有，或是牛蹄赣语、西南官话与其他方言共有。这种现象从词汇层面实证了牛蹄赣语受西南官话的影响最大、最深入，西南官话词汇全面渗透至牛蹄赣语词汇的各个层面，成为牛蹄赣语词汇的有机组成部分。

（二）牛蹄赣语中南方方言的底层成分明显

从地域层次成分的实际表现情况看，牛蹄赣语受南方方言的影响比较明显，并且受影响的时间比较早，南方方言构成了牛蹄赣语方言的老旧词汇部分。牛蹄赣语中具有比较丰富的吴语、闽语、粤语、客家话等南方方言的深层底层老旧成分，这部分词汇在方言老派中似乎根深蒂固，却在方言新派中显示出了一定的"土"性。方言新派在与牛蹄赣语以外的人进行交际时，经常避免使用这部分具有一定"土"性的词汇，以便对方的理解和接受。因此，这部分南方方言的老旧底层成分正在被其他方言词汇或普通话词汇替代。这部分南方方言古语词的底层老旧成分一方面体现了原赣语受南方方言影响的历史实际，另一个方面可以从词汇角度研究原赣语的接触历史层次提供一定的佐证。

（三）牛蹄赣语中存在古语词叠加现象，产生古语同义词

牛蹄赣语古语词中，表示同一个客观事物、客观对象，可以用两个及以上不同的古语词表示，产生了古语同义词叠加现象。如："寿限""寿年""寿元"三个古语词都指人的寿命、寿数，"开正""开年"在指年初、年头的意思时是可以替代使用的，"揞""罯"在指覆盖、掩盖的意义上音同义近，"挡""挡"都指推，"捡拾""收捡"在指收拾整理的意义上是相同的，"沤""溭"在指沤渥、沤泡的意义上是相同的，"赁""写"在指租赁、租借的意义上是相同的，"往回""往先"在指过去、以前的意义上是相同的，"平日""平时"在指平常、平常的时间意义上是相同的，等等。同一个意义使用不同的古语词表达，形成牛蹄赣语古语词的叠加现象。这一方面说明牛蹄赣语古语词丰富，另一个方面正好实证了牛蹄赣语古语词受到不同地域方言词汇的影响，不同地域方言古语词同时融入牛蹄赣语的事实。如：在指过去、以前的意义上，"往回"主要见于西南官话，"往先"主要见于中原官话；在人的寿命、寿数意义上，"寿元"主要见于吴语、西南官话，"寿限"主要见于冀鲁官话、中原官话，"寿限"主要见于客家话；在收拾整理意义

上,"捡拾"主要见于西南官话、湘语、客家话,"收捡"主要见于江淮官话、西南官话。

(四)牛蹄赣语古语词显示出南北方言混合性的特征

牛蹄赣语中的多数古语词同时在其他两种及以上的南北方言中共存,形成多个方言共有古语词的现象。从数量上看,这种共有古语词多数是两种以上的方言共有,有些古语词甚至是在七八种以上的方言中共有。从地域上看,其中既有南方方言,也有北方方言,甚至经常是南北方言共有,形成典型的南北方言混合性特征。这也从古语词层面实证了牛蹄赣语汇聚南北、兼容并包、多元一体的方言基本特征。

第四章 牛蹄赣语古语词的历史层次

按照传统词汇史的分期依据,笔者把本书共计汇释的358个古语词的历史层次分为先秦两汉上古时期,三国两晋南北朝、隋唐五代中古时期,宋元明清近代时期等三个词汇发展历史层次,同时把中古分为三国两晋南北朝、隋唐五代两个阶段。具体情况如下。

一、先秦两汉时期的古语词成分

先秦两汉时期,牛蹄赣语中的汉语词汇成分有三个来源:一是赣语迁入牛蹄之前原赣语中留存的上古汉语词汇成分,迁入牛蹄以后一直承袭沿用至今。二是赣语迁入牛蹄以后,与周边其他方言在接触、融合过程中,承继的其他方言从上古汉语沿袭的词汇,成为牛蹄赣语词汇的一部分。三是部分上古已经出现的汉语词汇,历代汉语文献或方言中都有沿用。但是,赣语迁入牛蹄之前并没有,迁入牛蹄以后,牛蹄赣语直接从近代汉语或其他方言中直接继承而来的词汇,成为牛蹄赣语词汇的一部分。

牛蹄赣语中先秦两汉时期的古语词汇,65个在《说文解字》中已有收录,12个在扬雄的《方言》中有收录,5个在《尔雅》《小尔雅》中有收录,3个在《释名》中有收录。可见,牛蹄赣语古语词中的上古汉语超过三分之二都在当时重要的字书、辞书中有收录。这说明,牛蹄赣语中遗留下来的上古汉语词汇在当时已经是普遍使用并为大众普遍接受、了解的词汇,属于当时的常用词语。

"氄毛"指柔软细毛,多指鸟兽贴近皮肉表层的柔软细毛,在《尚书·尧典》中已经出现,后历代汉语文献仍然沿用。

"櫼"指楔子,《说文解字》中已收录,后历代字书、辞书都有收录,但是实际用例较少,可能属于古代的方俗词语。

"隥"指台阶或楼梯的层级,《说文解字》中已收录,后历代字书、辞书都有收录,文献用例较常见,属于上古以来常用汉语词汇。

"袷衣"指夹衣,其中的"袷"指夹衣,《说文解字》已收录,《史记》《三国志》《汉书》等文献中都有用例。在词汇双音化的进程中,"袷"后加类名词"衣"变成复音词"袷衣",意思未变。

"垢圿"中的"垢"在《说文解字》中已经出现,"圿"在《玉篇》中已出现,"垢圿"连用在郭璞注《山海经》中已出现。

"声气"指声音语气,《左传》《史记》中已经出现,魏晋南北朝及后来历代文献都有沿用。

"箬"指笋皮,《说文解字》中已有收录,近代文献中又叫"箬叶",方俗语中一般叫"箬壳"。

"桊"指横贯牛鼻孔、用于固定牵牛绳的小木棍,《说文解字》中已经收录,历代文献中用例较少,历代字书、辞书都有收录,属于上古沿袭下来的方俗词语。牛蹄赣语中在"桊"前加缀使用处所限定词"牛鼻"构成复音词"牛鼻桊"。

"寿年"指年寿、寿命,汉代通俗文献中已出现,后历代通俗文献中都有用例。

"毻"指鸟兽换毛,《方言》中已收录。

"虮"指虱子,《说文解字》中已收录,古文献中一般用同义连文复音词"虮虱"。牛蹄赣语中在"虮"后加缀"子",构成复音词"虮子"。

"骭"指胫骨,《说文解字》中已收录,《玉篇》等字书、辞书都有收录,历代文献中都有用例。

"墼"指未经烧制的方形砖坯、土坯,《说文解字》中已收录,上古文献中也有用例。随着西域语言文化的渗透影响,在"墼"前加"胡"字构成复音词"胡墼"。其实这种事物和名词并非来自西域,而是土生土长的汉语词汇,只是受到外来词汇的影响,在词形上做了一定的类推改造。

"凌"指冰、结冰，《说文解字》中已收录，《诗经》《周礼》等先秦文献中都有用例。

"桷"指建筑材料中的椽木，《说文解字》中已经出现，《左传》《尔雅》等文献之中也有用例。

"涎"指口水，《说文解字》中已收录，历代文献中都有用例。在语言复音化的驱使下，"涎"后缀类名词"水"，变成复音词"涎水"。

"菜蔬"指蔬菜，始见于东汉马融注释《论语》的注解文献，后历代文献中广泛使用。

"窠"指昆虫、鸟兽的巢穴，《说文解字》中已收录。

"心术"指居心，《荀子》中已出现实际语例。

"脬"指膀胱，《说文解字》中已收录，明清文献中出现了复音词"尿脬"。

"昼"指白天，《说文解字》中已收录，在历代文献中属于常用词汇。

"白日"指白天，东汉王充《论衡》中已出现。

"人户"指人家、住户，《史记》中已有用例，属于汉代常见词语。

"土狗"指蝼蛄，《方言》中作"杜狗"，段注《说文》中作"土狗"，明清地方志书中亦作"土狗"。牛蹄赣语中习惯在"土狗"后加缀"子"，构成"土狗子"。

"屋"指家，汉代文献中已有用例。

"过恶"指错误、罪恶、罪过，《周礼》《诗经》等先秦文献中常用。

"糊"指用玉米、小麦、大米等磨成面做成的比较稠的粥，《说文解字》《尔雅》等早期字书、辞书中已收录，但是在历代文献中很难找到实际语例，属于上古遗留下来的方言词。

"敕"指缝缀、缝补，《尚书》中已有用例，历代字书、辞书都有收录，但是在后来文献中很难找到实际语例，明清以后的方言著作中广泛收录，应该属于古代沿袭下来的方言词汇。

"灒"指溅、溅洒，《说文解字》中已收录，后历代字书、辞书都有收

— 257 —

录，历代文献中也都有语例。

"奓"指张大、张开、裂开，在《庄子》及以后的文献及字书、辞书中经常出现。

"摛"指伸出、舒展，《说文解字》中已收录，宋代以后的文献中语例才明显增加。

"尪"指使弯曲，《说文解字》中已收录，历代字书、辞书都有收录，但是没有发现实际文献语例，可能属于方言词汇。

"搣"，《说文解字》中已经收录，历代字书、韵书都有收录，但是没有发现实际语例。

"歴"指张口吐气、张口哈气，最早见于东汉文献。

"湓"指水流或其他液体涌出的样子，《说文解字》中已收录，汉代文献中比较常见。

"汤"指屏住呼吸潜行游泳或把口鼻没入水，《楚辞》《史记》等上古文献中就已出现。

"搵"指把东西按入水等液体，浸入、浸泡，《说文解字》中已收录，唐宋诗文中有少数用例。

"嗍"指吸、吮吸，《说文解字》中已收录，方言特性比较明显，文献语例比较少见。

"佮"指性格相合、关系和睦，《说文解字》中已收录，没有发现实际语例，近代方言著作中有收录。

"揞"指用手捂住、覆盖、掩藏，《方言》中已出现，历代字书、韵书有收录，文献用例较少，近代方言文献中非常常见。

"罯"指盖、覆盖、掩盖、封盖，《说文解字》中已出现，历代字书、韵书有收录，文献实际语例较少。

"喑"指婴儿啼哭不止或啼极无声，《说文解字》中已收录，历代文献中语例比较常见。

"硙"指硙磨，使物细碎，使物粉碎，《说文解字》中已收录，历代文献中都有收录。

"剴"指磨砺、磨刀，《说文解字》中已收录，历代字书、韵书都有收录。

"齚"指磨牙、吃力地咀嚼，《说文解字》中已收录，历代字书、韵书都有收录。

"澄"指沉淀，《说文解字》中已收录，历代字书、韵书都有收录，文献中有实际语例。

"忺"指牵挂、惦念，属于上古出现的方言词汇，《方言》中已收录，历代字书、韵书都有收录，文献中有实际语例。

"菢"指鸟禽孵卵，《说文解字》中已收录，历代字书、韵书都有收录，文献中有实际语例。

"噍"指咀嚼，《说文解字》中已收录，历代字书、韵书都有收录，文献中有实际语例。

"焮"指烧炙、烧热、炙烤，《左传》中已有用例，历代字书、韵书都有收录，文献中有实际语例。

"渥"指浸泡、浸沤，《说文解字》中已收录，历代字书、韵书都有收录，文献中有实际语例。

"倩"指借，《方言》中已收录，历代字书、韵书都有收录，文献中有实际语例。

"漉"指从水中捞取，《说文解字》中已收录，在历代文献中高频出现。

"让"指责备、责骂、训斥，《说文解字》中已收录，历代字书、韵书都有收录，在历代文献中高频出现。

"熛"指火苗掠烧，《说文解字》中已收录，历代字书、韵书都有收录，文献中有实际语例。

"趑"指滑行、溜走，《说文解字》中已收录，历代字书、韵书都有收录，文献实际语例较少，属于方言词汇。

"鼾"指呼噜，《说文解字》中已收录，在以后的各类文献中高频出现。

"皴"指皮肤因受冻而坼裂，《说文解字》中已收录，历代文献中都有用例。

"薅"指除草，《说文解字》中已收录，历代字书、韵书都有收录，历代文献中都有用例。

"噙"指口中衔物、用口含，《说文解字》中已收录，历代字书、韵书都有收录，历代文献中都有用例。

"垩"指涂抹、粉刷，《尔雅》中已出现，历代字书、韵书都有收录，历代文献中都有用例。

"刺"指用针轻扎、轻挑，《说文解字》中已收录，历代文献中有少量用例。

"斗"指斗接、拼合，《说文解字》中已收录，历代文献中都有用例，在清代以来的方言文献中广泛出现。

"挏"指击、敲击，东汉文献中已有实际语例，明清字书、韵书中广泛收录。

"蜱"指牛身上的寄生虫，《说文解字》中已出现，明代文献中开始在"蜱"后缀近义词缀"虱"，构成双音复音词"蜱虱"。

"蹉"指扭伤，《说文解字》中已收录，历代字书、韵书都有收录，文献中有实际语例。

"寐"指小睡、小憩，《说文解字》中已收录，历代字书、韵书中广泛收录，没有发现文献用例。

"络"指随便、随意不用力地捆绑、缠绕，《楚辞》中已出现，东汉班固的文章中常见。

"疲"指恶心想吐、恶心将吐，《方言》中已收录，历代字书、辞书、韵书中普遍收录。

"趾"指用脚踩住并转动、滑动、摩擦、蹭、踩踏，《释名》中已收录。

"瘆"指药物等东西有毒或使人、畜中毒，《说文解字》《方言》中已收录，属于上古方言词汇。

"跨"指踩滑，《方言》中已收录。

"趯"指跳跃、腾跃，《说文解字》中已收录。

"褰"指提、提着、提起、撩起，《诗经》《礼记》《楚辞》等上古文献中常见，但是《说文解字》没有收录，历代文献中使用较广泛，字书、韵书中广泛收录。

"糊"指用胶水、糨糊等粘连，《说文解字》中已经出现。

"瞟"指斜视、偷偷一瞥，《说文解字》中已收录，历代文献中语例比较常见。

"鬻"指水、汤、粥等因沸腾而溢出，《说文解字》中已收录，历代字书、韵书都有收录，明代以后的方言文献中普遍出现，属于日常方言俗语。

"炕"指烘、烤使干或使熟，《说文解字》中已收录，《毛传》中已有语例，历代字书、韵书都有收录。

"掐"指搤取、掏取，《说文解字》中已收录，历代字书、韵书都有收录，但实际文献语例较少。

"沤"指长时间浸泡、沤渥，《说文解字》中已收录，《诗经》《左传》《周礼》等早期文献中不乏语例。

"绲"指缝边，《说文解字》中已收录，历代文献中都有语例。

"献芹"指献殷勤，典出《列子》，唐代诗文中开始广泛使用。

"沥"指滤水、漉滤，《说文解字》中已收录，历代字书、韵书、文献中都有语例。

"散"指分发、散发，《尚书》《管子》《吕氏春秋》《韩非子》等早期文献中普遍出现。

"默"指沉思、默想、心里盘算、回想，《尚书》《楚辞》《国语》《论语》等上古文献中普遍使用。

"赁"指租借、租赁、借用，《说文解字》中已收录，汉代文献中广泛

- 261 -

出现。

"滮"指水等液态物喷流，《说文解字》中已经收录，历代文献中普遍存在。

"失错"指差错、过失、失误，《汉书》中已经出现，唐代文献中用例增多。

"葐"指聚集、聚集的样子，《楚辞》中已经出现，历代文献中都有语例。

"挼"指搓揉、揉搓，郑玄注《礼记》中已经出现，南北朝文献中用例增多。

"惟愿"指愿、希望、盼望，《战国策》《史记》等文献中都有用例，历代沿用，明清文献中广泛出现。

"劙"指使表皮脱落、割、解、劈开表皮，《方言》中已收录，历代字书、韵书都有收录，文献语例比较少。

"夼"指物体虚大，《说文解字》中已收录。

"歁"指不足，《说文解字》中已收录，历代韵书、字书都有收录，但没有发现实际文献语例。

"瞀"指视觉模糊不清，《国语》中已有文献语例，但是《玉篇》才予以收录。

"柡"指柡薄，《说文解字》《尔雅》中已收录。

"䰄"指人矮、物短，《方言》中已收录。

"巇"指危险，《楚辞》中已出现文献语例，历代文献中广泛使用。

"戇"指直中带愚，《说文解字》中已收录，上古文献中广泛使用。

"晏"指迟、晚，《论语》《墨子》《礼记》《晏子春秋》等早期文献中有丰富的语例，《小尔雅》中有收录。

"䐈头"的"䐈"，《说文解字》《方言》中已收录。在明清方言中，"䐈"后加缀"头"，构成附加式复音词"䐈头"。

"老革革"的"革"指老，《方言》中已经出现，《三国志》《玉篇》

等文献中将"老"与"革"连用，仍然指老。牛蹄赣语中在"老革"之后再缀"革"，构成"老革革"，意思仍然为老。

"饱足"指欲求满足，《论衡》中已出现语例，历代文献中都有语例。

"凊"指很凉、寒凉，《说文解字》中就已经出现，历代文献中都有用例或收录。

"牙"指雄性的猪、狗，《说文解字》中已收录，又作"豟"，后又作"猳"。

"瘠"指形体短小、瘦小，《方言》中已经出现，是上古遗留下来的方言词汇。

"早晏"指或早或晚、迟早，《仪礼》《管子》等早期文献中已有语例。

"趨"指轻快地跑，《说文解字》中已经出现。

"平日"指平常，《汉书》中已经出现语例。

"干饭"，《释名》中已收录，当时可能属于方俗词语，在唐代文献中才发现用例。

二、三国两晋南北朝时期的古语词成分

牛蹄赣语中，三国两晋南北朝时期的古语词来源与先秦两汉时期的来源是一致的。牛蹄赣语中留存的34个三国两晋南北朝古语词汇中，20个在当时重要的字书《玉篇》中有收录，这表明其中的大部分词汇都是当时普遍接受并广泛使用的词语。

"醱"指白沫，《玉篇》中已收录，《齐民要术》中有用例。

"涺"指泔水，《玉篇》中已收录。

"胍"指手指上呈螺旋状的纹理，《玉篇》中已收录。

"鐴"指犁耳，《玉篇》中已收录，明清及以后方言文献中在"鐴"后加缀"耳"或"头"，构成"鐴耳"或"鐴头"。

- 263 -

"雨脚"始见于南北朝文献,唐代诗歌中广泛使用。

"蛐蟮"指蚯蚓,《礼记》中已出现,郭璞在注释《方言》时直接用"蛐蟮"释"蚓"。

"开年"指新的一年开始,南北朝文献中已经出现用例。

"邻舍"指邻居,魏晋南北朝时期的文献中已较常见。

"磙"指磙磴,《玉篇》中已收录,清代文献中出现复音词"磙磴"。

"白米"指大米,《齐民要术》中已经有用例,历代白话文献中都有用例。

"额颅"指额头、前额,《黄帝内经》中已出现用例。

"㤿气"指生气,《玉篇》中已收录,历代字书、韵书中都有出现,但没有发现实际文献语例。

"佮伙"指合伙,《玉篇》及以后的韵书、字书中有收录,但没有发现实际语例。

"剮"指刨开、划开,《玉篇》及以后的韵书、字书中有收录,文献中实际语例较少。

"瘷"指缩、收缩,《玉篇》中已收录。

"齁"指哮喘、哮喘声,宋元时期开始广泛使用,字书、韵书中都有收录,文献中高频出现。

"住"指停止、止歇,《齐民要术》中已有用例,唐宋诗文中较常见。

"搚"指敲击,《玉篇》中已经出现。

"瘂"指喉咙、气管因为堵塞或进入异物而突然急性咳嗽,《玉篇》中已经出现。

"蹨"指反复踩踏、反复践踏,《玉篇》中已出现,宋代字书、韵书广泛收录。

"旋"指回旋切削、砍削,《玉篇》《齐民要术》等文献中都有出现。

"躍"指跳、跳行,《玉篇》中已收录,宋代字书、韵书都有收录,实际文献语例较少。

"洍"指闭塞、遮挡，《玉篇》中已经出现。

"收捡"指收集整理并保存，《后汉书》中已有实际语例。

"跶"指跌倒、摔倒，《玉篇》中已收录。

"絎"指粗线脚缝制，《玉篇》中已收录，没有发现实际文献语例，历代方言文献都有收录。

"鬏"指头发散乱，《玉篇》中已经出现，属于历代方言词汇。

"矬"指矮、短，《玉篇》及以后的文献中常见。

"酽"指液态物汁浓、味厚，《齐民要术》中可见文献语例，宋代韵书开始收录。

"子"指幼小的、年幼的，三国时期文献中已有语例。

"駘"喻指能力低下、庸才、劣才，南北朝文献中已出现语例。

"一色"指全部一样、种类完全相同，《齐民要术》中已出现语例，历代常见。

"趏"指快速奔跑的样子，《玉篇》中已收录。

"渠"做代词，魏晋时期文献中已有语例。

三、隋唐五代时期的古语词成分

隋唐五代时期，牛蹄赣语中的古语词来源与先秦两汉时期的古语词来源是一致的。

"筧"指用竹子、木头做成的引水槽道，唐代白居易的诗歌中就有用例，以后文献及地方方言文献中都有用例。

"手脚"指动作、行为、举止，晚唐文献中已有实际语例。

"手板"指手掌，见于唐宋笔记体小说、佛教文献。

"脚板"指脚掌，唐代佛经文献中已见实际文献语例，后历代话本、小说等通俗文献中常见。

"寿限"指寿命、寿数,唐代墓志文献、佛教文献中广泛使用。

"人客"指客人、宾客,唐代各类文献中广泛使用。

"酒海"指大型储酒器,唐代文献中已出现,明清小说中广泛使用。

"烧酒"指白酒,唐代文献中广泛使用。

"开正"指正月初、刚到正月,唐代诗文中已广泛使用。

"卧单"指床单,唐五代文献中已见实际语例,元杂剧中比较常用。

"旧年"指往年、去年,唐代诗文中已出现。

"鸦鹊"指喜鹊,唐代诗文中已普遍使用。

"庄"指农家住宅、房子,唐代诗文中已出现,历代沿用。牛蹄赣语中在"庄"后加缀"子",构成双音复音词"庄子"。

"差池"指失误、错误、漏洞,唐代诗文中已经出现。

"高头"指上面、上头、顶端,唐代诗文中已见实际语例。

"晾"指晾晒,唐代文献中已有实际语例,字书、韵书都有收录,明清及以后的方言著作中较常见。

"科"指砍、砍除、修剪(树枝),唐代诗文中出现频率较高。

"过房"指无子嗣而以兄弟或同宗兄弟之子为后嗣,唐代及以后的白话文献中广泛出现。

"噇"指詈语,无节制无形象地大吃大喝,唐代文献中已出现实际语例,历代字书、韵书都有收录。

"绾"指系结、打结,唐代文献中已有语例,宋代及以后字书、韵书都有收录。

"填还"主要指报偿、补偿、报答,唐代文献中广泛使用。

"冇"指无、没有,唐代文献中已见实际语例,历代方言文献中常见。

"弹驳"指指摘、批评、挑剔,无中生有地找别人的缺点或不足,唐代白话文献中已出现实际用例。

"发迹"指发达、起家,《南史》中已见用例。

"搥"指碰撞、冲击、撞击,唐代文献中已见实际语例,字书、韵书很少收录，语例比较少。

"失落"指丢失、遗失，唐代文献中已经出现，明清通俗小说文献中广泛使用。

"安然"指闲适自在，唐代诗文中已普遍使用。

"窸窣"指由于摩擦发出的轻微、细碎之声，唐代诗文中已普遍使用。

"闹热"即热闹，唐代及以后的诗文中普遍使用。

"停当"指收拾、处理妥帖、妥当、稳妥，《晋书》中已出现实际语例。

"獠"指凶狠、凶悍，唐代文献中已出现实际语例。

"老成"指稳重、持重，唐代墓志文献中经常出现。

"几时"指何时，唐代诗文中已广泛使用。

"问"用作对象介词"向"，唐代诗歌中已经出现语例，明清白话文献中高频出现。

"橦"指木料的一段，唐代文献中已出现语例，唐代及以后字书、韵书偶有收录。

四、宋元明清时期的古语词成分

宋元明清时期，牛蹄赣语中的古语词汇成分有四个来源：一是赣语中留存的宋元到清代早期（牛蹄赣语迁入牛蹄之前）的古代汉语词汇，迁入牛蹄以后一直承袭沿用至今。二是赣语迁入牛蹄以后，与周边其他方言在接触、融合过程中承继的其他方言中的古语词汇，成为牛蹄赣语词汇的一部分。三是虽然有部分词汇是宋元到清代早期已经出现的汉语词汇，但是迁入牛蹄之前没有进入原赣语，直到迁入牛蹄以后才从古代汉语词汇中直接借用进牛蹄赣语的词汇。四是迁入牛蹄以后的二百多年时间里，牛蹄赣语不可避免地要从当时使用的近代汉语文献词汇及方言词汇中吸收同时代的词汇，这些也成为牛蹄赣语古语词的一部分。

"筲箕"指竹制厨房器具，宋代及以后文献中广泛使用。

"寿元"指寿命、寿数，元杂剧中已有用例。

"和和饭"指混合饭菜做成的一种饭食，主要见于元代杂剧文献。

"夜壶"指男性夜用便器，明清通俗小说文献中广泛使用。

"眉儿"指男性生殖器，见于清代方言文献著作。

"屌"指男性生殖器，明清字书、方俗文献中有用例。

"体统"指体制、规矩、规范，明清白话小说中有用例。

"籽种"指种子，清代、民国文献中有实际语例。

"把式"指行家、老手，精通某种手艺的匠人，明代小说文献中已出现实际语例。

"疙蚤"指跳蚤，元杂剧及以后的通俗白话文献中常见。

"稻黍"指高粱，明清时期的字书、韵书中有收录，没有发现文献用例，应该属于地方方俗词语。

"大字"一般指毛笔字，《旧唐书》中已出现，元明清文献中都有用例。

"氹"指水坑、蓄水池，清代文献及地方志书中都有语例。

"腔子"指胸腔，宋代文献中已出现，元明清白话文献中比较常见。

"本等"指本分、本身分内应做或应有的事、应有的东西，元杂剧中已出现。

"上昼"指上午，即中午饭以前的时间，见于明清以后的文献。

"下昼"指下午、下午饭以后的时间，见于明清以后的文献。

"交道"指接触、交往、往来，宋代文献中已出现，明清文献中比较常见。

"班辈"指行辈、辈分，元杂剧文献中开始出现实际语例。

"贩子"指贩卖货物的人，宋代文献中已出现语例，明清时期广泛使用。

"襟"指衣服前襟，战国时期的文献中已出现，但是在明清文献中，"大襟""小襟"才以复音词的形式出现。

"腏"指跘子，明清时期的字书、辞书中都有收录，但是没有发现实际用例，属于方俗词汇。牛蹄赣语中在其后缀"子"构成双音复音词"腏子"。

"蜂糖"指蜂蜜，宋元时期的文献中比较常见，明清及以后的方言文献中都有收录。

"大清早"指清晨，元杂剧文献中已见实际语例。

"攮子"指短刀、匕首、刺刀，清代及以后文献及方言著作中有收录。

"冷噤"指冷战、寒战，宋代文献中已出现。

"老子"指父亲，明清文献中已使用。

"铺"指床，明清白话文献中比较常见。

"铺盖"指被子，元杂剧及以后的白话文献中较为常用。

"铺面"指店铺、商铺、门面，宋代文献中已有用例，明清文献中常用。

"上年"指上半年、前半年，属于明清时期的口语词汇。

"土货"指地方物产，元代文献中已出现实际语例，明清文献中比较常见。

"水饭"指用于祭祀鬼神添加了凉水的饭食，元杂剧中已出现实际文献语例，明清及以后的俗白文献中常见。

"火烧馍"指锅盔，《朱子语类》中叫"火烧"，牛蹄赣语中后缀类名词"馍"。

"水礼"指以糖、酒等食品作为礼物，属于明清时期的方俗词汇。

"晌午"指午饭，元杂剧中已有用例。

"弯刀"指砍刀、砍柴刀，属于清代及以后的常见词汇。

"先生"指医生，属于明清时期的常见词汇。

"响头"指叩头触地有声，常见于明清小说。

"马脚"指破绽，元杂剧中常见，明清小说中普遍使用。

"屋里的"指妻子，属于明清时期产生的方言词汇。

"正屋"指房屋中间的主体部分，是明清小说中的常见词汇。

"顺手"指右手，属于清代以来的方言词汇。

"耳性"指对教训有记性、吸取教训，属于明清时期出现的白话文词汇。

"稿荐"指稻草、麦秸等编成的用来铺床的草垫子，元代杂剧文献中已出现实际语例。

"茶饭"泛指饮食，元杂剧中已常见，属于明清白话小说中的常见词语。

"嚫"指吃，元杂剧中已出现实际语例，明清时期文献中用例较少，可能属于某地方言词汇。

"囥"指隐藏，明清时期的字书有收录。

"蹬"，儿语，指婴幼儿学站立，属于明清时期出现的方言儿语。

"夯"指迈步、抬腿，大步跨过，属于明清及以后赣语、西南官话中的方言词汇。

"墥"指起尘、尘土随风扬起，宋代及以后的字书、辞书有收录，西南官话等方言中使用比较普遍。

"搛"指用筷子夹取，明清各类文献中都有出现，今南方方言中仍然沿用。

"落昫"指眼睛深陷、眼珠凹进眼眶，属于明清时期常用的白话文词汇。

"砑"指碾压、挤压，明清字书、韵书有收录，文献中有实际语例。

"挀"指用力拉、拉紧、牵引，宋代及以后字书、韵书有收录，文献中有实际语例。

"扠"指推，明清时期字书、韵书中高频出现，方言中广泛使用。

"睁"指眼睛张开、睁开，明清文献中常见。

"扽"指突然发力猛拉使伸直、平整或均匀，明清文献中常见。

"挡"指推，属于明清时期常用的白话文词汇。

"揎"指推，属于明清时期常用的口语词汇。

"屙"指排泄，属于明清时期常用的口语词汇。

"捎"指捆缚，属于明清时期常用的口语词汇。

"敨"指抖落、抖开，属于明清时期的方言口语词汇。

"㪘"指撒，属于明清时期的方言口语词汇。

"刟"指去表皮或取表皮，元代文献中已有语例，宋代字书、韵书都有收录。

"刷"指削去表面薄层或切薄片、刮取表皮或刮去表皮，属于明清时期的日常方言口语词汇。

"赶"指举尾、翘尾，属于明清时期的日常方言口语词汇。

"趨"指漫无目的地闲逛，属于明清时期的日常方言口语词汇。

"躹"指腰略微弯曲，属于明清时期的日常方言口语词汇。

"挴"指擦、拭，宋代的字书和文献中已出现实际语例。

"冚"指盖、覆盖，清代方言文献中有收录和用例。

"劁"指阉割，宋代及以后的字书、韵书有收录。

"抙"指向上举、托、拿，《集韵》中有收录，明清字书中广泛收录。

"落"指得到、捞取，见于明清时期的白话小说文献。

"蹦"指跳，《集韵》中有收录，字书中未见收录，也没有发现实际语例。

"嗾"指驱鸡声，《类篇》《集韵》有收录。

"嗯"指喉咙沙哑，《广韵》《集韵》有收录。

"攒"指蓄积、积累，宋代韵书及文献中普遍出现。

"趨"指移动、挪动、搬动，宋代文献中有语例，此后用例较少，字书、韵书也未见收录。

"敲打"指用言语讥讽、警示，属于元代及以后的白话文献词汇。

"搇"指按、压，《集韵》已收录，明清时期文献中语例比较多。

"体恤"指设身处地地为别人着想，同情、关心别人，属于明清时期的白话文献词汇。

"揰"指推击、冲击，宋代字书、韵书有收录。

"潤"指用充足的水把……浸湿、使水分充盈，宋代字书已收录。

"作酸"指肠胃反酸，属于明清以后白话小说文献中的口语词汇。

- 271 -

"搣"指用手抓物、抓住物或用手快速抓取，宋代韵书已有收录。

"解手"指大小便，属于明清时期的口头俗语词汇。

"捡拾"指收拾整理，属于清代以后的白话文献词汇。

"睄"指扫视，眼光略过、匆匆一看，宋代字书已有收录，明清文献中有实际语例。

"擩"指用力插、用力塞，宋代字书、韵书已有收录。

"上灶"指下厨房做饭，主要见于明清白话小说文献。

"不好"，讳称生病，主要见于明清白话小说文献。

"耖"指一种耕地方式，属于明清时期俗语词。

"磋磨"指折磨、虐待，是明清时期白话小说文献中的常见词汇。

"打眼"指睁眼一看或显眼、突出、容易引人注意，属于元代及以后的俗语词汇。

"打照面"指短暂地对面相见、碰面、露面，属于元代及以后的俗语词汇。

"筛酒"指斟酒，南宋文献中已有实际语例。

"躐"指踩、踏，元代文献中已有实际语例

"散饷"指无偿散发东西，在清代由"散发饷银"的意思引申而来。

"伤脸"指伤及别人情面、尊严、颜面，是明清时期的白话俗语词。

"赏脸"指给某人面子、顾及某人颜面，是明清时期的白话俗语词。

"赏鉴"指欣赏、看重、重视，是明清时期的白话俗语词。

"上算"指划算、合算、值得、不吃亏或包括、把……计算在内，是明清时期的日常白话俗语词。

"吃烟"指抽烟、吸烟，是明清时期的白话俗语词。

"省俭"指节约、节俭，北宋及以后的白话文献中常见。

"使口"指使唤别人做事，是明代以来的日常口头俗语词。

"使绊子"指暗地里使手段坑害人，北宋及以后的白话文献中常见。

"使气"指赌气、使性子、生闷气，北宋及以后的白话文献中常见。

"嗐""呎"指骂，是清代的白话俗语词。

"偷人"指女人偷情，是明清时期的白话俗语词。

"臊"指伤面子、羞辱、戏弄，是明清时期的白话文献词汇。

"歇"指住宿，是明清时期的白话文献词汇。

"写"指租用、立约租赁，是明清时期的白话文献词汇。

"眼浅"指眼红、羡慕，明清白话小说文献中有用例。

"养人"指食物有营养、能使人得到滋补，见于明清白话小说文献。

"发毛"指因害怕、恐惧、惊慌等而感觉汗毛竖起，见于明清白话小说文献。

"发狠"指奋发努力、下狠心、下功夫，见于明清白话小说文献。

"发飙"指发脾气、发火、耍威风，见于明清白话小说文献。

"发恼"指生气、动怒，元代杂剧文献中已出现，明清白话小说中常见。

"安埋"指埋葬，见于明清白话小说文献。

"甩"指丢弃、扔掉，元代文献中已出现，明清白话小说中常见。

"包瞒"指隐瞒，作为复音词见于清代文献。

"洇"指液体扩散或渗透，是明清时期的白话俗语词。

"帮腔"指附和，是明清时期的白话俗语词。

"磨"指缓慢、艰难地移动、挪动，是明清时期的白话俗语词。

"挨"指拖延时间，宋代文献中已有语例，明清时期的用例较多。

"撇"指从液体表面舀取，宋代、清代有少数文献语例。

"㾮"指因饭食缺肉、缺油而引起的肠胃不适，元杂剧及以后的文献中有少数语例。

"齾空"指空无一物，宋代韵书开始收录。

"秕"指不饱满，属于宋代文献中开始收录的方俗语词汇。

"趄"指倾斜、偏斜、歪斜，明代字书已经收录，元代杂剧中有文献语例。

"风快"指速度极快、飞快，或刀刃极其锋利，宋代开始出现文献语例。

"滚"指温度高、滚烫，宋代开始出现文献语例。

"活套"指灵活、圆通、不拘泥,是明清时期的方俗词语。

"浑"指浓稠、黏稠,宋代字书已有收录。

"剌剌"形容燥热、燥痛,是明清时期的俗语词汇。

"大剌剌"指大模大样、满不在乎的样子,是明清时期白话小说文献中的常见词语。

"罄空"指空无一物、完全不剩,北宋文献中已出现实际语例,以后历代的白话文献中普遍出现。

"圆范"指圆满、完善,清代文献中有个别语例。

"低搭"指卑贱、谦卑、下贱,宋代及以后白话文献中偶有语例。

"健旺"指老人、长辈身体健康、精力旺盛,是明清小说文献中的常见词语。

"嘌"指言有所止,明清时期的字书有收录,明清文献中没有发现实际语例。

"黏"指黏稠的糊状,宋代韵书已经收录,明清字书广泛收录。

"背时倒灶"指倒霉、不走运,是元代及以后的俗语词汇。

"爊"指天气极度湿热,宋代的韵书已收录。

"消停"指舒缓、不慌不忙、从容不迫,是明清小说文献中的常见词汇。

"把滑"指不易滑倒、滑动,即防滑,是明清小说文献中的常见词汇。

"不卯"指关系不和谐、性情不合,明清小说文献中有少量语例。

"巴家"指顾家,清代白话小说中有少量语例。

"般配"指彼此相配,明清白话小说中有实际语例。

"淹缠"指疾病迁延、持续长久,《集韵》中已出现,杂剧、白话小说等文献中都有语例。

"馞香"指香味浓郁,元杂剧及以后的文献中经常出现。

"贴肉"指衣服紧贴肉体、紧贴肌肤或贴心、亲近,宋代及以后的文献中较常见。

"散淡"指悠闲自适、自我约束不强,是明清小说文献中的常见词汇。

"歪"指凶狠、横蛮，是明清小说文献中的常见词汇。

"稀剌剌"指稀疏，元杂剧及明清小说中较常见。

"发旺"指兴旺、发达，元杂剧及明清小说中较常见。

"顺当"指吉利、顺利，元杂剧及明清小说中较常见。

"好生"指认真、细心，元代文献中已出现，后历代文献中都有用例。

"富态"指体态丰盈，是明清小说文献中的常见词汇。

"紧慢"指时间、速度的节奏快慢，意思多偏向"紧"，是始于元代的白话文词汇。

"撒脱"指言行爽快、干净利索，明清时期白话小说中经常出现。

"落后"指后来、以后，元代及以后的白话文献中高频出现。

"开先"指开端、开头，宋代及以后的文献中有少量语例。

"白眉赤眼"指平白无故、无缘无故，明代及以后的文献中高频出现。

"头回"指先前、上回，明清小说中偶有出现。

"往回"指过去、以前，明清小说中偶有出现。

"往先"指过去、以前，明清文献中偶有语例。

"孅乎"指差点、差一点、几乎（发生意外、危险等），明清小说中偶尔出现。

"喜得"指幸亏、多亏、幸好，明清白话文献中高频出现。

"先不先"指首先，明清小说中偶有语例。

"先头"指刚才、不久前，是明清小说中的白话文献词汇。

"平时"指平常、平常的时候，是宋代及以后的高频词汇。

"几久"指很久、许久，是明清白话小说文献词汇。

"投到"指及至、等到，是元杂剧中的常见词汇，以后文献中偶有语例。

"下下"指每一下、每一次、回回，宋元时期偶有文献语例。

五、牛蹄赣语古语词的历史层次特征

通过分类汇释牛蹄赣语古语词、分析各阶段古语词的历史层次,可见,先秦两汉至宋元明清,各个历史时期的汉语词汇在牛蹄赣语中都有承袭、沿用。从各个历史时期留存的古语词数量看,其一,宋元明清时期的古语词数量最多,达到179个,占牛蹄赣语古语词总量的50%;其二,先秦两汉时期的古语词总数为110个,占牛蹄赣语古语词总量的30.7%;其三,三国两晋南北朝的古语词有34个,隋唐五代时期的古语词有35个,中古两个阶段共计69个,占牛蹄赣语古语词总量的19.3%。从音节构成看,单音词为171个,占古语词总量的47.8%;复音词为187个,占古语词总量的52.2%。其中,先秦两汉时期的单音词有81个,占单音词总数的47.4%;三国两晋南北朝、隋唐五代中古时期的单音词有29个,占单音词总数的17%;宋元明清时期的单音词有61个,占单音词总数的35.6%。从各个阶段单、复音词的比例看,先秦两汉时期的单音词有81个,复音词有29个,分别占该时期古语词总量的73.6%和26.4%;三国两晋南北朝、隋唐五代中古时期的单音词有29个,复音词有40个,分别占该时期古语词总量的42%和58%;宋元明清时期的单音词有61个,复音词有118个,分别占该时期古语词总量的34.1%和65.9%。从以上数据分析可以得出以下几个结论。

(一)单音节古语词在各历史阶段词汇中所占比例符合汉语词汇发展历史实际

从以上数据可知,上古、中古、近代三个历史阶段的单音节古语词比例分别为73.6%、42%、34.1%,复音古语词比例分别为26.4%、58%、65.9%。随着时间的推移,单音节在方言古语词总量中逐渐减少,复音词逐渐增加,这种单、复音方言古语词的数量增减规律正好与汉语通用语词汇从单音节为主发展到以复音词为主的总体发展规律相一致。上古时期，汉语通用语词汇以单音节词汇为主，上古汉语通用语词汇进入方言，也以单音节词汇为主，牛蹄赣语中的上古汉语单音节词汇成分占牛蹄赣语上古汉语古语词汇成分总量的73.6%，超过三分之二；近代汉语通用语词汇以复音词为主，近代汉语通用语词汇进入方言，也必然以复音词为主，牛蹄赣语中的复音古语词汇成分占牛蹄赣语近代汉语古语词汇成分总量的65.9%，接近三分之二。这种对应关系不是偶然的，从语言接触影响角度而言，汉语方言从汉语通用语中吸收的词汇的总体音节构成情况与汉语通用语本身词汇的总体音节构成情况应该也必须对应，这才符合语言接触影响的规律，牛蹄赣语各历史时期古语词的总体音节构成情况与汉语通用语相应历史时期的词汇总体音节构成情况相一致，这也充分证明本书调查、收集、研究结论的真实可靠性。

（二）从牛蹄赣语古语词中的上古词汇成分看，上古时期中原华夏语言文化对原赣语区的语言文化影响非常深远

从牛蹄赣语古语词中先秦两汉古语词所占的比重可以推知，上古中原华夏语言文化对原赣语区语言文化的影响是深远的，对当时的赣语词汇产生了全面影响，一批中原华夏语言词汇进入当时的原赣语词汇，并一直作为原赣语的底层词汇成分保留下来。牛蹄赣语古语词中保留的先秦两汉时期的词汇总数为110个，占到本书所汇释的牛蹄赣语古语词总量的30.7%，近乎三分之一，这对研究中原华夏语言文化对早期赣语的接触影响具有重要的实证意义。

（三）牛蹄赣语古语词中，古方言词汇占有一定比例

牛蹄赣语古语词汇中既保留有汉语共同语词汇，也保留有古方言词汇。牛蹄赣语古语词中上古汉语词汇有110个，其中12个在《方言》中有收录，占10.9%。《方言》中明确说明了这12个古方言词汇的通行区域，实际上，牛蹄赣语中方言词汇量比《方言》收录的还要多。同时，本书汇释的358个古语词中，30多个词汇几乎在古代文献中找不到实际语例，往往只在字书、韵书中有

收录，或者只有极少的文献语例。在古代文献中找不到或很难找到实际用例的这部分古语词，一方面可能是记录这部分词汇的汉字比较生僻、难写难记，另一个不可忽视的方面是，这部分词汇属于古代通行于某地的方俗词语，无法进入文人写作的用词视野或字书、辞书、韵书编纂者的视野。另外，部分词汇收录在古代字书、辞书、韵书中，明确说明了它们属于某地的方言词汇。通过以上分析，我们可以大胆地推测，牛蹄赣语古语词中古方言词汇所占的实际比例应该在15%以上。如果能对这部分古方言词汇进行深入研究，对研究古方言的发展将有重要的实证意义。

（四）牛蹄赣语中，部分古语词只保留了古语词的核心语素

牛蹄赣语中保留的古语词，绝大部分完整地保留了古语词的词形，但是也有少部分古语词为了适应汉语词汇复音化的发展趋势，在保留原古语词作为核心语素的基础上，采用加前缀、后缀、类名语素或者重叠等方式，使单音节古语词变成复音词。只有词汇形式的改变，原古语词的核心意义并没有改变，因此，笔者把这部分词形有变化的词汇也算作古语词，纳入牛蹄赣语古语词的研究范围。这主要包括以下四种变化形式：一是在原古语词后加词缀变成复音词。如："虮""桶""汤""醭""庄""腬"等古语词后加缀"子"，整个词汇变成复音词"虮子""桶子""汤子""醭子""庄子""腬子"。又如：分别在"媵""瓣"后加缀"头"和"耳"，构成复音词"媵头""瓣耳"。二是在原古语词后加类名语素或同义语素，使单音词变成复音词。如：在"箬"后加类名语素"壳"变成复音词"箬壳"，在"涎"后加类名语素"水"变成复音词"涎水"，在"袷"后加类名语素"衣"构成复音词"袷衣"，在"磉"后加同义语素"磴"变成复音词"磉磴"，在"蝇"后加类名语素"虱"变成复音词"蝇虱"，等等。三是在原古语词之前加缀同义语素或限定语素构成复音词。如：在"擎"前加缀"胡"变成复音词"胡擎"；在"香"前加缀"馣"构成复音词"馣香"；在"革"前加同义语素"老"变成复音词"老革"，后又在"老革"之后重复一个"革"，变成ABB式复音词

"老革革";在"脬"前加范围限定语素"尿"变成复音词"尿脬"。四是重复原古语词变成重叠式复音词。如:重复"黜""矬""蹬""浑"等变成重叠式复音词"黜黜""矬矬""蹬蹬""浑浑",等等。

(五)牛蹄赣语中,高比例的宋元明清时期的词汇成分反映了近代白话文词汇对牛蹄赣语的直接影响

牛蹄赣语有一半的古语词是宋元明清时期的近代汉语白话文词汇,这反映了语言词汇之间的直接继承与影响关系。无论是现代汉语普通话还是现代汉语方言,都直接受宋元明清时期的白话语言的影响,直接从其中继承、借用词汇成分,形成自己的词汇体系。无论是原赣语还是迁入牛蹄以后的牛蹄赣语,都直接受宋元明清时期白话词汇的影响,继承、吸纳白话文词汇成为其古语词汇成分。由于这部分词汇去古未远,与现代语言的隔膜并不明显,尤其是,吸收进入牛蹄赣语的近代汉语词汇还没有经过长期的发展、自然选择和淘汰,所以数量、比例相对比较高。这也是符合语言接触影响、发展、选择淘汰的规律。

总之,牛蹄赣语古语词的总体现状是符合语言发展普遍规律的。对牛蹄赣语古语词进行深入研究,可以为原赣语和牛蹄赣语的历史发展、语言接触、历史层次、人口迁徙融合等方面的研究提供一些新的实证。同时,本书汇释的牛蹄赣语古语词虽然不可能是牛蹄赣语古语词的全部,但是能够反映牛蹄赣语古语词的整体面貌和主要特征。

参考文献

[1] 许慎.说文解字[M].北京：中华书局，1994.

[2] 段玉裁.说文解字注[M].上海：上海古籍出版社，2004.

[3] 顾颉刚，刘起釪.《尚书》校释译论[M].北京：中华书局，2005.

[4] 王先谦.释名疏证补[M].上海：上海古籍出版社，1984.

[5] 徐中舒.汉语大字典[M].成都：四川辞书出版社，1986.

[6] 李学勤.尚书正义[M].整理本.北京：北京大学出版社，2000.

[7] 罗竹风.汉语大词典[M].上海：汉语大词典出版社，1996.

[8] 王力.王力古汉语字典[M].北京：中华书局，2003.

[9] 王筠.说文解字句读[M].北京：中华书局，1998.

[10] 王筠.说文释例[M].北京：中华书局，1998.

[11] 桂馥.说文解字义证[M].北京：中华书局，1998.

[12] 徐锴.说文解字系传[M].北京：中华书局，1998.

[13] 张玉书，等.康熙字典[M].北京：中华书局，2004.

[14] 周祖谟.方言校笺[M].北京：中华书局，2004.

[15] 张静.现代汉语[M].上海：上海教育出版社，1979.

[16] 辞海[M].缩印本.上海：上海辞书出版社，2002.

[17] 黄伯荣，廖序东.现代汉语[M].北京：高等教育出版社，2002.

[18] 兰宾汉，邢向东.现代汉语[M].北京：中华书局，2007.

[19] 张斌.新编现代汉语[M].上海：复旦大学出版社，2008.

［20］李荣.语文论衡［M］.北京：商务印书馆，1985.

［21］温美姬.梅县方言古语词研究［M］.广州：华南理工大学出版社，2009.

［22］肖九根.赣方言古语词探源与论析［M］.北京：中国社会科学出版社，2017.

［23］蒋宗福.四川方言词语考释［M］.成都：巴蜀书社，2002.

［24］黑维强.绥德方言调查研究［M］.北京：北京师范大学出版社，2016.

［25］孙立新，宋丽萍.鄠邑方言［M］.西安：三秦出版社，2017.

［26］周静芳.赣方言的形成与发展初论［J］.南昌大学学报（哲社版），1998（3）.

［27］杨大崇.杨氏四修宗谱［M］.2019.

［28］周海霞，杨运庚.安康市牛蹄赣语方言岛方言调查研究［J］.安康学院学报，2011（5）.

［29］华开锋.旬阳方言词汇［M］.北京：语文出版社，2008.

［30］周政.平利方言调查研究［M］.北京：中华书局，2009.

［31］柯西钢.白河方言调查研究［M］.北京：中华书局，2013.

［32］周政.安康方言接触层次研究［M］.北京：语文出版社，2016.

［33］释行均.龙龛手鉴［M］.北京：中华书局，2006.

［34］黄萍.安徽太湖县方言词汇研究［D］.桂林：广西师范大学，2016.

［35］黄丽.湖南永州方言中的古语词考释［D］.长沙：湖南师范大学，2006.

［36］李妍.南阳方言古语词研究［D］.南宁：广西大学，2011.

［37］罗竹莲.湖南涟源方言古语词考释［D］.长沙：湖南师范大学，2006.

［38］张强.彰武方言中的古语词及近代汉语词释例［D］.武汉：华中师范大学，2013.

索 引

名 词

氍毛，017
櫼，018
隥，019
醁，019
袷衣，020
垢圿，021
声气，022
笕，023
箬壳，024
筲箕，024
拳，025
手脚，026
手板，027
脚板，028
寿元，028
寿限，029
寿年，030

淯，031
膧，031
氝，031
鐴耳，032
虮子，032
人客，033
骭，034
胡墼，034
凌，036
桶，037
和和饭，037
夜壶，038
眉儿，039
屎，039
雨脚，039
酒海，040
体统，040

涎水，041
籽种，042
把式，042
虼蚤，043
菜蔬，043
槖，044
心术，045
烧酒，046
稻黍，046
脖，047
大字，048
丕，048
腔子，049
蛐蟮子，049
本等，050
开正，050
开年，051

昼，052
白日，053
上昼，053
下昼，054
交道，054
班辈，054
白雨，055
蜢虱，055
贩子，056
大襟，057
小襟，057
邻舍，058
干饭，059
腤子，060
大清早，060
蜂糖，061
攮子，061
冷噤，062

老子，062
卧单，063
铺，064
铺盖，065
铺面，065
人户，066
磉磴，066
上年，067
旧年，068
土货，069
水饭，069
火烧馍，070
水礼，071
土狗子，072
晌午，072
弯刀，073
围腰，073
先生，074

响头，074
鸦鹊，075
马脚，076
庄子，076
屋，077
屋里的，078
正屋，078
顺手，079
白米，079
差池，080
额颅，081
耳性，082
稿荐，082
高头，083
过恶，083
茶饭，084
糊，085
藻，086

动　词

敠，087
瀽，088
嚷，089
园，089
蹬，090

爹，090
奀，091
摘，091
㧅，092
搣，092

飑，093
湢，094
喔气，094
睉，095
汤，095

- 283 -

墲,096	溚,112	捩,127
揾,096	让,112	冚,127
嘲,097	刷,113	刣,128
佮,098	標,114	住,128
佮伙,098	趃,114	蹉,128
揞,099	瘶,115	搚,129
罯,100	噇,115	抓,129
喑,100	挡,116	落,130
科,101	揎,117	蹦,130
摓,101	屙,117	籴,131
落昫,102	鮈,118	呲,131
砲,102	鼾,118	愢,131
剀,103	皱,119	络,131
齾,103	悄,120	疲,132
澄,104	薅,120	攒,133
忺,105	敲,121	趲,133
砑,105	嗛,121	痙,134
报,106	埕,122	跐,134
菢,106	焱,122	膀,135
过房,107	刿,123	跨,135
睡,108	刷,123	蹾,136
抧,108	剹,124	旋,136
拵,109	斗,124	蹙,137
噍,109	挏,125	赵,137
欻,110	赶,126	褰,138
渥,110	趋,126	敲打,139
倩,111	躲,126	捨,140

体恤，140	秒，157	写，173
捶，141	磋磨，157	赁，174
澜，141	打眼，158	眼浅，175
瞟，142	打照面，159	养人，175
罱，142	筛酒，159	发迹，176
沔，143	冇，160	发毛，176
炕，143	蹳，161	发狠，177
作酸，144	沥，161	发飙，177
掭，145	散，162	发恼，178
解手，146	散饷，163	安埋，179
绾，146	伤脸，164	滤，179
失落，148	赏脸，164	碓，180
填还，149	赏鉴，165	甩，180
捡拾，150	上算，165	失错，181
收捡，150	吃烟，167	蕻，182
跶，151	省俭，167	挼，182
揎，151	使口，168	惟愿，183
沤，152	使绊子，168	包瞒，184
睄，152	使气，169	洇，185
攮，153	喑/吷，169	帮腔，185
绗，153	弹驳，170	磨，185
绲，154	偷人，170	挨，186
献芹，154	默，170	撒，187
上灶，155	臊，172	痎，187
不好，155	歇，173	劅，187

- 285 -

形容词

巍空，188
穊，188
夼，189
髼，190
欹，190
耷，191
桠，191
豜，192
矬，192
巘，193
懟，194
赸，194
酽，195
风快，195
滚，196
子，197
活套，198
安然，198
湮，199
剌剌，199
大剌剌，199

罄空，200
圆范，200
低搭，201
健旺，201
晏，202
嫖，203
黇，203
背时倒灶，203
煴，204
消停，205
把滑，205
窸窣/窸窸窣窣，206
闹热，207
不卯，207
腾头，208
老革革，208
巴家，209
般配，209
饱足，210
淹缠，210
馦香，211

清，212
贴肉，212
散淡，213
歪，214
停当，214
牙，216
稀剌剌，216
发旺，217
顺当，217
骃，218
獠，219
好生，219
富态，220
一色，220
老成，221
紧慢，222
瘆，223
撒脱，223
早晏，224

副　词

越，224
趯，225
落后，225
开先，226
白眉赤眼，226
头回，227
往回，227
往先，228
蠛乎，228
喜得，229
先不先，229
先头，230
平日，230
平时，231

代　词

渠，232
几时，233
几久，233

介　词

投到，234
问，234

数量词

下下，235
橦，235